逗子開成中学校

〈収録内容〉

2024 年度 ……………………………… 1 次（算・理・社・国）
2 次（算・理・社・国）
2023 年度 ……………………………… 1 次（算・理・社・国）
2 次（算・理・社・国）

※2 次国語の大問二は、問題に使用された作品の著作権者が二次使用の許可を出していないため問題を掲載しておりません。

DL 2022 年度 ……………………………… 1 次（算・理・社・国）
DL 2021 年度 ……………………………… 1 次（算・理・社・国）
DL 2020 年度 ……………………………… 1 次（算・理・社・国）
DL 2019 年度 ……………………………… 1 次（算・理・社・国）

便利な DL コンテンツは右の QR コードから
解答用紙
過去年度
国語の問題は
紙面に掲載
⇒

※データのダウンロードは 2025 年 3 月末日まで。
※データへのアクセスには、右記のパスワードの入力が必要となります。 ⇒ 689055

〈合格最低点〉

	1 次	2 次
2024年度	315点	314点
2023年度	312点	344点
2022年度	313点	295点
2021年度	317点	317点
2020年度	306点	313点

本書の特長

実戦力がつく入試過去問題集

- ▶ 問題 …………… 実際の入試問題を見やすく再編集。
- ▶ 解答用紙 …… 実戦対応仕様で収録。
- ▶ 解答解説 …… 詳しくわかりやすい解説には、難易度の目安がわかる「基本・重要・やや難」の分類マークつき（下記参照）。各科末尾には合格へと導く「ワンポイントアドバイス」を配置。採点に便利な配点つき。

入試に役立つ分類マーク

基本 確実な得点源！
受験生の90%以上が正解できるような基礎的、かつ平易な問題。
何度もくり返して学習し、ケアレスミスも防げるようにしておこう。

重要 受験生なら何としても正解したい！
入試では典型的な問題で、長年にわたり、多くの学校でよく出題される問題。
各単元の内容理解を深めるのにも役立てよう。

やや難 これが解ければ合格に近づく！
受験生にとっては、かなり手ごたえのある問題。
合格者の正解率が低い場合もあるので、あきらめずにじっくりと取り組んでみよう。

合格への対策、実力錬成のための内容が充実

- ▶ 各科目の出題傾向の分析、合否を分けた問題の確認で、入試対策を強化！
- ▶ その他、学校紹介、過去問の効果的な使い方など、学習意欲を高める要素が満載！

解答用紙ダウンロード 解答用紙はプリントアウトしてご利用いただけます。弊社ＨＰの商品詳細ページよりダウンロードしてください。トビラのＱＲコードからアクセス可。

UD FONT 見やすく読みまちがえにくいユニバーサルデザインフォントを採用しています。

逗子開成中学校

生徒数　836名
〒249-8510
神奈川県逗子市新宿2-5-1
☎046-871-2062
横須賀線逗子駅、京浜急行線逗子・葉山駅
各徒歩10分

相模湾に臨む環境のもと独特な指導方法で豊かな人間性を育む

URL	https://www.zushi-kaisei.ac.jp

プロフィール

歴史の重みある伝統校

神奈川県下の男子私立中学校の中で、最も古い歴史を持つ。1903（明治36）年に東京の開成中学校の分校、第二開成中学校として開校し、1909年に逗子開成中学校として独立した。

「新しい時代を開き、リーダーの務めを成す。」生徒たちがこのような人物に育つことを教育目標にしながら、本校も自ら、常に新しい教育を切り開いていくことを目指している。2003年には創立100周年を迎え、同年度より高校の募集を停止し、完全中高一貫校となった。

環境

恵まれた立地と優れた設備

潮の香りが漂う逗子海岸に近い環境を生かして、海岸沿いに「海洋教育センター」を設置している。これにはヨット工作室・大浴場・宿泊室などがあり、海洋実習を通じて心身の鍛練を目指すユニークな施設だ。また、「徳間記念ホール」は、一般の劇場と同じ設備を整えた多目的ホールで、様々な映像教育に活用されている。そのほか、勉強合宿や講座などが行われる、宿泊・研修施設・自習室を備えた「セミナーハウス」や「研修センター」「メディア棟」などが校内にある。

徳間記念ホール

カリキュラム

独自の教育内容行き届いた指導

前期・後期の２期制がとられ、通常の授業は月から金までの「授業５日制」で行われ、土曜は行事のほか、様々な体験学習や講座がある。

中学から高校まで大学受験をふまえ、６カ年一貫して英・国・数の３教科は授業数を多く取り、理・社は６年間を通した効率の良いカリキュラムになっている。また、オリジナル教材やコンピュータを利用して独自の教科指導が行われている。授業は45分単位の７時間が基本。英・国・数は毎日授業があり、そのほかに演習授業なども行われる。

コースは、高２で文系・理系に分かれ、高３では**難関国公立文系・理系、国公立文系・理系、私立文系・理系**の６コースに分かれる。

生徒の学力に応じたきめ細かい授業を展開するために、中３から達成度別授業を導入。また選抜クラスを中３で２クラス、高１で２クラス、高２では文・理に各１クラス設けている。達成度別授業と選抜クラスのメンバーの入れ替えがあり、効率の良い授業展開を可能にしている。

学校生活

ユニークな情操教育活発なクラブ活動

幅広い人間教育を目指しているだけに、様々な体験学習が行われている。中１から中３までの学年ごとのヨットの帆走実習や、中３の遠泳などの海洋教育は注目に値する。また、年に５本の映画上映会では、最新の話題作の上映といった全国で類を見ない**映像教育**も実施されている。そのほか土曜日には、「お泊まり保育」「水ロケット」「紙の再生利用」など100以上の**土曜講座**等のユニークな活動も展開されている。

逗子湾でのヨット授業

クラブ活動では、日本最古の吹奏楽部や、インターハイ連続出場中のヨット部がある。水泳部・陸上部は関東大会や全国大会に出場。演劇部は過去全国大会で最優秀賞を受賞。その他、和太鼓部、囲碁部、フィッシング部、奇術部など様々な部活も活躍している。

進路

国公立大や難関私立大に多数合格

卒業後はほぼ全員が大学へ進学している。主な進学先は、国公立大では東大、京都大、名古屋大、東京工業大、一橋大、北海道大、東北大、大阪大、横浜国立大、東京都立大など、私立大では早稲田大、慶應義塾大、上智大、国際基督教大、明治大、中央大、立教大、東京理科大、青山学院大などがあげられる。

2024年度入試要項

試験日　12/26（帰国生）
2/1（1次）　2/3（2次）　2/5（3次）

試験科目　国・算・理・社（1～3次）
国・算か英・算（帰国生）

2024年度	募集定員	受験者数	合格者数	競争率
1次	150	439	215	2.0
2次	50	391	82	4.8
3次	50	428	101	4.2
帰国生	若干	56	28	2.0

過去問の効果的な使い方

① **はじめに**　ここでは，受験生のみなさんが，ご家庭で過去問を利用される場合の，一般的な活用法を説明していきます。もし，塾に通われていたり，家庭教師の指導のもとで学習されていたりする場合は，その先生方の指示にしたがって，過去問を活用してください。その理由は，通常，塾のカリキュラムや家庭教師の指導計画の中に過去問学習が含まれており，どの時期から，どのように過去問を活用するのか，という具体的な方法がそれぞれの場合で異なるからです。

② **目的**　言うまでもなく，志望校の入学試験に合格することが，過去問学習の第一の目的です。そのためには，それぞれの志望校の入試問題について，どのようなレベルのどのような分野の問題が何問，出題されているのかを確認し，近年の出題傾向を探り，合格点を得るための試行錯誤をして，各校の入学試験について自分なりの感触を得ることが必要になります。過去問学習は，このための重要な過程であり，合格に向けて，新たに実力を養成していく機会なのです。

③ **開始時期**　過去問との取り組みは，通常，全分野の学習が一通り終了した時期，すなわち6年生の7月から8月にかけて始まります。しかし，各分野の基本が身についていない場合や，反対に短期間で過去問学習をこなせるだけの実力がある場合は，9月以降が過去問学習の開始時期になります。

④ **活用法**　各年度の入試問題を全問マスターしよう，と思う必要はありません。完璧を目標にすると挫折しやすいものです。できるかぎり多くの問題を解けるにこしたことはありませんが，それよりも重要なのは，現実に各志望校に合格するために，どの問題が解けなければいけないか，どの問題は解けなくてもよいか，という眼力を養うことです。

算数

どの問題を解き，どの問題は解けなくてもよいのかを見極めるには相当の実力が必要になりますし，この段階にいきなり到達するのは容易ではないので，この前段階の一般的な過去問学習法，活用法を2つの場合に分けて説明します。

☆偏差値がほぼ55以上ある場合

掲載順の通り，新しい年度から順に年度ごとに3年度分以上，解いていきます。

ポイント1…問題集に直接書き込んで解くのではなく，各問題の計算法や解き方を，明快にわかるように意識してノートに書き記す。

ポイント2…答えの正誤を点検し，解けなかった問題に印をつける。特に，解説の 基本 重要 がついている問題で解けなかった問題をよく復習する。

ポイント3…1回目にできなかった問題を解き直す。同様に，2回目，3回目，…と解けなければいけない問題を解き直す。

ポイント4…難問を解く必要はなく，基本をおろそかにしないこと。

☆偏差値が50前後かそれ以下の場合

ポイント1～4以外に，志望校の出題内容で「計算問題・一行問題」の比重が大きい場合，これらの問題をまず優先してマスターするとか，例えば，大問2までをマスターしてしまうとよいでしょう。

理科

理科は1から順番に解くことにほとんど意味はありません。理科は，性格の違う4つの分野が合わさった科目です。また，同じ分野でも単なる知識問題なのか，あるいは実験や観察の考察問題なのかによってもかかる時間がずいぶんちがいます。記述，計算，描図など，出題形式もさまざまです。ですから，解く順番の上手，下手で，10点以上の差がつくこともあります。

過去問を解き始める時も，はじめに1回分の試験問題の全体を見通して，解く順番を決めましょう。得意分野から解くのもよいでしょう。短時間で解けそうな問題を見つけて手をつけるのも効果的です。くれぐれも，難問に時間を取られすぎないように，わからない問題はスキップして，早めに全体を解き終えることを意識しましょう。

社会

社会は1から順番に解いていってかまいません。ただし，時間のかかりそうな，「地形図の読み取り」，「統計の読み取り」，「計算が必要な問題」，「字数の多い論述問題」などは後回しにするのが賢明です。また，3分野（地理・歴史・政治）の中で極端に得意，不得意がある受験生は，得意分野から手をつけるべきです。

過去問を解くときは，試験時間を有効に活用できるよう，時間は常に意識しなければなりません。ただし，時間に追われて雑にならないようにする注意が必要です。“誤っているもの”を選ぶ設問なのに“正しいもの”を選んでしまった，“すべて選びなさい”という設問なのに一つしか選ばなかったなどが致命的なミスになってしまいます。問題文の“正しいもの”，“誤っているもの”，“一つ選び”，“すべて選び”などに下線を引いて，一つ一つ確認しながら問題を解くとよいでしょう。

過去問を解き終わったら，自己採点し，受験生自身でふり返りをしましょう。できなかった問題については，なぜできなかったのかについての分析が必要です。例えば，「知識が必要な問題」ができなかったのか，「問題文や資料から判断する問題」ができなかったのかで，これから取り組むべきことも大きく異なってくるはずです。また，正解できた問題も，「勘で解いた」，「確信が持てない」といったときはふり返りが必要です。問題集の解説を読んでも納得がいかないときは，塾の先生などに質問をして，理解するようにしましょう。

国語

過去問に取り組む一番の目的は，志望校の傾向をつかみ，本番でどのように入試問題と向かい合うべきか考えることです。素材文の傾向，設問の傾向，問題数の傾向など，十分に研究していきましょう。

取り組む際は，まず解答用紙を確認しましょう。漢字や語句問題の量，記述問題の種類や量などが，解答用紙を見て，わかります。次に，ページをめくり，問題用紙全体を確認しましょう。どのような問題配列になっているのか，問題の難度はどの程度か，などを確認して，どの問題から取り組むべきかを判断するとよいでしょう。

一般的に「漢字」→「語句問題」→「読解問題」という形で取り組むと，効率よく時間を使うことができます。

また，解答用紙は，必ず，実際の大きさのものを使用しましょう。字数指定のない記述問題などは，解答欄の大きさから，書く量を考えていきましょう。

算数　出題傾向の分析と合格への対策

●出題傾向と内容

例年，1・2次ともに「図形問題」の出題が目立っているが，「数の性質」や「場合の数」に関する問題，「割合と比」に関する問題などもよく出題されている。もちろん，「和と差」に関する問題や「速さ」に関する問題など代表的な分野についてもよく出題される。

設問数は，1・2次とも必ずしも一定しないが，例年20問前後であり，1問あたりの配点は比較的高いので，基本的な設問に対するケアレスミスは合否に大きく影響する。特に冒頭の「四則計算」は，計算の工夫を利用し，[2]でも確実に得点すべきである。途中の考え方を記述させる問題にも慣れておこう。

学習のポイント

計算問題，基本問題を中心に確実に点をとれるようにすることが先決。その上で，重点分野の応用力を強化しておこう。

●2025年度の予想と対策

全分野の基礎をしっかり身につけることが大切である。各分野の基本問題は，確実に解けるようにしておこう。

基礎が身についたら，少しずつ練習問題のレベルを上げて応用問題にも挑戦しておこう。標準的なものに数多くあたるとよい。特に，過去問を利用して「平面図形」，「割合と比」，「数の性質」，「場合の数」に関する問題は重点的に練習を積んでおきたい。わからなかった問題はそのままにせず，筋道をたてて考え方を理解し，容易に解けるようになるまでくり返し練習しよう。

短時間では解くことが難しい問題と，それ以外の問題を見きわめられる力をつけよう。

▼年度別出題内容分類表

※　よく出ている順に☆，◎，○の３段階で示してあります。

出題内容		2022年		2023年		2024年	
		1次	2次	1次	2次	1次	2次
数と計算	四則計算	○	○	○	○	○	○
数と計算	概数・単位の換算	☆	◎	○		◎	
数と計算	数の性質	☆	☆	☆	○	☆	○
数と計算	演算記号			☆			
図形	平面図形	☆	☆	☆	☆	☆	☆
図形	立体図形	○		○		○	☆
図形	面積	○		○	☆		◎
図形	体積と容積						
図形	縮図と拡大図			☆	◎		○
図形	図形や点の移動		☆				
速さ	三公式と比	○	☆	☆	☆		○
速さ（文章題）	旅人算						○
速さ（文章題）	流水算				☆		
速さ（文章題）	通過算・時計算			☆			
割合	割合と比	☆	☆	☆	☆	☆	☆
割合（文章題）	相当算・還元算						
割合（文章題）	倍数算		○				
割合（文章題）	分配算						
割合（文章題）	仕事算・ニュートン算	☆		○	☆	○	☆
文字と式							
2量の関係（比例・反比例）							
統計・表とグラフ					○	☆	
場合の数・確からしさ		☆		☆	○	☆	○
数列・規則性		☆		○	○	☆	☆
論理・推理・集合			○				
その他の文章題	和差・平均算	○	○	○		○	
その他の文章題	つるかめ・過不足・差集め算	○				○	○
その他の文章題	消去・年令算				○	○	○
その他の文章題	植木・方陣算					☆	○

逗子開成中学校

算数 ——グラフで見る最近３ヶ年の傾向——

最近３ヶ年に出題されたすべての問題を内容別に分類・集計し，全体に対して何パーセントくらいの割合になっているかを示しました。

……50校の平均　……逗子開成中学校

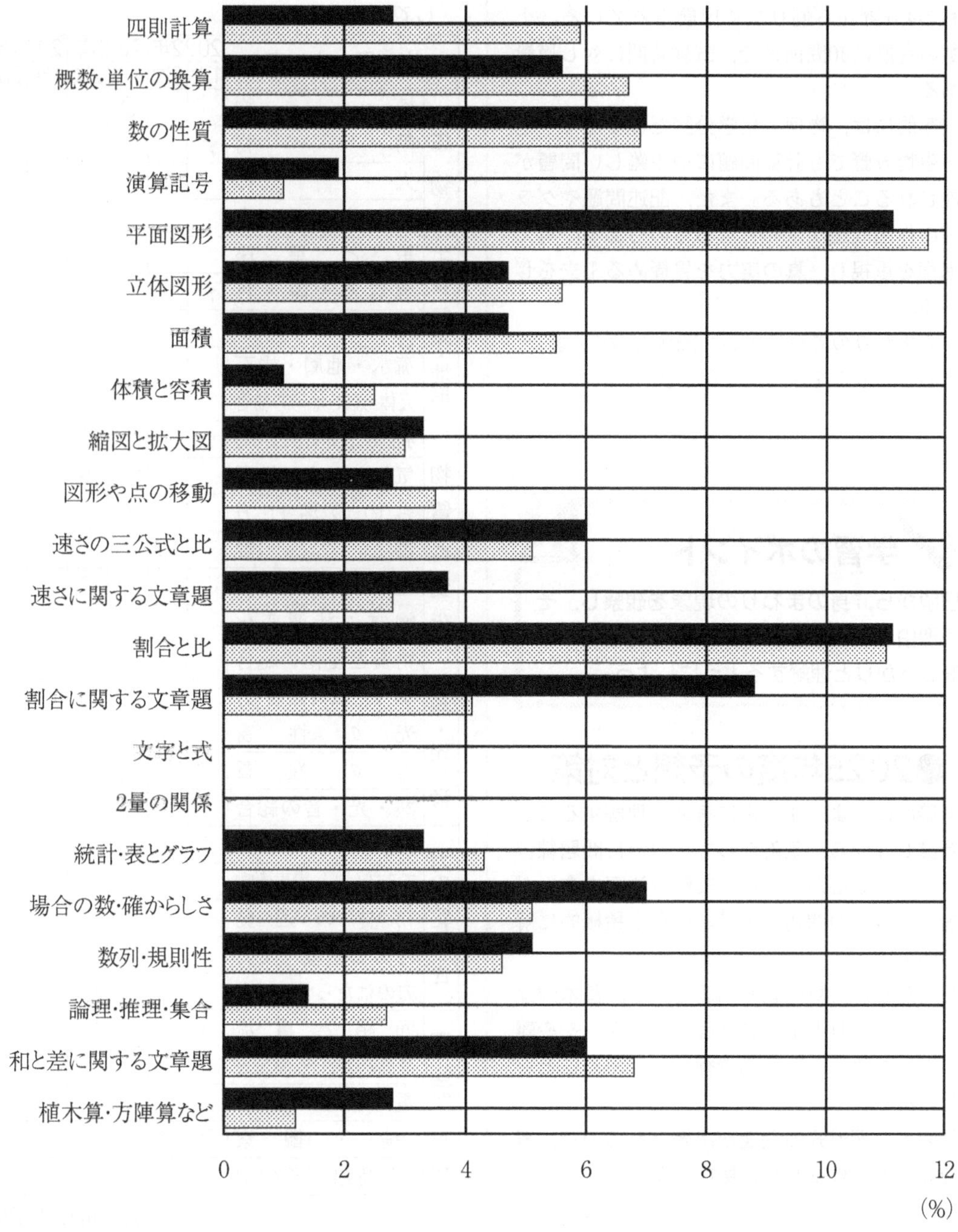

理科　出題傾向の分析と合格への対策

●出題傾向と内容

例年，問題数は大問が4～5題で，出題分野は理科の4分野から偏りなく出題されている。小問数の合計は30問前後で，試験時間に対し適量である。

内容的には，物理・化学分野だけでなく，地学・生物分野でも計算問題にやや難しい問題が出題されることもある。また，記述問題やグラフ等の作図問題が求められるものもある。考える過程を重視し，真の実力を見極める工夫をしている。

身のまわりの素材を用いた問題も多く，また，図表の読み取りを含んだ問題も多い。

✔学習のポイント

日頃から，身のまわりの現象を観察し，その理由を考えよう。また，基本的な考え方をしっかりと理解するようにしよう。

●2025年度の予想と対策

丸暗記にたよらず，常に考えて理解することを意識しながら，基礎からていねいに問題練習を行うことを心がけたい。実験や観察を含んだ問題や，長めの問題文を読む問題も積極的に解くのがよい。

やや難しい計算問題も出題される。基本的な問題をしっかりと解くことはもちろん，やや難しい問題を扱った問題集で練習しておくことも有効である。

加えて，記述式の問題が出題されるので，考えを短くまとめる力も必要である。

▼年度別出題内容分類表

※　よく出ている順に☆，◎，○の３段階で示してあります。

	出題内容	2022年		2023年		2024年	
		1次	2次	1次	2次	1次	2次
生物	植物			◎			
	動物	☆		○			○
	人体		☆			☆	
	生物総合			☆	☆		
天体・気象・地形	星と星座						
	地球と太陽・月	☆					☆
	気象						
	流水・地層・岩石		☆	☆	☆	☆	
	天体・気象・地形の総合						
物質と変化	水溶液の性質・物質との反応	☆			○	☆	
	気体の発生・性質				☆	○	○
	ものの溶け方			☆			○
	燃焼		○				☆
	金属の性質	○			○	○	
	物質の状態変化		☆				○
	物質と変化の総合				◎	○	○
熱・光・音	熱の伝わり方		○				
	光の性質		☆				
	音の性質			☆			
	熱・光・音の総合						
力のはたらき	ばね				☆		
	てこ・てんびん・滑車・輪軸						
	物体の運動					☆	
	浮力と密度・圧力						☆
	力のはたらきの総合				○		
電流	回路と電流	☆					
	電流のはたらき・電磁石						
	電流の総合						
実験・観察		◎	◎	☆	☆	☆	☆
環境と時事／その他		○	○	○	○	○	

逗子開成中学校

理科 ——グラフで見る最近3ヶ年の傾向——

最近3ヶ年に出題されたすべての問題を内容別に分類・集計し，全体に対して何パーセントくらいの割合になっているかを示しました。

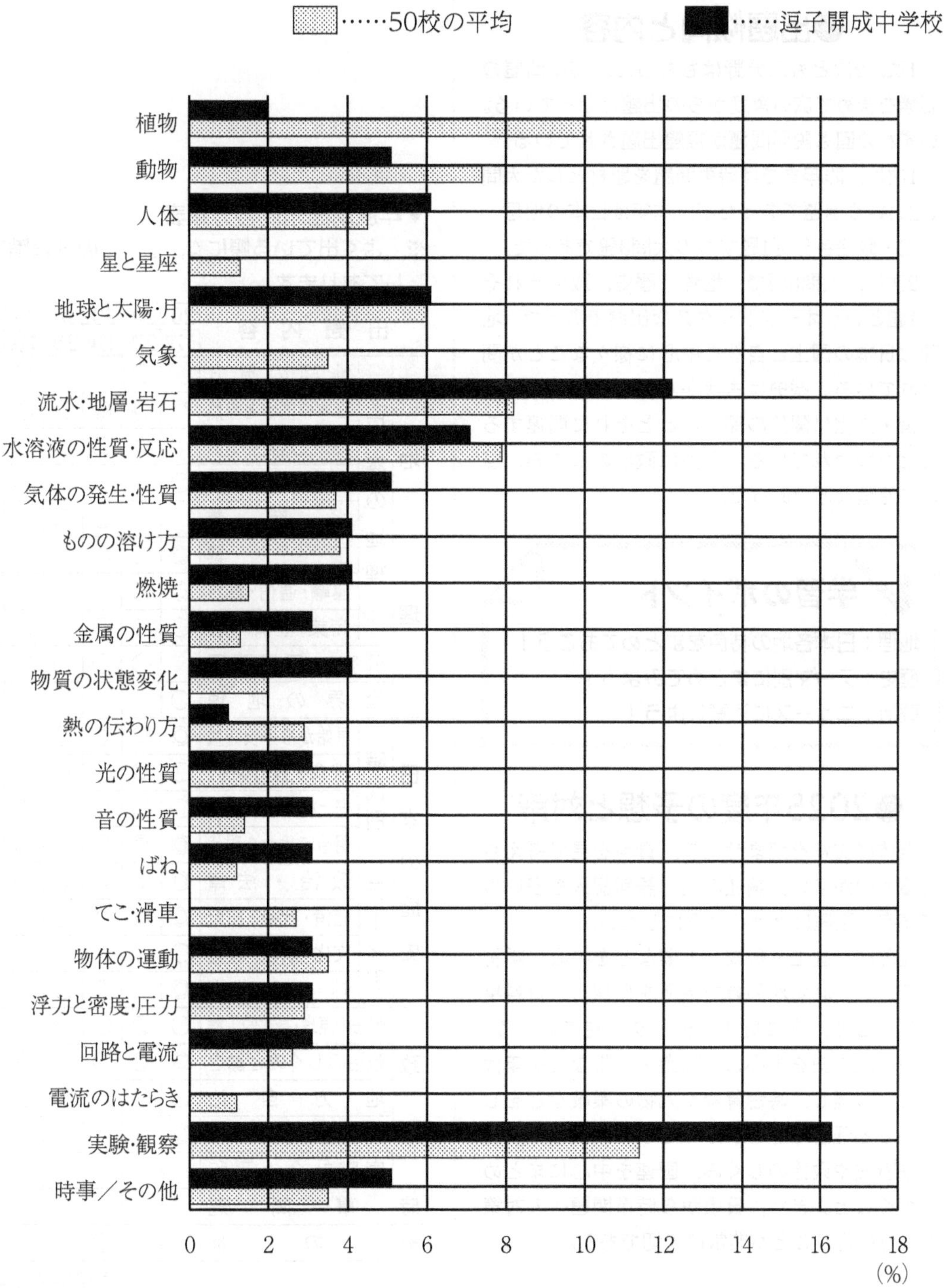

社会　出題傾向の分析と合格への対策

●出題傾向と内容

1次，2次とも三分野はもちろん，時事問題の要素を含めて広い角度からの出題となっている。いずれの回も説明問題が数題出題されている。

1次は，昨年までは時事問題を題材とした大問1題という出題であったが，本年は日本の地理・歴史・政治各分野1題ずつの大問3題であった。

2次は，大問3題で，地理，歴史，政治それぞれ1題というオーソドックスな出題であった。地理は日本の国土と自然を中心に様々なことが問われている。歴史は古代から現代までの政治・経済・文化に関係の深いこととそれに関連することが問われている。政治は政治のしくみ，憲法の原理などであった。

✔学習のポイント

地理：日本各地の特色をまとめておこう！
歴史：テーマ別にまとめてみよう！
政治：ニュースに注意しよう！

●2025年度の予想と対策

全体に文章を読ませたり，資料を見て考えさせるものが多い。論述の他，語句記入も多いので漢字で正確に書けるようにしたい。

地理は，国土・農業・工業などを中心に学習すること。必ず地図帳で場所を確認し，資料集を活用して，常に最新のデータを見ておこう。歴史は政治史を中心に，社会・文化などを年代ごとに整理し，時台背景や人物の業績などをしっかりと理解できるようにしよう。政治は，日本国憲法や政治のしくみ，国連を中心にまとめておくこと。また，日頃から時事問題への対策も十分に行うことが非常に大切である。

▼年度別出題内容分類表

※　よく出ている順に☆，◎，○の３段階で示してあります。

出題内容			2022年		2023年		2024年	
			1次	2次	1次	2次	1次	2次
地理	日本の地理	地図の見方		○			○	
		日本の国土と自然	◎	◎	◎	◎	◎	○
		人口・土地利用・資源		◎	◎	○	○	○
		農業	○	◎		○	○	◎
		水産業			○	○		
		工業	◎	○	○	◎		○
		運輸・通信・貿易	◎	○	○			○
		商業・経済一般	○	○	○		○	
	公害・環境問題			○	○	○	○	○
	世界の地理		○		○		○	
日本の歴史	時代別	原始から平安時代	◎	◎	◎	◎	◎	◎
		鎌倉・室町時代	○	◎	○	◎	○	○
		安土桃山・江戸時代	○	○	◎	◎	◎	◎
		明治時代から現代	◎	◎	◎	◎	◎	◎
	テーマ別	政治・法律	◎	◎	◎	◎	◎	◎
		経済・社会・技術	◎	◎	◎	◎	○	○
		文化・宗教・教育	○	○		◎	○	○
		外交	◎		◎	○	○	◎
政治	憲法の原理・基本的人権		○	◎	○	◎	○	○
	政治のしくみと働き		◎	◎	○	◎	◎	◎
	地方自治		○	○		○	○	
	国民生活と福祉		◎	◎			○	○
	国際社会と平和							○
時事問題								
その他					○			

逗子開成中学校

社会 ──グラフで見る最近３ヶ年の傾向──

最近３ヶ年に出題されたすべての問題を内容別に分類・集計し，全体に対して何パーセントくらいの割合になっているかを示しました。

（網かけ）……50校の平均　（黒）……逗子開成中学校

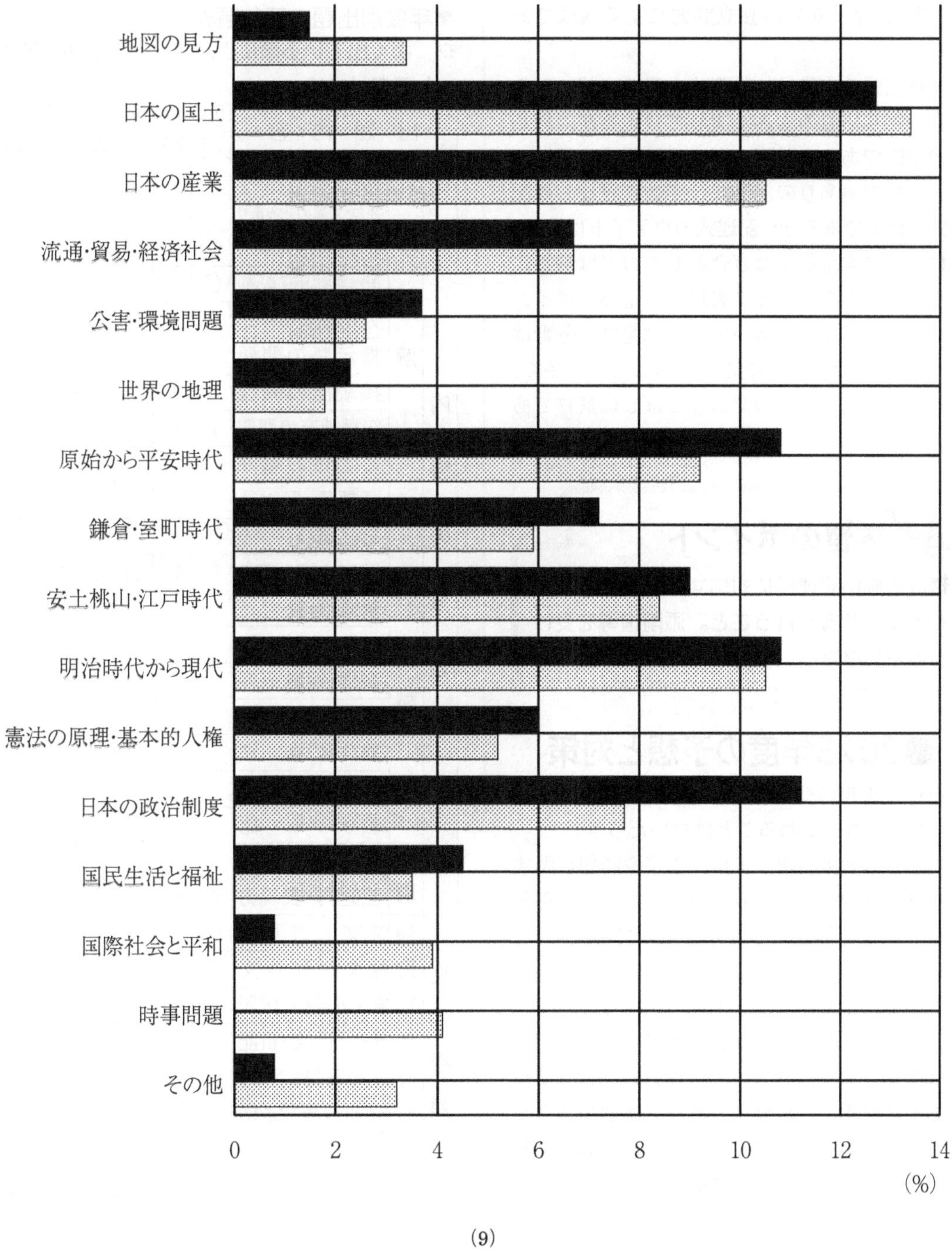

国語 出題傾向の分析と合格への対策

●出題傾向と内容

今年度も論理的文章と文学的文章の読解問題が2題，漢字・知識の独立問題による構成であった。

読解問題の文章は，論理的文章の一部にやや内容の難しいものもふくまれてはいるが，総じて標準的である。設問の形式も選択式・書きぬき・字数制限ありの記述式・字数制限なしの記述式と様々であるが，記述式のウェイトは高く，単に文中の言葉をつなぎ合わせたのでは解答にならないものもあって，表現力も重要なポイントである。反面，知識や漢字の問題は，分野は様々ではあるが，基礎的なレベルのものが多く，これが基礎点となるので取りこぼしは禁物である。

✔学習のポイント

難度の高い記述題に対応するために，数多くの記述演習を行うこと。添削指導を受けるのも効果的。

●2025年度の予想と対策

記述力重視の傾向ははっきりしているので，来年度も大きく変わることはないだろう。

本校への対策の第一歩は，漢字や語句に関する知識の学習をしっかりと行うこと。この部分でしっかりと得点をかせぐことができないと，合格はおぼつかない。

そして何よりポイントになるのが記述対策。単に文中のことばをつなぎあわせるだけの記述ではなく，本文に基づいて，自分のことばで解答をまとめることが要求される。添削指導を受けるなどして，出題者の意図にそった的確な記述ができるように万全の準備をしたい。

▼年度別出題内容分類表

※　よく出ている順に☆，◎，○の３段階で示してあります。

出題内容			2022年		2023年		2024年	
			1次	2次	1次	2次	1次	2次
内容の分類	読解	主題・表題の読み取り			○			
		要旨・大意の読み取り	○	○	○	○	○	○
		心情・情景の読み取り	◎	◎	◎	◎	◎	◎
		論理展開・段落構成の読み取り	○	○		○		○
		文章の細部の読み取り	☆	☆	◎	◎	☆	☆
		指示語の問題						
		接続語の問題			○	○	○	
		空欄補充の問題	☆	☆	◎	◎	◎	☆
	知識	ことばの意味	○			○	○	
		同類語・反対語						
		ことわざ・慣用句・四字熟語	○	○	○	○	○	○
		漢字の読み書き	◎	◎	◎	◎	◎	◎
		筆順・画数・部首						
		文と文節				○		
		ことばの用法・品詞						
		かなづかい						
		表現技法						
		文学作品と作者						
		敬語						
	表現	短文作成						
		記述力・表現力	☆	☆	☆	☆	☆	☆
文の種類		論説文・説明文	○	○	○	○		○
		記録文・報告文			○		○	
		物語・小説・伝記	○	○		○	○	○
		随筆・紀行文・日記						
		詩(その解説も含む)						
		短歌・俳句(その解説も含む)						
		その他						

国語

——グラフで見る最近3ヶ年の傾向——

最近3ヶ年に出題されたすべての問題を内容別に分類・集計し，全体に対して何パーセントくらいの割合になっているかを示しました。

……50校の平均　……逗子開成中学校

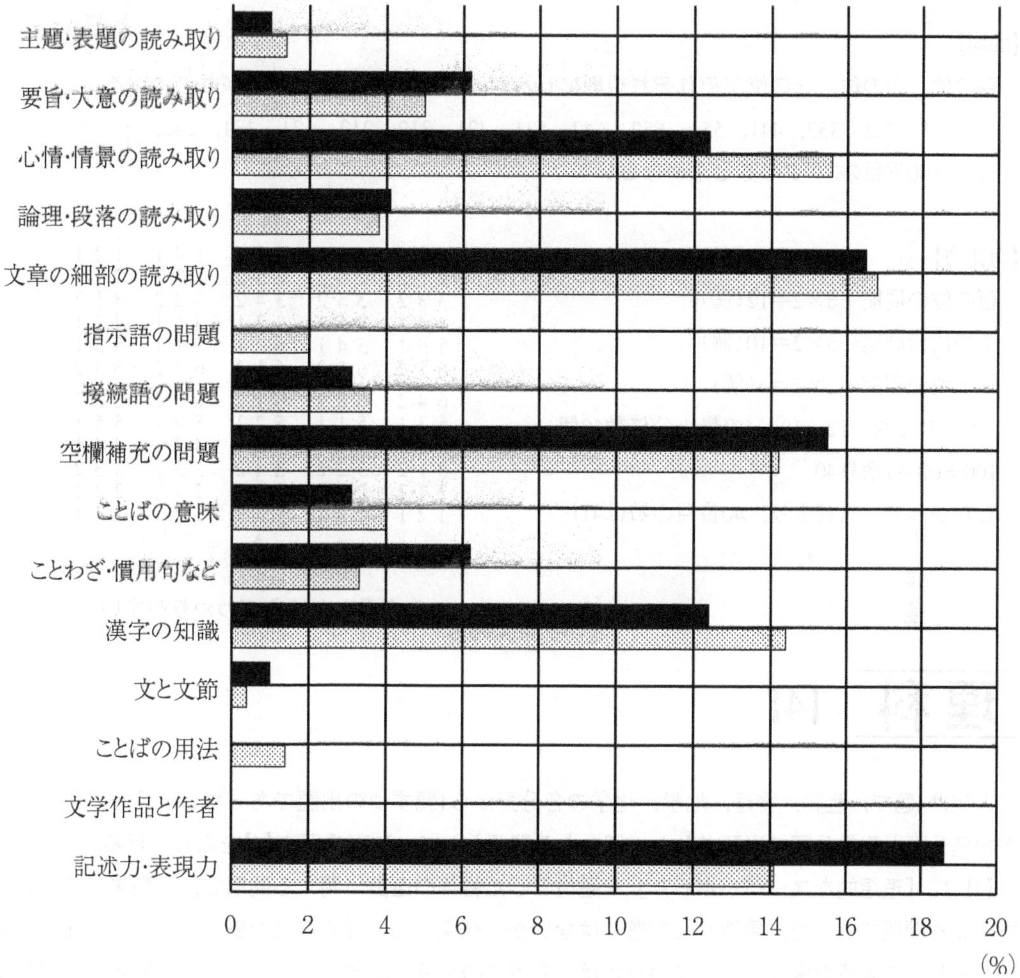

	論説文 説明文	物語・小説 伝記	随筆・紀行 文・日記	詩 （その解説）	短歌・俳句 （その解説）
逗子開成中学校	41.7%	41.7%	0.0%	0.0%	0.0%
50校の平均	47.0%	45.0%	8.0%	0.0%	0.0%

2024年度 合否の鍵はこの問題だ!!

(1次)

算数 5 (1)

「数列」の問題であるが，3ケタの数について各位の数が別々の規則によって変化する難しいタイプの問題である。

【問題】

百の位，十の位，一の位がぞれぞれ規則にしたがって変化する3ケタの数が並んでいる。

111，222，332，441，551，652，642，531，421，312，212，121，131，242，…

(1)　100番目の3ケタの数を求めなさい。

【考え方】

百の位の周期…6×2＝12(個)

十の位の周期…5×2＝10(個)

一の位の周期…2×2＝4(個)

3ケタの周期…12，10，4の最小公倍数60個

100÷60＝1余り40

したがって，右表より，40番目の数は411

111	131	151	141	121
222	242	252	232	212
332	352	342	322	312
441	451	431	411	421
551	541	521	511	531
652	632	612	622	642
642	622	612	632	652
531	511	521	541	551
421	411	431	451	441
312	322	342	352	332
212	232	252	242	222
121	141	151	131	111

↑
表を書いたほうがわかりやすい

理科 【4】

大問は4題で，生物，物理，地学，化学の各分野から1題ずつの出題であった。計算を必要とする問題が物理分野と化学分野で出題された。鍵となる問題として，物理分野の【4】をとりあげる。

【4】は，「理想的なスーパーボール」を題材とした物体の運動に関する問題で，小問すべてが計算が必要となる問題であった。見慣れた問題ではないが，結果として与えられた表から，高さ・速さ・時間がそれぞれどのような関係になっているかは，すべての小問で必要となるものなので確実に把握しなければならない。(1)は，その関係をそのまま利用すれば正解することは難しくない。(2)と(3)では，スーパーボールの個数が2個になるが，「反発して上昇するのは上側のボールだけであること」，「速さが2倍になること」の2点が追加される。これを，(1)のときの考え方に追加して考えればよい。(4)と(5)では，ボールの個数が4個に増えて複雑に感じられるが，「反発して上昇するのは上側のボールだけであること」は(2)や(3)と同じであり，「速さが4倍になること」から，速さと個数が比例していることが条件として追加されただけである。(4)では，4個のボールの重さの割合から1つのボールの重さを求める問題で，算数の内容である。問題文を見て算数的に解けばよいということをすんなりと気づけるような柔

軟性があるとよい。(5)は，これまでの条件を用いて考える問題であるが，「少なくとも何段」という表現から，ぴったりの数値が求まらない可能性もあるのだろうという考えをもって，解答を進めていけるとよい。

【4】は，一見すると複雑に見えるが，条件を読み取ってしまえば，その条件の使い方は受験理科の問題としては標準的なものである。いろいろな種類の問題にあたって対応する力を上げていこう。

社会 【3】(6)

試験時間は40分で満点が100点という問題構成の中で，全体として8点(推定配点)という配点はそれなりに大きい。しかも小問が44題あり，その中には短文の説明問題が本設問を含めて6題含まれているので，時間に比べて問題数が多い。そのような中で本設問のようなそれぞれの相互の設問を関連付けた説明問題に限られた時間内できちんと解答することは大変であり，その意味でこの設問がしっかり解答できたか否かは合否の分かれ目になったと思われる。

解答の形式について，解答用紙に字数指定はなく，全体で4行のスペースが与えられているので，1行あたり30字程度を目処とし，全部120字程でまとめることになるだろう。解答の内容について，Ⅰの「問題点」は①日本語がよく理解できないことの指摘，②必要な情報が伝わらないことの指摘，「解決策」は③積極的に声をかけること，④身ぶりや手ぶりを交えて情報を伝えること，Ⅱの「問題点」は⑤赤ちゃんに必要ものが不足しないかの不安の指摘，⑥周囲の人に迷惑にならないかの不安の指摘，「解決策」は⑦必要な物や避難所の設置方法の指摘，⑧それらの問題を国や自治体に要望することの指摘の8つのポイントを指摘する必要があり，それぞれ1つのポイント1点で，合計8点という配点と思われる。本設問では，「問題点」と「解決策」の内容を連動させることが大切である。

国語 【三】問七

★合否を分けるポイント

——線部⑤「そのほうの義を，義で返したい」と三成は言ったが，このように三成が決意するに至ったのはなぜか，三成自身が関ヶ原の合戦を戦った理由を踏まえて説明する記述問題である。問われている内容を，指示に従って的確に説明できているかがポイントだ。

★何を問われているかを明確にする

本文の内容を三成の心情とともに確認すると，【正義のために戦った関ヶ原の合戦に敗れた石田三成】が老僧の善説のいる三条院に身を隠す→運の信者である老僧に対し，義を信じる三成は，義は不義に勝つが，このたびの戦いは不義が勝った，と話す→三成をかくまうことは災難だと思うことにした老僧だったが，村の与次郎大夫の申し出によって三成が村外れの岩窟にかくまわれることになり，老僧は胸をなで下ろした→甲斐甲斐しく世話をする与次郎太夫を見て，自分が生きてきた権力社会に義はなく，利があるだけであることを知り，義を説く孟子の信念は空論であったと思いながら，【与次郎太夫のように，人間には義の情緒はある】とも三成は思い，自分は利に敗れたが，死と一家の滅亡を賭けてまで三成をかくまい，義の情緒をもつ与次郎太夫に，その心の内を問いかけたい思いであった→三成のことは隣村まで知れわたって捜索隊が押し寄せるのは時間の問題となり，与次郎大夫が逃げるよう勧めても，⑤のように言って三成は動かなかった，というものである。この【　】部分が，設問にかかわる描写になるが，この設問では，⑤がどういうことかということではなく，⑤のように決意するに至った理由を問われていることに注意する必要がある。また，設問の指示に「三成自身が関ヶ原の合戦を戦った理由を踏まえて」とあるので，これらを踏まえると，「そのほうの義を，義で返したい」→ここで与次郎大夫を見捨てて逃げると自分は利の人間になってしまう→義によっておこした関ケ原の合戦も利のためということになってしまう→だから⑤のように言って，ここに留まる決意をした，ということになる。設問の「三成自身が関ヶ原の合戦を戦った理由を踏まえて」「『利』という言葉を必ず用いる」という指示は，記述内容の手がかりにもなるので，こうした手がかりとともに，何を問われているかを明確にして説明することが重要だ。

2024年度

★★★★★★★★★★★★★★★★★★★★★★★

入　試　問　題

2024年度

逗子開成中学校入試問題(1次)

【算　数】（50分）〈満点：150点〉

【注意】1. 定規・コンパス・筆記用具以外の使用は認めません.

2. 問題用紙や解答用紙を折ったり切ったりして，問題を解くためのヒントとなる形に変形することを禁止します.

3. 考え方を書く指示がある問題以外は，答えだけを書いてください.

4. 答えに単位が必要な問題は，必ず単位をつけて答えてください.

5. 答えが分数になる場合は，それ以上約分できない一番簡単な分数で答えてください．また，仮分数は帯分数に直してください.

6. 図やグラフをかいて答える問題に対し，定規・コンパスを忘れた場合は手がきでていねいにかいてください.

1 次の $\square$ にあてはまる数を求めなさい.

（1） $64+36\times8+2\times(18-4\div2)-24\times16=\square$

（2） $\left(5-\frac{1}{4}\right)\div\frac{1}{2}-\left(2\frac{1}{3}-\frac{2}{5}\right)\times2\frac{17}{29}+1\frac{3}{7}\div\frac{5}{490}\times\frac{1}{40}=\square$

（3） $9999-\{(260-\square\div8)\times111-102\}\times\frac{5}{9}-7600=2024$

2 次の各問いに答えなさい.

（1） 365日を時間に換算すると何分になりますか.

（2） 子どもとお母さんがおもちゃを片付けます．もし，子どもだけで片付けると30分かかります．お母さんといっしょに片付けると5分かかります．このとき，お母さん一人だけで片付けたときにかかる時間を求めなさい.

（3） Z中学校の海洋教育センターには大きなお風呂があります．右の図はお風呂を真上から見た図です．また，お風呂の深さは60cmです．このとき，お風呂の容積は何Lですか.

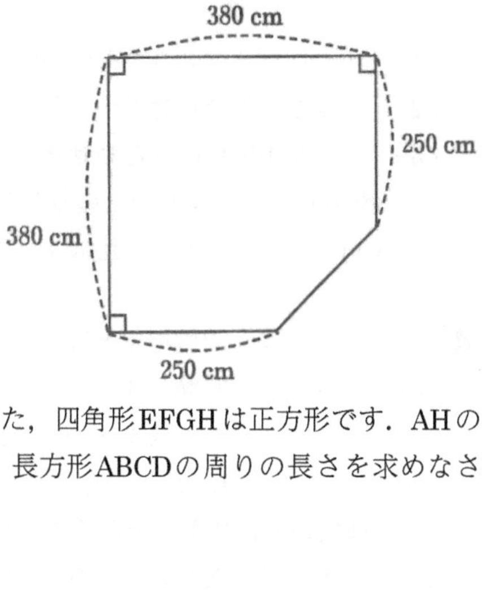

（4） 次のページの図の四角形ABCDは長方形です．また，四角形EFGHは正方形です．AHの長さは532cm，FCの長さは480cmです．このとき，長方形ABCDの周りの長さを求めなさい.

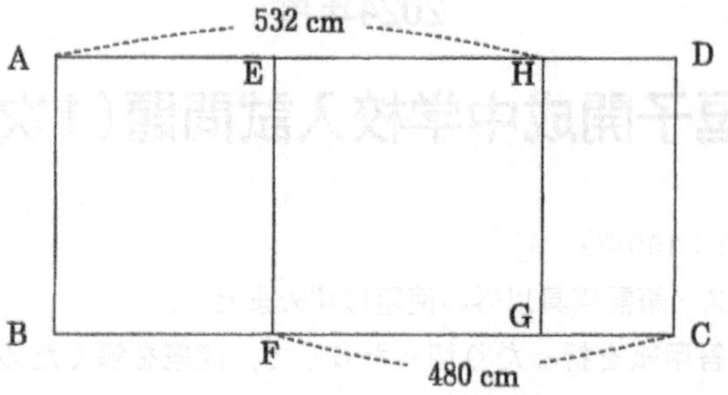

（5） ある整数Kを11で割ると割り切れます．そのときの商を11で割ると1余ります．このような整数Kのうちで2024に最も近い数はいくつですか．

（6） おもちゃ箱に白玉と赤玉が合わせて500個入っています．そのうち99%は白玉です．ここからいくつか玉を取り出しました．すると，おもちゃ箱に残った玉のうち98%が白玉でした．このとき，取り出した白玉と赤玉の個数を合計した数として考えられるものをすべて書き出しなさい．

3 同じ大きさの長方形の紙がたくさんあります．長方形の長い辺を4回直角に折り曲げて図1のようなミゾを作ります．このミゾをたくさん作り，のりしろを5cmにしてはり合わせていきます．図2はミゾを2枚はり合わせた物体です．この物体の全長は85cmでした．このとき次の各問いに答えなさい．

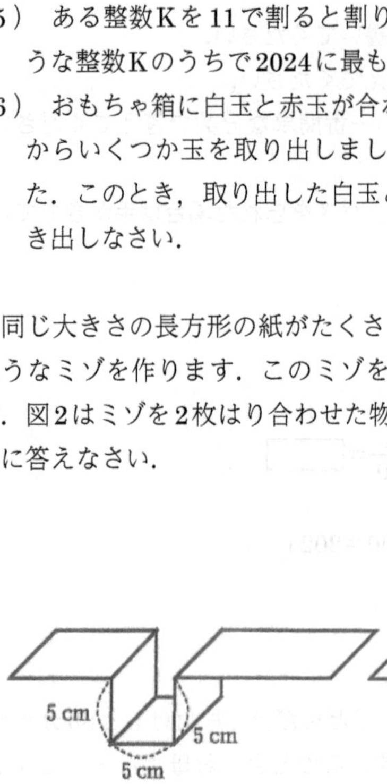

図1

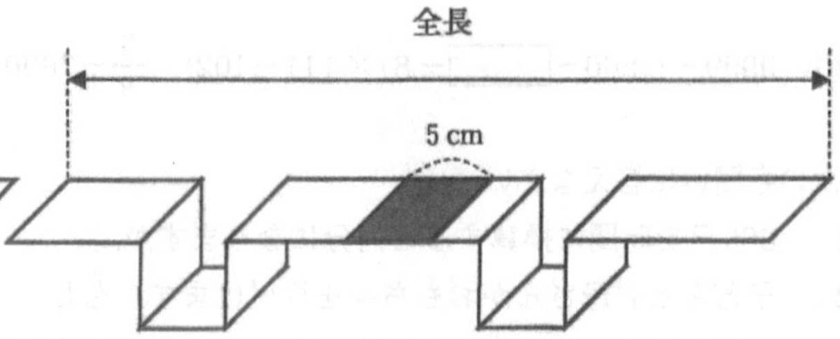

図2

（1） 折り曲げる前の長方形の長い辺の長さは何cmですか．

（2） ミゾをはり合わせていったとき，全長が2024cmを初めて超えるのは何枚目ですか．

（3） ミゾを100枚はり合わせました．しかし何か所かののりしろを間違えてはったために全長が3801cmになりました．のりしろは5cm以外に7cmと8cmがありました．7cmののりしろと8cmののりしろの数の比は3：2でした．8cmののりしろの数はいくつありますか．

4 ズトシくんは，対戦相手と互いにモンスターを出して戦うゲームで遊んでいます．このゲームのモンスターは，種類によって決まった3つの能力値(たいりょく，こうげき，ぼうぎょ)を持っています．さらにモンスターの能力値にはボーナス値もあり，たいりょく，こうげき，ぼうぎょのそれぞれに0，1，2，3のどれかが割りふられます．ズトシくんはゲーム大会に出場するために，2種類のモンスターをたくさんつかまえることにしました．次のページの表は，ボーナス値が加算される前のモンスターの能力値です．

モンスター名 能力値	ヒダリー	ミギギ
たいりょく(T)	3	2
こうげき　(K)	3	6
ぼうぎょ　(B)	9	5

また，それぞれのモンスターの強さのポイントは次の計算式で計算することができます．

(Tの値＋ボーナス値)×20＋(Kの値＋ボーナス値)×65＋(Bの値＋ボーナス値)×15

とします．

例えば，つかまえたヒダリーのたいりょくのボーナス値が2，こうげきのボーナス値が2，ぼうぎょのボーナス値が1だったときは，ヒダリー T2 K2 B1 と表します．

また，ヒダリー T2 K2 B1 の強さのポイントは，

(3＋2)×20＋(3＋2)×65＋(9＋1)×15＝575

となります．このとき次の各問いに答えなさい．

(１) ミギギ T1 K2 B0 の強さのポイントはいくつですか．

(２) 強さのポイントが最大のモンスターと最小のモンスターのポイントの差を求めなさい．

(３) 強さのポイントがちょうど675のモンスターが出場できるゲーム大会があります．出場できるモンスターをミギギ T1 K2 B0 のような書き方ですべて書き出しなさい．ただし，以下のルールで書き出します．

・モンスター名が異なれば違うモンスターとします．

・モンスター名が同じでもT，K，Bのボーナス値の組合せが異なれば違うモンスターとします．

5 百の位，十の位，一の位が，それぞれある規則にしたがって変化する3けたの数が並んでいます．

111，222，332，441，551，652，642，531，421，312，212，121，131，242，…

このとき次の各問いに答えなさい．

(１) 100番目の3けたの数を求めなさい．

(２) 並んでいる3けたの数は全部で何種類ありますか．

(３) 並んでいる3けたの数のうち，最大の数をXとします．並んでいる3けたの数を1番目から順にたしていき，Xを10回たしたところでたすのを止めました．このとき合計はいくつですか．ただし，答えだけでなく考え方も書きなさい．

【理　科】（40分）〈満点：100点〉

【1】 川の流れについて，下の問いに答えなさい。

（1） 次の文中の(　ア　)～(　エ　)に適する語句を入れ，文章を完成させなさい。ただし，(　イ　)と(　ウ　)は，しん食・運ぱん・たい積のいずれかを選びなさい。

川が谷に流れて平地に出ると，水の流れる速さが(　ア　)くなります。川の水の流れによる(　イ　)作用が弱まるので川の水にふくまれていた土砂が谷の出口に(　ウ　)していきます。長い年月をかけて(ウ)を続けた結果，谷の出口を頂点として平地に向かって広がりをもつ地形がつくられます。これが(　エ　)です。

（2） (1)の地形では谷の出口のあたりで川の流れが途絶《とだ》え，平地の近くで再び川の流れが現れることがあります。このようなことが起こる理由を正しく説明しているものを次のア～エから1つ選び，記号で答えなさい。

ア．川の水が蒸発しやすく，平地近くで降った雨水が再び集まるから。

イ．谷の出口あたりに住宅が建ちならび生活用水として使い，平地近くで生活はい水として捨てるから。

ウ．川の水が地下にしみこみやすく地下を流れて，平地近くでわき出るから。

エ．川の流れが細かく分かれ，平地近くで再び集まるから。

（3） 図1のような川のX－Yの地点で，最も川の流れの速いところをア～ウから選び，記号で答えなさい。

（4） X－Yの地点の川底と川岸の断面図をかきなさい。ただし，片側の川岸はがけのようになっています。また，断面図は下流から上流に向かって見たときのものとします。

（5） 図2は，海底に土砂がたい積するようすを模式的に表しています。長い年月の間に海水面がしだいに低下し，Z地点が河口に近い海底に変化していきました。このとき，Z地点の地層のようすを最もよく表しているものを次のア～エから選び，記号で答えなさい。

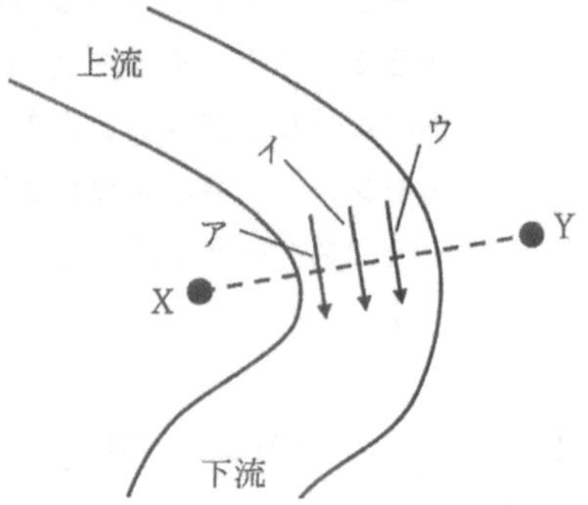

図1

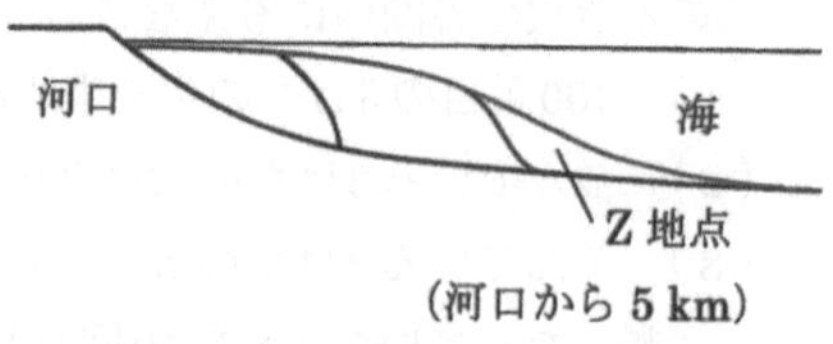

図2

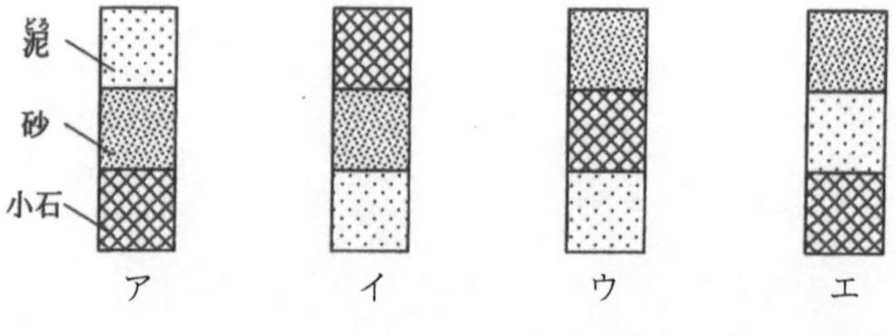

右の写真(図3)は，川の上流に作られたもので「砂防ダム」(砂防堰堤《えんてい》)といいます。一年中，川の水は流れていますが，集中ごう雨などによって山くずれがおこった際に，①大量の土砂や岩，木などが水とともに一気に川下の方へ流れるのを防ぐことができます。

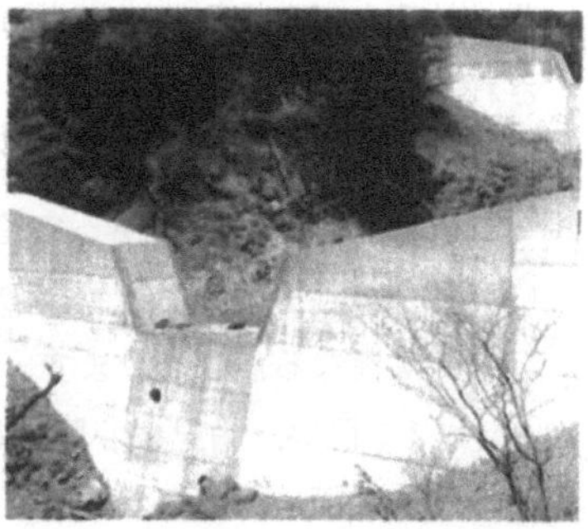

図3　砂防ダムの高さは約10m

（6）　下線部①の自然災害を何といいますか。

砂防ダムのはたらきは(6)のような自然災害を防ぐだけではありません。砂防ダムの上流側に土砂がたまると，②川岸や川底がけずられにくくなる，川の流れる速さがおそくなるなどのはたらきもあります。

（7）　砂防ダムが下線部②のようなはたらきをする理由を説明しなさい。ただし，答えは解答らんに書かれた語句から始めなさい。また，右の図4を活用してもかまいません。

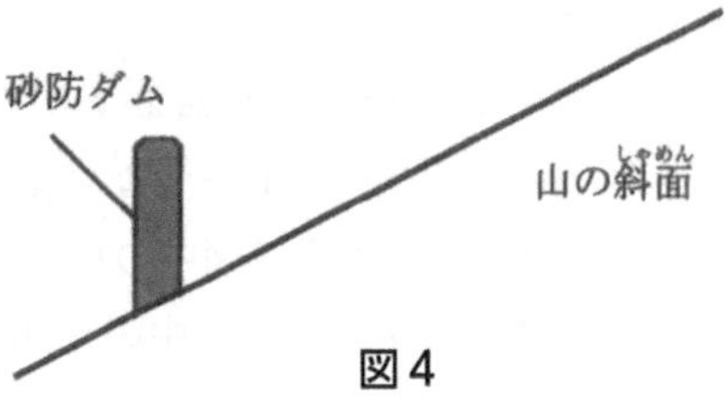

図4

【2】　図は成人したヒトの血液循環《じゅんかん》のようすを，正面から見て模式的に表したものです。下の問いに答えなさい。

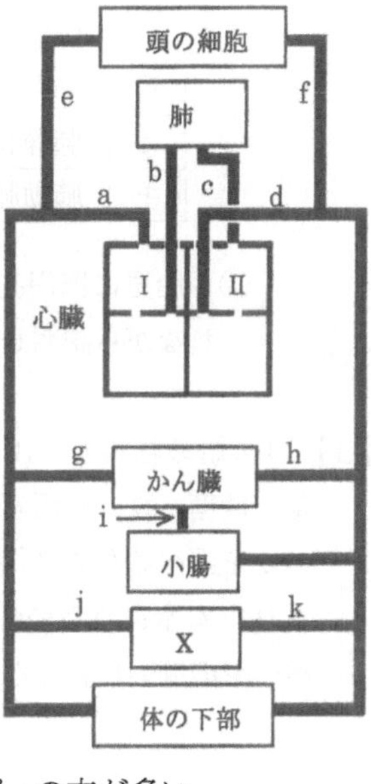

（1）　図中のXは，こしの背中側に1対ある器官を表しています。

①　Xの器官の名前を答えなさい。

②　Xの器官のはたらきとして適するものを次のア～エから1つ選び，記号で答えなさい。

ア．消化された栄養分を水分とともに吸収する。

イ．全身の細胞《さいぼう》で出される不要物のうち，二酸炭素以外のものをはい出する。

ウ．たん液をつくる。

エ．酸素を吸収し，二酸化炭素をはい出する。

（2）　図の血管iの名前を答えなさい。

（3）　図の血管a～dに流れる血液中の酸素量について，最も適するものを次のア～エから選び，記号で答えなさい。

ア．酸素量は，aよりもbの方が多い。　　イ．酸素量は，dよりもaの方が多い。

ウ．酸素量は，cよりもbの方が多い。　　エ．酸素量は，aよりもcの方が多い。

かん臓のはたらきの一つに「毒物や薬物などの物質を無毒な物質や体外にはい出されやすい物質に変える」というものがあります。

飲み薬の頭痛薬(頭の痛みを和らげる薬)を使用した場合について考えてみます。飲みこんだ頭痛薬は，図の小腸から吸収され，血流にのってかん臓に集められます。頭痛薬も，かん臓で無毒な物質や体外にはい出されやすい物質に変えられます。そのため，大部分が頭痛薬の効果を失ってしまいますが，かん臓で変えられなかった残りの薬が(　あ　)を通って頭の細胞(かん部)にまで届き，薬の効果を示します。このような理由から，通常，飲み薬は，かん臓で分解できる以上の量を処方されています。

(4) 文中の(あ)にあてはまるかん臓から頭の細胞(かん部)まで頭痛薬が流れる経路を，図の血管a～kの記号を使って答えなさい。

(5) うまれる前の赤ちゃんのことを胎児《たいじ》と呼びます。胎児の血液循環と出生後のヒトの血液循環には異なる点があります。

1つ目は，胎児の心臓には図中の(Ⅰ)と(Ⅱ)の間に卵円孔《らんえんこう》とよばれる穴があいており，心臓に流れこんできた血液の大部分が(Ⅰ)から(Ⅱ)へ流入するしくみになっています。

2つ目は，図中の(b)と(d)をつなぐ血管があることです。これによって，心臓に流れこんできた血液のうち卵円孔を通らなかった血液は(b)からこの血管を通って(d)へ入ります。

主にこの2つの構造により，肺への血液流入量を(い)しています。生後まもなくして，卵円孔や(b)と(d)をつなぐ血管は，その役割を終えてふさがります。

① 文中および図中の(Ⅰ)，(Ⅱ)に入る語句をそれぞれ答えなさい。

② 文中および図中の(b)，(d)，(い)に入る語句の組合せとして最も適するものを次のア～クから選び，記号で答えなさい。

	b	d	い
ア	肺静脈	大動脈	減ら
ウ	肺動脈	大動脈	減ら
オ	肺静脈	大動脈	増や
キ	肺動脈	大動脈	増や

	b	d	い
イ	肺静脈	大静脈	減ら
エ	肺動脈	大静脈	減ら
カ	肺静脈	大静脈	増や
ク	肺動脈	大静脈	増や

③ 胎児に卵円孔や(b)と(d)をつなぐ血管がある理由を，胎児が酸素を受けとる場所にふれながら説明しなさい。

【3】 4種類の物質A，B，C，Dが混ざっている粉末の混合物があります。この4種類の物質は，銅，砂糖，鉄，石灰石，食塩，アルミニウムのいずれかです。この混合物に何がふくまれているのかを調べるために[実験1]を行いました。また，[実験1]の試薬として用いた塩酸や水酸化ナトリウム水よう液の性質について調べるために，[実験2]を行いました。次の文を読み，次のページの問いに答えなさい。

[実験1]

物質A，B，C，Dの混合物に水を加えたところ，物質Aのみが水にとけました。Aの水よう液を蒸発皿にのせ加熱したところ，途中《とちゅう》から茶色のねばりがある液体となり，やがて黒い物質になりました。

次に，残った物質B，C，Dを別の容器に移して水酸化ナトリウム水よう液を加えたところ，物質Bが気体Eを発生しながらとけました。

残った物質C，Dを別の容器に移して塩酸を加えたところ，物質Cが気体Fを発生しながらとけましに。気体Fは気体Eとは異なるものでした。

なお，この実験で加える水や水よう液の量は，その物質のすべてがとけるのに十分な量を用いるものとします。また，物質A～Dどうしは，たがいに反応しないものとします。

[実験2]

濃度《のうど》の異なる塩酸Xと塩酸Yを用意しました。これらの塩酸を完全に中和するのに必要な水酸化ナトリウム水よう液Zの体積を調べたところ，図2のグラフのようになりました。

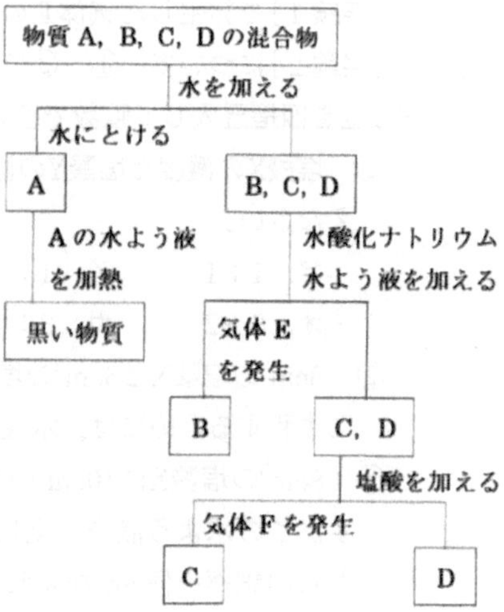

図1

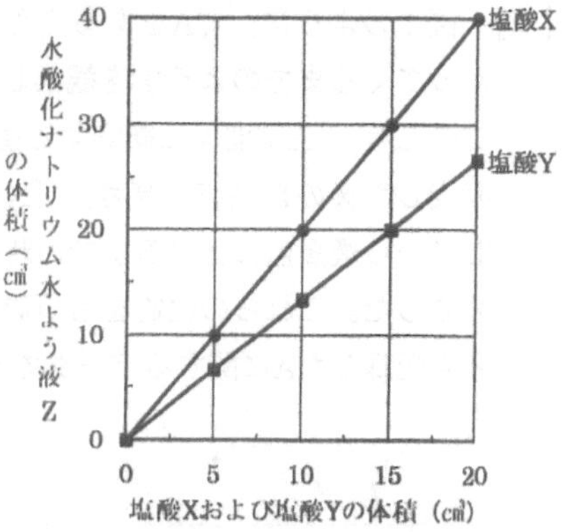

図2

（1） [実験1]で，水にとけた物質Aととけなかった物質B，C，Dをろ過によって分けました。ろ過の操作として最も適切なものを次のア～エから選び，記号で答えなさい。ただし，ろうと台などの支持器具は省略してあります。

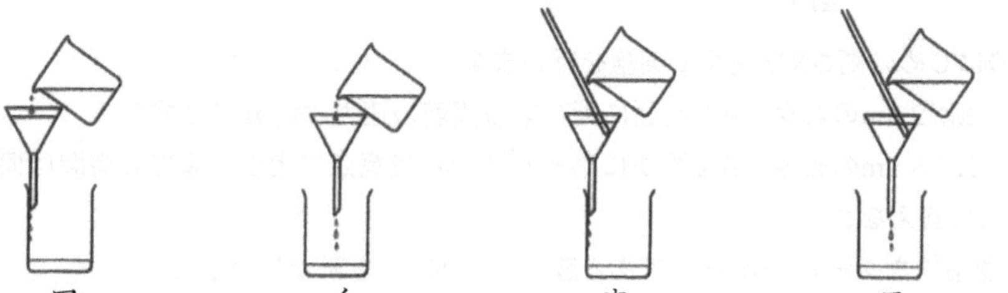

ア　イ　ウ　エ

（2） [実験1]の物質A～Dとして適するものを，次のア～カからそれぞれ選び，記号で答えなさい。

ア．銅　イ．砂糖　ウ．鉄　エ．石灰石

オ．食塩　カ．アルミニウム

（3） [実験1]で発生した気体Fの名前を答えなさい。

（4） [実験2]について，①～③の問いに答えなさい。ただし，答えが割り切れないときは，小数第1位を四捨五入して整数で答えなさい。

① 塩酸Xの濃度と塩酸Yの濃度の比として正しいものを次のア～キから1つ選び，記号で答えなさい。

ア．1：1　　イ．1：2　　ウ．2：1　　エ．2：3

オ．3：2　　カ．3：4　　キ．4：3

② $3cm^3$の塩酸Xと$6cm^3$の塩酸Yを混ぜ合わせた水よう液があります。この水よう液を完全に中和するためには，水酸化ナトリウム水よう液Zは何cm^3必要ですか。

③ $8cm^3$の塩酸Xに$40cm^3$の水酸化ナトリウム水よう液Zを混ぜ合わせた水よう液があります。この水よう液を完全に中和するためには，塩酸Y，水酸化ナトリウム水よう液Zのどちらの試薬を何cm^3加えればよいですか。加える試薬については，解答らんの塩酸Yまたは水酸化ナトリウム水よう液Zのどちらかに丸(○)をつけて答えなさい。

【4】 図1のように，球Aをある高さXから静かに落とし，点Oで地面に衝突《しょうとつ》させた後，まっすぐ上がってくるまでのようすを観察しました。矢印はAの進む向きと速さのようすを表しています。このとき，「Aが地面に衝突する直前の速さと，直後の速さ」，「Aのはじめの高さと，Aが地面に衝突した後の最高点の高さ」，「Aを落としてから地面に衝突するまでの時間と，Aが地面に衝突してから最高点に上がるまでの時間」をそれぞれ比べたところ，いずれも同じであることがわかりました。これらの性質をもつ球を「理想的なスーパーボール」とよぶことにします。表はそのとき記録したAに関するデータです。下の問いに答えなさい。

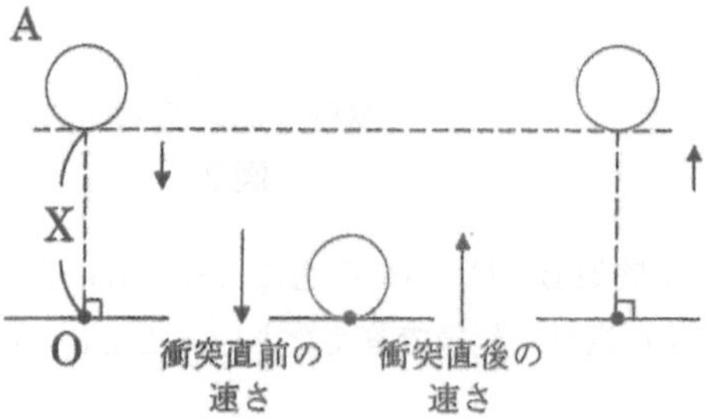

図1

高さX(m)	0.1	0.4	0.9
地面に衝突する直前の速さ(m/秒)	1.4	2.8	4.2
地面に衝突するまでの時間(秒)	$\frac{1}{7}$	$\frac{2}{7}$	$\frac{3}{7}$

（1） Aのはじめの高さXを変えて実験を行います。

① Xが2.5mのとき，Aが地面に衝突する直前の速さは何m/秒ですか。

② Xが3.6mのとき，Aを静かに落としてから最高点に上がるまでの時間は何秒ですか。分数で答えなさい。

次に，理想的なスーパーボールであるB，C，Dの球を新たに用意しました。これらの球はすべてAと同じ材質でできており，大きさや重さはそれぞれ異なりますが，Aと同じ落下実験を行ったところ，B，C，Dの球も表と同じ結果を示すことがわかりました。

ここで，図2のように，Aには重さの無視できる細い軸《じく》を球の中心を通して固定します。また，B，C，Dの球には球の中心を通る一直線の穴

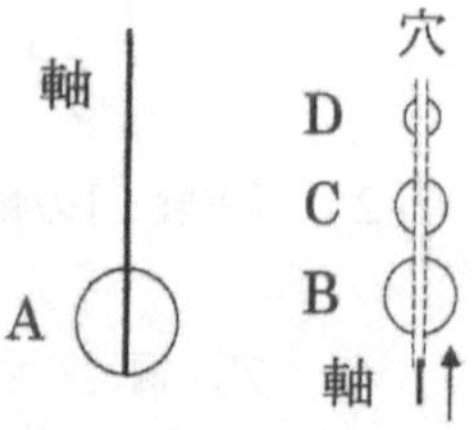

図2

があいており，Aの軸を通すことができます。このとき，球と軸の間にまさつはなく，B，C，Dの球は軸にそって動くことができます。

図3のように，軸を通してAの上にBを重ねて静かに落としました。一体となったAとBが地面に衝突すると，Aが地面で静止し，Bがまっすぐ上がりました。このとき，Aが地面に衝突した直後のBは，一体となったAとBが地面に衝突する直前の2倍の速さではね上がりました。これを2段のすっとびボールとよびます。

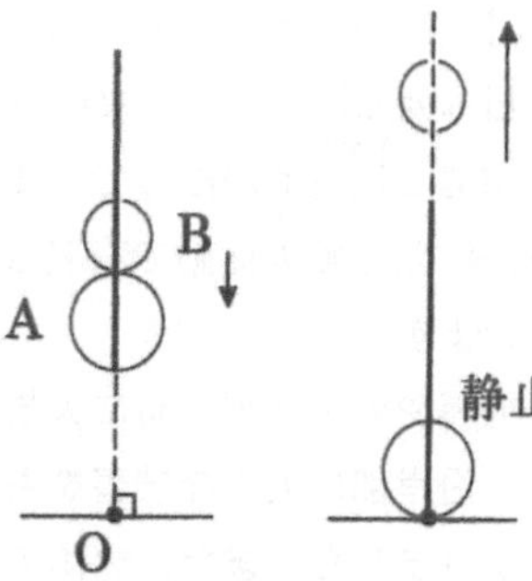

図3

（2） 一体となったAとBが地面に衝突した後，Bははじめの高さの何倍まで上がりますか。球の大きさを考えずに答えなさい。

（3） 一体となったAとBが地面に衝突した後，Bが3.6mの高さまで上がるためには，一体となったAとBを地面から何mの高さから静かに落とせばよいですか。球の大きさを考えずに答えなさい。

図4のように，軸を通してAの上にB，C，Dを重ねて静かに落としました。Bの重さがAの重さの$\frac{1}{3}$倍，Cの重さがBの重さの$\frac{2}{4}$倍，Dの重さがCの重さの$\frac{3}{5}$倍であるとき，一体となったA・B・C・Dが地面に衝突すると，4段目のDだけがまっすぐ上がり，A・B・Cは一体となったまま地面で静止しました。このとき，Aが地面に衝突した直後のDは，一体となったA・B・C・Dが地面に衝突する直前の4倍の速さではね上がりました。これを4段のすっとびボールとよびます。

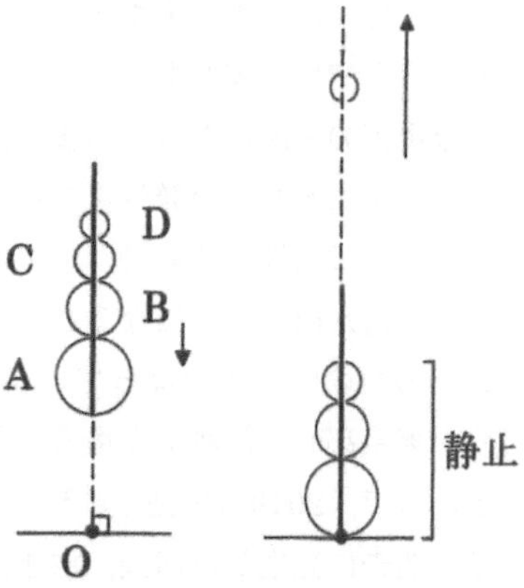

図4

（4） Aの重さを80gとして4段のすっとびボールを作るとき，Dの重さは何gであればよいですか。答えが割り切れないときは，小数第1位を四捨五入して整数で答えなさい。

（5） 4段のすっとびボールの上に，5段，6段，…，と最上段の球だけがはね上がるように，さらに球を積み重ねます。一体となったすっとびボールを0.4mの高さから静かに落とすとき，最上段の球が30mをこえる高さまで上がるためには，少なくとも何段のすっとびボールを作ればよいですか。球の大きさを考えずに答えなさい。

【社　会】（40分）〈満点：100点〉

【1】　次の文章を読み，あとの問いに答えなさい。

日本列島は太平洋を取り囲むように連なる①環《かん》太平洋造山帯に属しており，国土のおよそ＜　A　＞を山地と丘陵《きゅうりょう》地が占《し》めています。日本は地震大国として知られていますが，世界有数の火山国でもあり，活発な噴火《ふんか》活動で有名な②九州地方の【　X　】県にある桜島をはじめ，111もの活火山が分布しています。

地震や火山活動は時に大規模な災害をもたらします。③東日本大震災では地震とともに津波が発生し，沿岸部に大きな被害をもたらしたほか，この震災はわが国の④エネルギー政策の大きな転換《てんかん》点にもなりました。また，火山の周辺では，噴火が起きると，火山灰や溶岩片《ようがんへん》，高温のガスがまざりあって高速で流れる(　1　)などが発生し，人々の生命を危険にさらすこともあります。その一方で，⑤火山と深いつながりのある国立公園が多いことから，火山活動は美しい景観を生み出していることがわかります。

さて，日本は四季に恵《めぐ》まれた自然豊かな国ですが，毎年のように台風などによる大雨に見舞《ま》われることから，気象災害が多い国とも言えます。⑥川や海の周りの低地に多くの人口が集中していることも気象災害の一因となっています。台風の通り道になりやすい地域では，強風や高潮による被害や大雨による⑦洪水などが発生することも珍《めずら》しくありません。また，気温も気象災害の要因の一つです。東北地方では初夏から夏にかけて吹《ふ》く北東風の(　2　)の影響《えいきょう》で夏の気温が上がらず，⑧稲などの農作物に被害が出て冷害になることもあります。一方，近年では熱中症《しょう》による被害が深刻化するなど，暑さそのものが災害となっています。昨年，＜　B　＞と呼ばれる「1日の最高気温が35度以上の日」が東京都心で観測史上最多日数を記録したことは記憶《きおく》に新しいでしょう。

ところで，2019年に国土地理院は⑨新たな地図記号として「自然災害伝承碑《でんしょうひ》」を追加しました。これは，過去に発生した津波，洪水，火山災害，土砂災害などのようすや被害状況《じょうきょう》などが記載《きさい》されている石碑などの位置を示しています。自然災害伝承碑は，当時の被災場所に建てられていることが多く，地域住民による防災意識の向上に役立つものと期待されます。数多くの災害を経験したわが国には，先人の知恵の蓄積《ちくせき》があります。日本で暮らす私たちは過去の経験から学び，防災・減災につなげていくことが大切ではないでしょうか。

問1　文章中の空らん(　1　)・(　2　)に適する語句を答えなさい。(　1　)は漢字で答えること。

問2　文章中の空らん＜　A　＞・＜　B　＞について，以下の各問いに答えなさい。

Ⅰ．＜　A　＞に適する語句を次のア～エから一つ選び，記号で答えなさい。

ア．35%　　イ．45%　　ウ．65%　　エ．75%

Ⅱ．＜　B　＞に適する語句を次のア～エから一つ選び，記号で答えなさい。

ア．熱帯夜《ねったいや》　　イ．夏日《なつび》　　ウ．猛暑日《もうしょび》　　エ．真夏日《まなつび》

問3　下線部①について，環太平洋造山帯に**含《ふく》まれない国**を次のア～エから一つ選び，記号で答えなさい。

ア．フィリピン　　　イ．南アフリカ共和国

ウ．アメリカ合衆国　　エ．ニュージーランド

問4　下線部②について，次の表は九州新幹線が通過する4県の人口，米の収穫《しゅうかく》量，トマトの収穫量，ぶた肉の生産量をまとめたものです。【　X　】県を示しているものを次のページの表中のア

～エから一つ選び，記号で答えなさい。

県名	人口(千人)	米(千t)	トマト(t)	ぶた肉(t)
ア	5,124	164	19,800	17,078
イ	806	119	3,470	8,125
ウ	1,576	89	5,270	215,729
エ	1,728	156	132,500	14,050

(『2023データでみる県勢』より作成　データはすべて2021年)

問５　下線部③について，三陸の沿岸で津波の高さがひときわ高くなったのは，海岸の特徴《とくちょう》的な地形にも要因がありました。この地形の名称《めいしょう》を答えなさい。

問６　下線部④に関連して，以下の各問いに答えなさい。

Ⅰ．次のグラフX，Yは2010年度と2022年度の日本の発電電力量の電源構成を示したものであり，以下はその解説文です。解説文中の(　a　)・(　b　)に適する語句の組み合わせとして正しいものを，下のア～エから一つ選び，記号で答えなさい。

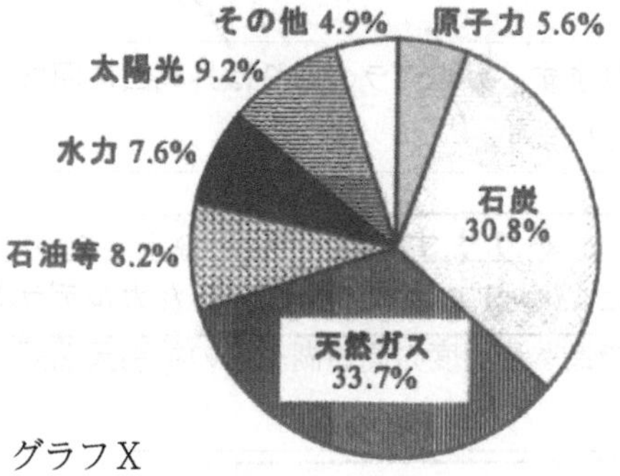

グラフX

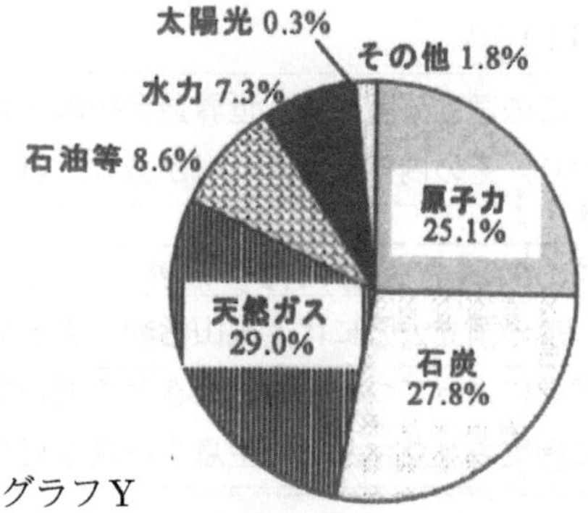

グラフY

(資源エネルギー庁資料より作成)

2022年度の状況を示しているのは，(　a　)である。日本は依然《いぜん》として火力発電に頼《たよ》りがちであるが，政府が2050年までに温室効果ガスの排出《はいしゅつ》を全体としてゼロとする(　b　)の実現を目標に掲《かか》げた以上，再生可能エネルギーの充実《じゅうじつ》など，より一層の取り組みが必要である。

ア．(a)：グラフX　　(b)：カーボンニュートラル
イ．(a)：グラフX　　(b)：バイオエタノール
ウ．(a)：グラフY　　(b)：カーボンニュートラル
エ．(a)：グラフY　　(b)：バイオエタノール

Ⅱ．昨年，ガソリン価格の上昇《じょうしょう》が大きな話題となりました。その要因の一つに円とドルの交《こう》換《かん》比率(為替《かわせ》レート)の変化があります。「円高」・「円安」について述べた次の文X・Yの正誤の組み合わせとして正しいものを，次のページのア～エから一つ選び，記号で答えなさい。

X：円安になると輸入製品の価格が下がるため，国内の物価下落につながる。

Y：為替レートが１ドル＝150円から１ドル＝100円に変化した場合，円高になったといえる。

ア．Ｘ：正しい　Ｙ：正しい　　イ．Ｘ：正しい　Ｙ：誤り
ウ．Ｘ：誤り　Ｙ：正しい　　エ．Ｘ：誤り　Ｙ：誤り

問７　下線部⑤について，下の**【資料１】**～**【資料３】**は火山と深いつながりがある日本の国立公園について説明したものです。**【資料１】**～**【資料３】**が示す国立公園のおおよその位置を右の地図中のア～オからそれぞれ一つずつ選び，記号で答えなさい。

【資料１】

この国立公園には，世界最大級のカルデラがあります。カルデラの周りは外輪山に囲まれており，その内部には町や村があり，農業も営まれています。

【資料２】

この国立公園には，火山活動によって形成されたくぼ地に水がたまってできたカルデラ湖や噴火によってつくられたせきとめ湖があり，日本で最も透明《とうめい》度の高い湖や国の特別天然記念物に指定されたマリモが生息する湖も見られます。

【資料３】

この国立公園には，世界遺産にも指定された火山があります。この火山のふもとには５つの湖が形成されており，日本の名勝にも指定されています。また，この火山の北西には広大な原生林である樹海が広がっています。

問８　下線部⑥に関連して，濃尾平野では水害の対策として輪中が見られます。この平野を流れる木曽三川とは，木曽川，揖斐《いび》川とあと一つは何ですか。漢字で答えなさい。

問９　下線部⑦に関連して，次のページの**図**は都市化する前と後それぞれにおいて，同じ量の雨が降った場合の「雨水が地中にしみ込まずに地表に流れ出た量」(＝流量)の変化を示したものです。また，次のページの**レポート**はこの**図**から読み取れること，考えられることをまとめたものです。**レポート**中の(　ａ　)・(　ｂ　)に適することば(説明文)をそれぞれ入れなさい。

図

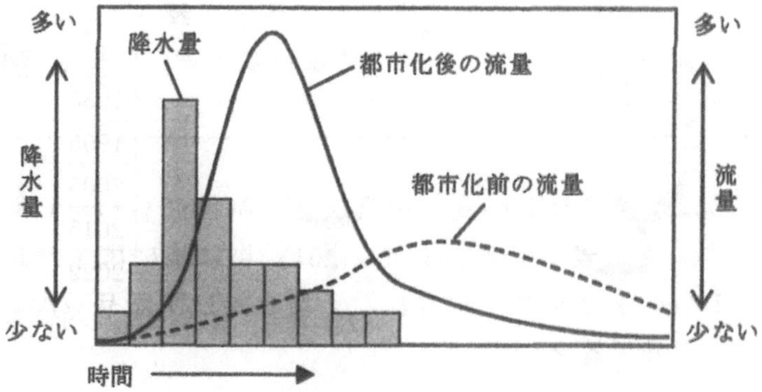

レポート

流量の変化に注目すると，雨の降り方が同じでも都市化後の流量は都市化前に比べて，(　a　)ことがわかる。その理由は，都市化によって(　　b　　)ため，雨水が地面に吸収されにくくなったからであると考えられる。

問10　下線部⑧について，日本の米や米づくりについて述べた文のうち正しいものを次のア～エから一つ選び，記号で答えなさい。

ア．日本は，食糧《しょくりょう》管理制度の下，現在も米の自由販売《はんばい》が認められていない。

イ．東北地方は日本の米の生産量のうち，約４分の１を占めている。

ウ．日本では米を１年間に２回作る二毛作がさかんにおこなわれている。

エ．日本は世界有数の米の生産国であり，有数の輸出国でもある。

問11　下線部⑨に関連して，以下の各問いに答えなさい。

Ⅰ．右の写真は逗子《ずし》市に隣接《りんせつ》する葉山町にある「自然災害伝承碑」です。下の**資料**はこの碑に刻まれた伝承の内容です。(　a　)に適する年(西暦《せいれき》年)・月・日を数字で答えなさい。

資料

(　a　)の関東大震災により，海岸が隆起《りゅうき》し，葉山港の船溜《だ》まりが使えなくなった。その結果，砂浜《すなはま》に係留《けいりゅう》せざるを得なかった漁船は，悪天候時に大破するものが多く発生した。この碑は葉山港の船溜まり復興を記念し建立された。

Ⅱ．地図記号は産業や社会の変化を反映し，時代にあわせて廃止《はいし》・追加されています。次のページの**表**を参考にして，2013年以降に国土地理院が発行した２万５千分の１地図で使用されなくなった地図記号を次のア～エから一つ選び，記号で答えなさい。

ア.

イ.

ウ.

エ.

表

年	養蚕農家戸数
1985	99,710戸
1995	13,640戸
2005	1,591戸
2015	368戸
2022	163戸

(大日本蚕糸会『シルクレポート』より作成)

【2】 日本の主な災害についてまとめた年表を見て，あとの問いに答えなさい。

年	主な災害と関連するできごと
684	①白鳳《はくほう》地震が起こり，この地震の記録が②『日本書紀』に残っている
734	③天平6年に地震が起こり，大きな災害をもたらす
869	貞観《じょうがん》地震によって津波が発生し，④多賀城まで押し寄せる
1181	畿内・西日本中心に飢饉《ききん》が起こり，⑤平氏の政権が動揺《どうよう》する
(⑥)	壇ノ浦の戦いと同じ年に，京都で地震が起こる
	⑦
1585	⑧天正地震が起こり，近畿から東海，北陸にかけて被害をもたらす
1657	⑨明暦の大火によって江戸の町の約6割が消失する
1703	⑩元禄地震が起こり，江戸に大きな被害をもたらす
1732	享保の飢饉が起こる。このころ，8代将軍⑪吉宗が改革をおこなう
1782	天明の飢饉(～87)が起こり，百姓一揆やうちこわしが増加する
1833	洪水・冷害などによる全国的な飢饉が起こる(～39)
1854	⑫安政の東海地震・南海地震が起こる
1880	世界初の地震学を専門とする日本地震学会が創設される
	⑬
1914	桜島の大噴火が起こる
1944	⑭東南海地震が起こる
⑮1959	伊勢湾台風により，紀伊半島から東海地方を中心に大きな被害が生じる
1995	阪神・淡路大震災が起こる

問1 下線部①に関連して，この地震は天武天皇の時代に発生しました。天武天皇について述べた文のうち正しいものを次のア～エから一つ選び，記号で答えなさい。

ア．唐・新羅の連合軍と戦い，敗北した。

イ．藤原不比等に大宝律令の制定を命じた。

ウ．壬申の乱で大友皇子を倒《たお》して即位《そくい》した。

エ．日本で最初の本格的な都である平城京を造営した。

問２　下線部②について，『日本書紀』の編さんをおこなった中心的な人物を次のア～エから一つ選び，記号で答えなさい。

ア．舎人親王　　　イ．稗田阿礼　　　ウ．太安万侶　　　エ．山上憶良

問３　下線部③に関連して，次の**資料**はこの時代のある天皇が出した命令の一部です。この命令を出した天皇の名前を答えなさい。また，天皇がこの命令を出した目的を，資料の内容をふまえて簡潔に説明しなさい。

資料　　国分寺・国分尼寺《こくぶんにじ》の建立の命令

近頃《ちかごろ》は不作続きで，病《やまい》も流行している。そこで，国ごとに七重の塔《とう》をつくり，経典を写せ。

問４　下線部④について，多賀城は現在の宮城県に置かれ，朝廷の支配に従わない東北地方の人々への対策の拠点《きょてん》となりました。この東北地方に住む人々を総称《そうしょう》して何と呼びますか。漢字２字で答えなさい。

問５　下線部⑤について，平氏が熱心に信仰した，現在の広島県にある神社の名称を漢字で答えなさい。

問６　年表中の空らん(　⑥　)に適する数字(西暦年)を答えなさい。

問７　年表中の［　⑦　］の時期に起きたできごとや，この時期に出された法令・命令について説明した次の文章ア～エを，起きた時期・出された時期が古いものから順に並べかえ，記号で答えなさい。

ア

所領を質に入れて流したり，売買したりすることは，今後，一切禁止する。御家人でない者が御家人から買った土地は，何年前に買ったものであろうとも，御家人に返さなければならない。

イ

近頃の鎌倉の政治はたいへん乱れている。４代目の将軍はまだ幼い。北条義時は尼《あま》将軍の北条政子の命令であるということにして，政治や裁きを全国におよぼし，朝廷が決めたきまりを忘れてしまっている。義時を追討せよ。

ウ

9月，天下の土民たちがいっせいに蜂起《ほうき》した。「徳政」といって酒屋・土倉・寺院などの高利貸しを破壊《はかい》し，質に入っている品物を勝手に取り出し，借金の証文をすべて破って捨てた。日本が始まって以来，土民がいっせいに蜂起したのは，これが初めてだ。

エ

モンゴル帝国《ていこく》の皇帝が，書を日本国王に差し上げる。日本は昔から中国と交流しているのに，私の時代になってからは一度も使いを送ってこない。これからは，お互《たが》いに訪問し合って友好を結ぼうではないか。武力を使うのは好まないので，王はよく考えなさい。

問8　下線部⑧に関連して，天正年間(1573～1592年)に起きたできごととして正しいものを次のア～エから一つ選び，記号で答えなさい。

ア．織田信長が，桶狭間の戦いで武田勝頼の騎馬《きば》隊を破った。

イ．九州のキリシタン大名が，４人の少年をローマ法王のもとに派遣《はけん》した。

ウ．豊臣秀吉が，バテレン追放令を出して南蛮貿易を禁止した。

エ．種子島に漂着《ひょうちゃく》したポルトガル人によって鉄砲が伝わった。

問9　下線部⑨に関連して，明暦の大火後の江戸の再建や寺院の建設に多大な出費をおこなった幕府は財政難におちいりました。この対策として幕府がとった政策についてまとめた以下の文の空らん(　a　)・(　b　)に適する語句の組み合わせとして正しいものを下のア～エから一つ選び，記号で答えなさい。

江戸幕府の５代将軍は小判に含まれる金の量を(　a　)，小判を大量に発行することで財政難を乗りこえようとしたが，その結果，物価が(　b　)した。

ア．(a)：増やし　(b)：上昇《じょうしょう》　　イ．(a)：増やし　(b)：下落

ウ．(a)：減らし　(b)：上昇　　エ．(a)：減らし　(b)：下落

問10　下線部⑩に関連して，元禄文化を代表する菱川師宣の作品を次のア～エから一つ選び，記号で答えなさい。

ア．

「見返《みかえ》り美人図《びじんず》」

イ．

「富嶽三十六景《ふがくさんじゅうろっけい》」

ウ．

「湖畔《こはん》」

エ．

「唐獅子図屏風《からじしずびょうぶ》」

問11　下線部⑪に関連して，享保の改革についての説明として正しいものを次のア～カから二つ選び，記号で答えなさい。完答で正解とします。

ア．目安箱を設けて民衆の意見を聞くようにした。

イ．江戸・大阪周辺を幕府の領地にしようとする上知令を出した。

ウ．農民の離村《りそん》を禁止し，大名には飢饉に備えて米をたくわえさせた。

エ．公事方御定書を制定し，裁判の基準を定めた。

オ．湯島に学問所をつくり，朱子学以外の学問を教えることを禁じた。

カ．株仲間の結成をすすめ，商人に特権を与《あた》える代わりに，税を納めさせた。

問12　下線部⑫について，この地震による津波で，ある港に停《てい》泊《はく》していたロシア艦隊《かんたい》が大破したという記録が残っています。この港は，安政の東海・南海地震と同じ年に開港が決められました。この港の名称を漢字で答えなさい。また，その位置を右の地図中のア～エから一つ選び，記号で答えなさい。完答で正解とします。

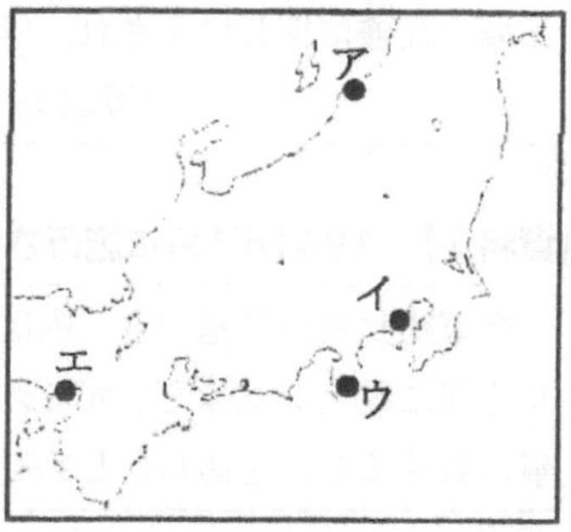

問13　年表中の ⑬ の時期の日本と外国との関わりについて述べた文として**誤っているもの**を次のア～エから一つ選び，記号で答えなさい。

ア．日英通商航海条約を結び，イギリスとの間で領事裁判権を撤廃《てっぱい》した。

イ．日本海海戦でロシアのバルチック艦隊《かんたい》を破った。

ウ．植民地支配をおこなうため，韓国に朝鮮総督府《ちょうせんそうとくふ》を置いた。

エ．ロシア革命の広がりを防ぐため，シベリアへ出兵した。

問14　下線部⑭について，東南海地震に関する以下の各問いに答えなさい。

Ⅰ．東南海地震は1944年12月７日に発生しました。その翌日の３年前には日本が関係する大きなできごとがありました。このできごとを次のア～エから一つ選び，記号で答えなさい。

ア．柳条湖事件　　　イ．国際連盟からの脱退

ウ．盧溝橋事件　　　エ．真珠湾攻撃

Ⅱ．右の地図からわかるように，マグニチュード7.9を記録した東南海地震は日本各地に被害をもたらしました。しかし，この地震の翌日には，目立たないところに「被害を生じた所もある」という小さな新聞記事が載《の》っただけで，日本国内での報道の取り扱《あつか》われ方が小さかったという記録が残っています。次の【資料１】，【資料２】をふまえ，なぜ，日本国内でこの地震に関する報道の扱いが小さかったのか(小さくしなければならなかったのか)について説明しなさい。

東南海地震の震度分布

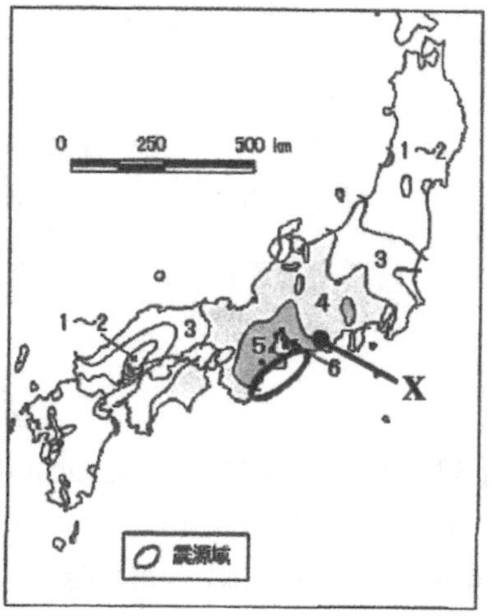

(内閣府「災害教訓の継承に関する専門調査会　第２期報告書」より)

【資料1】　前のページの地図中X地点(愛知県半田市)にある災害伝承碑の伝承内容

昭和19年(1944年)12月7日午後1時36分，昭和東南海地震が発生し，半田市では震度6以上で188名が亡くなった。…（略）…中島飛行機半田製作所山方工場などの軍需《ぐんじゅ》工場*が倒壊《とうかい》し，倒壊した工場の瓦礫《がれき》に押《お》しつぶされ，学徒動員で集められた男女97名の命が奪《うば》われた。

*軍需工場… 兵器，爆薬，航空機など軍事に必要な物資を生産・修理する工場

【資料2】　1941年1月に施行された新聞紙等掲載《けいさい》制限令の内容

国家総動員法に基づき，内閣総理大臣は外交や財政経済政策，戦争などの国策を計画通りに実行する際に重大な支障を生ずるおそれのある事項《じこう》や，外国にかくす必要がある事項について，新聞記事に載せることをあらかじめ制限または禁止できる。

問15　下線部⑮に関連して，この時期以降，いわゆる「三種の神器」と呼ばれる家電製品が各家庭に普及《ふきゅう》するようになり，新聞やラジオだけでなく，テレビでも災害・防災の情報を手に入れることができるようになりました。下のグラフは日本における主な家電の普及率の推移を示しています。「白黒テレビ」に当たるものをグラフ中のア～エから一つ選び，記号で答えなさい。

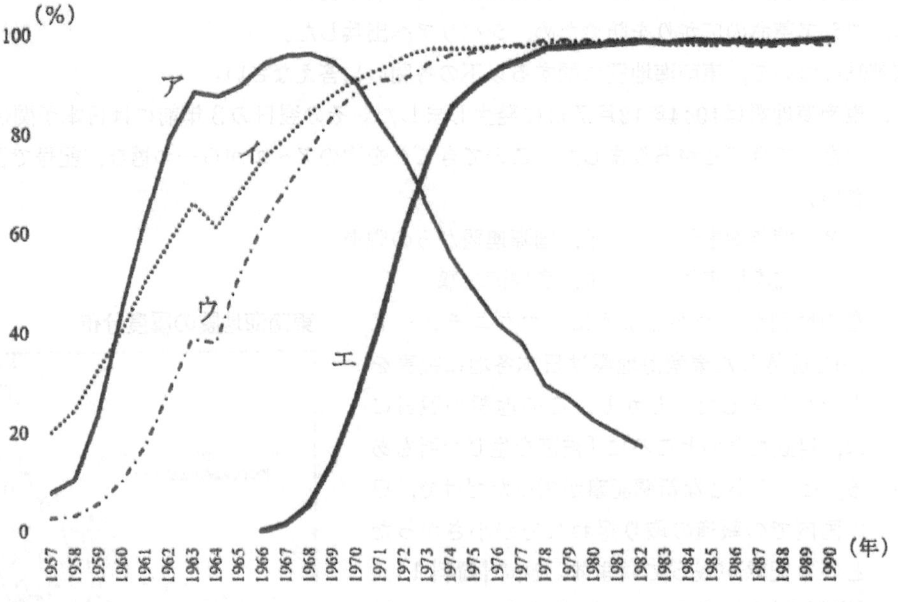

(内閣府「消費動向調査」をもとに作成)

【3】　次の文章を読み，あとの問いに答えなさい。

1959年の伊勢湾台風をきっかけに，戦後の災害対策は大きく前進しました。1961年には①国会の審議《しんぎ》を経て，わが国の災害対策の基本法制となる災害対策基本法が制定され，防災に関して政府や②地方公共団体が果たすべき役割が明確になりました。政府には中央防災会議が設置され，各地方公共団体には防災計画の作成が求められるようになるなど，少しずつ③国民の生命，身体および財産を災害から保護し，社会秩序《ちつじょ》を維持《いじ》するための体制づくりが進んでいったのです。

政府や地方公共団体は，災害に備えて必要な④予算を組んでいます。大規模な災害が発生した場合，地域の自治体を中心に避難《ひなん》所の設置や生活必需品《ひつじゅひん》の支給といった支援《しえん》がおこなわれるほか，地域を超《こ》えて消防や警察，⑤自衛隊が被災《ひさい》地に派遣《はけん》されます。災害時には自分自身や家族を守る「自助」が大切ですが，地域の住民同士で協力して助け合う「共助」，政府や地方公共団体による被災者への援助や支援である「公助」も極めて重要です。

多くの都道府県や市町村では，土砂災害や洪水などの災害の被害の範囲《はんい》や程度を予測したハザードマップを作成しています。われわれ一人ひとりがこうした情報を積極的に入手するなど防災意識を高め，「もしものとき」に備える心構えを持つことが，災害による被害を減らすことにつながるのではないでしょうか。

問１　下線部①について，日本の国会審議について述べた文のうち正しいものを次のア～エから一つ選び，記号で答えなさい。

ア．予算案は必ず衆議院から先に審議しなければならない。

イ．法律案を審議する際には，必ず公聴会を開かなければならない。

ウ．憲法改正の発議には，各議院の出席議員の過半数の賛成が必要である。

エ．参議院は，内閣総理大臣の不信任決議をおこなうことができる。

問２　下線部②に関連して，地方公共団体に関する以下の各問いに答えなさい。

Ⅰ．地方自治において，住民は直接請求《せいきゅう》権を持っています。そのうち，首長や議員の解職請求を何といいますか。カタカナで答えなさい。

Ⅱ．地方公共団体の歳入《さいにゅう》のうち，国が使い道を指定して地方公共団体に交付する補助金を何といいますか。漢字で答えなさい。

問３　下線部③に関連して，日本国憲法では生命や自由，財産権をはじめ，国民のさまざまな権利が保障されています。日本国憲法が規定する人権について述べた次の文Ｘ・Ｙの正誤の組み合わせとして正しいものを下のア～エから一つ選び，記号で答えなさい。

Ｘ：健康で文化的な最低限度の生活を営む権利は，憲法25条に規定されている。

Ｙ：公共の福祉の観点から，公務員にはストライキが認められている。

ア．Ｘ：正しい　Ｙ：正しい　　イ．Ｘ：正しい　Ｙ：誤り

ウ．Ｘ：誤り　Ｙ：正しい　　エ．Ｘ：誤り　Ｙ：誤り

問４　下線部④について，令和５年(2023年)度の国の一般会計予算の歳出において，最も大きい割合を占めている項目《こうもく》を次のア～エから一つ選び，記号で答えなさい。

ア．公共事業関係費　　イ．国債費

ウ．社会保障関係費　　エ．文教及《およ》び科学振興費

問５　下線部⑤について，自衛隊の管理や運営を担当する省庁を漢字で答えなさい。

問６　文中の二重下線部に関連して，大規模な災害が発生した場合には，自治体が体育館や公民館などに設置する避難所で長期間の生活を送ることがあります。避難所ではさまざまな人と生活を共にすることになるため，お互いが配慮《はいりょ》をする必要があります。次のページの**【イラストA】**・**【イラストB】**は避難所での生活のようすを描《えが》いています。このイラストをよく見て，以下の各問いに答えなさい。

Ⅰ．**【イラストA】**に描かれている避難所内の問題点を一つあげ，わかりやすく説明しなさい。さらに，あなたがこの避難所に避難した場合，この問題解決のためにどのような行

動ができますか。「共助」の視点から述べなさい。

Ⅱ. 【イラストB】に描かれている避難所内の問題点を一つあげ，わかりやすく説明しなさい。さらに，あなたがこの避難所を運営する立場であるならば，この問題解決のためにどのような行動ができますか。「公助」の視点から述べなさい。

【イラストA】

避難してきた外国人

【イラストB】

避難してきた赤ちゃん連れの親子

（熊本県『人権研修テキスト　人権全般編』より作成）

問五　——線部③「そのあとどの程度自分が潔いか、自分に自信がない」とあるが、どういうことか。その説明として最も適切なものを次の選択肢ア～エから一つ選び、記号で答えなさい。

ア　戦に勝利し自分がすべてを決定できる立場になった瞬間、あさましい欲望にとらわれてしまい、自身が権力者の座にしがみつこうとしたのではないかと考えている。

イ　戦に勝利した後に利益の分配が問題になるが、諸大名の不満が出ないように、個人的な好き嫌いにとらわれず公平にとりしきることはできなかったのではと考えている。

ウ　戦に勝利した後は自分が最高権力者となるが、自身にはその実力に乏しいことを痛感しているので、結局は尻込みして身を引くことになったのではないかと考えている。

エ　戦に勝利した後は、諸大名が重んずる考え方に沿って政治を行わなければならないが、結局は自分が信じてきた孟子の教えを強制したのではないかと考えている。

問六　——線部④「それにくらべ、おまえの心はどうなっているのだ」とあるが、この言葉から読みれる三成の心情についてわかりやすく説明しなさい。

問七　——線部⑤「そのほうの義を、義で返したい」と三成は言ったが、このように三成が決意するに至ったのはなぜか。三成自身が関ヶ原の合戦を戦った理由を踏まえて説明しなさい。ただし、「利」という言葉を必ず用いること。

＊5 露顕……隠していたことがあきらかになること。
＊6 往生……この世を去ること。
＊7 生殺与奪……対象を生かしたり殺したり、どのようにでも思うままにすること。
＊8 小早川秀秋……関ヶ原の戦いで裏切り行為を働き、豊臣軍敗北のきっかけを作った人物。
＊9 家宰……家の仕事を家長になりかわって務める人。
＊10 巨封……巨大なほうび。

問一 本文中の［a］・［b］に入る言葉として最も適切なものを次の選択肢ア～エからそれぞれ一つずつ選び、記号で答えなさい。

［a］…… ア けなげな　イ もっともな　ウ ほがらかな　エ おだやかな

［b］…… ア 面目《めんぼく》ない　イ 元も子もない　ウ さりげない　エ もったいない

問二 本文中に登場する老僧についての説明として最も適切なものを次の選択肢ア～エから一つ選び、記号で答えなさい。

ア 三成を助けることで自身に迫る死の危険におびえるも、仏の教えを思い命がけで三成を守る覚悟を決めたが、与次郎大夫の申し出を聞き、命が助かったと素直に喜んでいる。

イ 三成をかくまうことで自身に危険が及ぶ恐怖と来世に報いを受ける恐怖との板挟《いたばさ》みに苦しんでいたが、与次郎大夫の申し出によりそれらが解消され、胸をなで下ろしている。

ウ 三成が回復するまではかくまうが、その後は徳川方に引き渡すのもやむをえないと考えていた矢先、与次郎大夫の申し出を受け、嫌な役回りをせずにすみ嬉しく思っている。

エ 来世に自分が受ける報いを恐れ、しぶしぶ三成を助けざるをえないと思っていたが、与次郎大夫の申し出を聞き自分を恥ずかしく思い、与次郎の勇気に心から感動している。

問三 ――線部①「なんとそれは空論であったことであろう」とあるが、三成がこのように考えたのは、人々のどのような姿を見たからか。それについて最も具体的に述べている一文をこの――線部より前から探し、最初の五字を抜き出して答えなさい。

問四 ――線部②「無いものねだりをして歩いたのであろう」とあるが、三成は孟子についてどのように考えていたのか。その説明として最も適切なものを次の選択肢ア～エから一つ選び、記号で答えなさい。

ア 権力に生きる者に義を説くことは虚《むな》しいと知りつつも、不可能を可能にすべく挑戦することが大切だったのだと考えている。

イ 権力に生きる者に義を説くことは無意味だと知りつつも、信念を捨てきれずかたくなにすがりついたのだと考えている。

ウ 権力に生きる者に義を説くことはつらいと思いつつも、厳しい試練を経て自己の成長につなげようとしたのだと考えている。

エ 権力に生きる者に義を説くことは困難だと思いつつも、夢はきっとかなうと信じて疑わなかったのだと考えている。

義を説いた。義こそ国家、社会、そして文明の秩序の核心であると説いた。三成は孟子を読み、豊臣家の＊9家宰《かさい》として豊臣家の秩序をたもつ道は孟子の義であるという信念を得たが、①なんとそれは空論であったことであろう。

（いや、孟子を恨むことはない）

とも思う。孟子もまた争乱の世に生き、権力社会にはそういう観念や情緒が皆無であることを知り、みずから空論であると気づきつつも②無いものねだりをして歩いたのであろう。

（しかし人間には義の情緒はある）

そこに、与次郎大夫がいる。

痩《や》せた、顔色のわるい、貧相な中年の百姓である。この取り柄《え》もなさそうな男が、死と一家の滅亡を賭けて三成をかくまい、このように看病してくれている。〈中略〉

「与次郎大夫、すまぬ」

と、三成がいったとき、この百姓は、あのとき百石を頂戴《ちょうだい》つかまつらねば村の者はみな飢え死んだでございましよう。その御恩がえしでありまするゆえ、左様な [b] お言葉をかけられますな、と泣くようにいうのである。

（この可愛らしさ。おれの居た社会には、それがない）

と、三成は思った。三成でさえそうであった。口では義を唱えながら、実際には西軍に参加する諸侯に利を啖《くら》わせ、＊10巨封《きょほう》を約束することによって味方につけようとした。

（しかも）

ここに不安がある。もし関ヶ原に三成が勝った場合、③そのあとどの程度自分が潔いか、自分に自信がない。石田幕府をつくることはないにしても、鎌倉幕府における北条執権政権ほどのものはつくりあげたであろう。〈中略〉

（すべてが、利さ）

自分は利に敗れた。と思ったとき、ほとんど叫びたいほどの衝動で、

④（それにくらべ、おまえの心はどうなっているのだ）

と、三成は与次郎大夫に問いかけたい思いであった。

岩窟のなかで、ようやく体が癒《い》えた。二日目に与次郎大夫は村に帰り、噂をかきあつめて夕刻もどってきた。

隣村まで知れているという。隣村は三成の旧領ではなかった。

隣村には、捜索隊の宿所がある。かれらがここへ押しよせるのは時間の問題であろうと与次郎大夫はいった。

「お遁《に》げあそばせ」

と、この百姓は三成を叱咤《しった》した。三成は動かなかった。

「⑤そのほうの義を、義で返したい」

と、三成はいった。いまここで遁げれば与次郎大夫は処刑されるであろう。

（司馬遼太郎『関ヶ原』新潮文庫）

注　＊1　孔子

＊2　孟子……ともに古代中国の思想家。戦乱の世で、仁義（思いやり、悪を恥じる道徳）の重要性を説いた。

＊3　甘受……仕方がないものとして受けること。

＊4　業……前世（この世に生まれる以前の人生）の行いの報い。

も人力ではいかんともしがたく、すでに人のすべての運命は前世できまっている。

（前世で、わしはそれほどの悪をしたのか）

老僧は、三成の足もとで折れくずれた。ふたたびうまれかわるという来世こそこのようなことがあってはならない。その来世での幸《よ》き運をつくるために、いま宿業《しゅくごう》のたねを蒔《ま》いておくべきであった。三成を、せめてかれの健康が回復するまでかくまおうと思った。

二日経った。

おそるべきことがおこった。誰が見たのかこの三珠院にゆゆしき落ち武者がかくまわれていることが、村中の話題になった。

「治部少輔さまであるらしい」

と、人々は察し、ささやきあったが、ただこの災難を怖《おそ》れるのみで訴人《そにん》して出ようという者はない。三成から蒙《こうむ》った百石の恩が、まだ記憶になまなましかったからである。

ここに、与次郎大夫という者がいる。土地の大百姓で、三成がかつてこの村を巡視したとき、

――そちが、与次郎大夫か。

とひとことだけ、声をかけた男であった。このことに感激し、三成に対して格別な感情を抱いている。与次郎大夫は、村と三成を、同時に救おうとした。

まず妻を離別し、子供ともども実家にかえらせた。連座の災難からまぬがれさせるためであった。その上で三珠院をおとずれ、僧善説に申し出た。

「寺は、人の出入りが多うございます」

かといって村のなかの自分の屋敷でかくまうと、*5露顕《ろけん》したときに村の迷惑になる。与次郎大夫の思案では、村里からやや離れた山中の岩窟《がんくつ》に三成を移し、そこで病いを養わせることであった。露顕した場合の罪は、自分ひとりがひきうけるという。

老僧は、吻《ほっ》とした。与次郎大夫の[a]申し出をほめ、

「*6往生《おうじょう》のあとは極楽にゆけるだろう」

といった。〈中略〉

三成は、この村から二山ばかり奥に入った与次郎大夫の持ち山に移り、山中の窟《いわや》を居《きょ》にした。与次郎大夫は、三成の看病に専念した。

（世には、ふしぎな人間もいる）

と、三成は、この百姓の甲斐甲斐《かいがい》しさを見るにつけ、いま一つの人の世を知る思いがした。三成は、与次郎大夫の社会にはいない。少年のころに秀吉に見出されたあと、権力社会に生きてきた。二十代以後はその社会のなかでももっとも中核の、いわば権力の梃子《てこ》をにぎり、諸大名の*7生殺与奪《せいさつよだつ》をさえ自由にするほどの位置で世を送ってきた。

（義というものは、あの社会にはない）

関ヶ原の合戦なかばにして三成はようやくそのことを知った。利があるだけである。

人は利のみで動き、利がより多い場合は、豊臣家の恩義を古わらじのように捨てた。*8小早川秀秋などはその最たるものであろう。権力社会には、所詮《しょせん》は義がない。

（孟子は、誤っている）

と、三成はおもった。孟子は列強のあいだを周遊し、諸侯に会い、

がってしまったうえに経済格差が発生し、地域以外の様々な機構と連携していく体制に組み込まれていった。

問七　筆者がラダックでの生活をもとに描いたこの作品は『懐かしい未来』という題名だが、この題名から、筆者は私たち読者に対してどのようなことを訴えていると考えられるか。その説明として最も適切なものを、次の選択肢ア～エから一つ選び、記号で答えなさい。

ア　古いラダックの伝統文化は、逆に近代文明の問題点を改め私たちが新しい未来をつくるヒントになりうるということ。

イ　古い伝統文化を改善し、近代文明を採り入れていくラダックの姿は、未来を作る上での理想的な例になるということ。

ウ　近代文明の流れの中で未来を生きる私たちにとって、ラダックの古い伝統文化は良き思い出になりつつあるということ。

エ　近代文明によってラダックの古き良き伝統文化が破壊された悲劇は、未来まで私たちが語り継ぐ必要があるということ。

【三】次の文章を読んで、後の各問に答えなさい。なお、文章は設問の都合で省略したところがある。

関ヶ原の合戦で豊臣家の恩に報いるという正義のため徳川家康と戦い、敗れた石田三成（治部少輔《じぶのしょう》）は病の身ながら逃げ落ち、以前自分が領主を務め、冷害の際に租税を取らず百石の米を与えて救った古橋村に流れ着き、三珠院という寺に身を隠した。しかし、すでにこの付近にも徳川方より「三成をかくまう者がいたら一村ごと処刑する」とのおふれが回っていた。本文は、三成と寺の老僧の善説との会話から始まる。

「なにごとも、ご運でござりまする」

「運ではない。おれは左様《さよう》なものは信ぜぬ」

「では？」

何を信ずるのか、と老僧は炉の上の鍋の加減を見つつ、思った。

「義をのみ、信じている。＊1孔子は仁を説き、＊2孟子は末世なるがゆえに義を説いた。義のみが、世を立て乱をふせぐ道であると説いた。義は不義に勝ち、義のあるところかならず栄える、と説いた。しかし、このたびの戦いは逆である」

「逆で」

「左様、不義が勝った」

三成はやがて腕を脇腹から落とし、おしつぶされたような姿勢でねむった。

（どうするか）

老僧は、鍋越しに三成の寝姿を見、息を忘れたようにして思案した。訴え出るか、かくまうか、である。

が、老僧はやがて立ち、三成のからだに法衣をかぶせてやった。

（災難だと思おう）

老僧は、運の信者である。三成がこの寺に逃げこんできたのは、老僧にとって悪運であった。善悪ともに運命には人間はさからえない、と老僧の属している仏法は教えている。さからえぬ以上＊3甘受《かんじゅ》せよ、と仏法は言う。なにごとも＊4業《ごう》であり、因果《いんが》である。業も因果

ア　やはり　イ　しかし　ウ　つまり　エ　そして

問二　本文中には「開発」と、カギカッコ（「　」）をつけて開発を表記している箇所がいくつかあるが、この表記の仕方には筆者のどのような意図が込められているか。それについて表している言葉として最も適切なものを、次の選択肢ア～エから一つ選び、記号で答えなさい。

ア　断定　イ　無視　ウ　賛同　エ　皮肉

問三　――線部①「今では、持っているものだけでは十分とは言えなくなった」とあるが、ラダックの人びとがこのようになったのはなぜか。本文中の言葉を用いて、三十字以内で簡潔に説明しなさい。

問四　――線部②「真鍮の壺がピンク色のプラスチックのバケツに代り、現代風の安物の靴が好まれ、ヤクの毛の靴が捨てられるのを見て、私は当初恐ろしさに似た思いを感じた」とあるが、筆者がこのように感じたのはなぜか。説明しなさい。

問五　――線部③「既存のものが改善されたかどうかが問われることは、どの段階においても見られない」とあるが、開発者たちが自らの開発がラダックに改善をもたらしたのかどうか検証することがない理由について説明しているものとして、最も適切なものを次の選択肢ア～エから一つ選び、記号で答えなさい。

ア　西洋人は自らの文化が優れていると信じこみ非西洋文化の価値を否定しているため、開発が状況を悪化させたなど夢にも思っていないので、検証の必要性など全く感じていないから。

イ　西洋人にとっては開発にともなう自分たちの利益だけが問題なのであり、開発が発展をもたらしたかなど実はどうでもいいことなので、検証について全く関心を持とうとしないから。

ウ　西洋人は開発が逆にラダックの状況を悪化させたことに気づいているため、検証することを避け、非西洋文明の価値をことさら否定することで自分たちの罪を隠そうとしているから。

エ　西洋人は自分たちの文化を広めることで世界中に多大な影響力をもつことを重要視しており、非西洋文明の犠牲はやむをえないものと考え、検証の必要性について無視しているから。

問六　本文の内容に合っているものを次の選択肢ア～エから一つ選び、記号で答えなさい。

ア　階級社会に生きるラダックの人々はもともと体制の不平等性への不満と旧文化に対する疑念が心の底に根づいており、それが西洋文化を積極的に受け入れる基盤となった。

イ　従来の伝統的な生活技術を維持したうえでさらに西洋近代科学技術が加われば多くの利益が生まれるとする思想は、ラダックの人々を開発へと駆《か》り立てる原動力になった。

ウ　開発を否定的なものと断定せず、伝統的文化が失われていくことに感傷的な気持ちをはさむことなく、現地で生きていく人々にとって何が大切かを考える必要がある。

エ　近代化の波が押し寄せてからは、人々の生活レベルが逆に下されてきた。

②＊1真鍮《しんちゅう》の壺《つぼ》がピンク色のプラスチックのバケツに代り、現代風の安物の靴が好まれ、＊2ヤクの毛の靴が捨てられるのを見て、私は当初恐ろしさに似た思いを感じた。［ b ］自分の美的な好みを押しつける権利はないし、人にあれがいい、これがいいという権利もないことにすぐ気がついた。近代世界の侵入は醜《みにく》く、好ましくないかもしれないが、たしかに物質的な利益をもたらした。私は数年を経て、やっとこれら個別の事柄をひとつにつなぎ合わせ、ラダックの文化の構造的な解体という過程の側面として見るようになった。新しい靴、コンクリート製の住宅などが増加するといった日常の小さな変化を、経済への依存や伝統文化の拒否、環境の劣化を、開発全体の一部分としてとらえるようになった。

こうした関係がますます明らかになるにつれ、私は「開発」に疑問を抱くようになった。この計画的に実行される変化は、技術進歩と経済成長を通じて生活水準を引き上げることになったが、生活をよくした部分よりは悪くしたことのほうが多いように思える。欲望をつくり出すことが、この大きな変化の重要な部分であることに気づいた。世界のほかの地域と同じように、ラダックの開発も大規模で構造的な社会改造を要求する。その前提条件として、舗装《ほそう》道路や西洋式の病院、学校、ラジオ放送局、飛行場、そしてもっとも重要な発電所などの社会基盤施設に対し、莫大《ばくだい》な投資を連続的に行う必要がある。これらはすべて途方もない支出となるばかりでなく、大量の労働力の投下と管理をともなう。こうしたたいへんな努力によって、③既存《きそん》のものが改善されたかどうかが問われることは、どの段階においても見られない。それはまるで、開発の前のラダックには社会的な基盤がまったく存在せず、ゼロから出発したというに等しい。医療も教育もなく、通信手段もなく、交通も交易《こうえき》もないというようなものである。網目状に入り組んだ道路や小径《みち》や交易路、［ c ］広大に発達した灌漑《かんがい》水路網は、一〇〇〇年以上も維持されてきた。これらの生きて機能している文化や経済システムなどの＊3表徴《ひょうちょう》は、まるで存在していないような扱いを受けてきた。ラダックは西洋の手本であるアスファルトとコンクリートと鉄によって、造り変えられているのである。

ラダックは、今日までほとんど完全な形で生きつづけてきた最後の自給経済社会のひとつとして、開発の全体の過程を観察できる、またとない場である。近代世界との衝突は、特に急激であった。［ d ］今体験している変化は特異なものでもなんでもない。本質的に同じ過程が、世界の隅々まで影響をおよぼしている。

（ヘレナ・ノーバーグ＝ホッジ『懐かしい未来――ラダックから学ぶ』ヤマケイ文庫）

注　＊1　真鍮……楽器や仏具に使用される合金。
＊2　ヤク……チベット高原を中心に生息するウシ科の動物。
＊3　表徴……外部にあらわれたしるし。

問一　本文中の［ a ］～［ d ］について、次の（i）・（ii）の各問に答えなさい。

（i）　この四つの空欄の中で、一つだけ他と異なる言葉が入る空欄がある。それを一つ選び、記号で答えなさい。

（ii）　また、（i）で選んだ空欄に入る言葉として最も適切なものを、次の選択肢ア～エから一つ選び、記号で答えなさい。

【二】次の文章は、伝統的文化が残されていたインドの辺境の町ラダックに魅了された西洋人である筆者が、近代的な西洋文化の流入により変化していく町の様子を目の当たりにし、思いを述べたものである。これを読んで、後の各問に答えなさい。なお、文章は設問の都合で省略したところがある。

西洋人が非西洋文化を、現存する社会ではなく理想の社会と比べたあげく、非西洋文化は劣るものだと決めつけるのを、私はこれまで何度も見てきた。たとえば人類学者たちは、伝統的なラダックにおける階級の不平等と、理想である完全な平等とを比べる。彼らの属する西洋社会での貧富の差が、ラダックのそれよりずっと大きいことは忘れている。西洋人はまた、無意識に、伝統社会と「開発」によって約束されている理想的な社会とを比べ、現に「開発」が世界中の社会で引き起こしてきた問題を無視している。

ヨーロッパや北アメリカで私が講演すると、人はよく同じような質問をする。屈託《くったく》のない、はち切れんばかりのラダックの人たちの笑顔、伝統美術、建築、風景の美しさ、それと対照的に近代化されたところでの、ひどく寒々としたありさまや精神的な貧しさの写真を見た後で、人びとはこう言う。「どうしてラダックの人たちは、伝統的な生活を放棄しようとするのでしょうか？　彼らは変化を求めているに違いありませんよ。彼らの伝統文化には何か欠陥があって、それが彼らに伝統的な社会を捨てさせようとするのです。昔の暮らしが、そんなに素晴らしかったはずがありません」

〈　中略　〉

もしラダックをこれから開発しようとするなら、ここの住民にいかにして欲望を抱かせるかという問題を解かなければならない。それ以外に動機づけることは不可能である。

——ラダック開発官　一九八一年

はじめて私がラダックにやってきたころ、人びとの欲望のなさに驚かされた。開発官の見解にもあるように、人びとは単なる利益のために、とりわけ余暇や楽しみを犠牲にすることには関心がなかった。当時、いくらお金を出すといっても人びとが交換に応じないので、旅行客は困惑していた。［ a ］、数年後には、「開発」を経験した結果として、金儲《もう》けに熱中するようになった。新しい欲求がつくられたのである。

開発の使者としての観光客、広告、映画は、ラダックの人びとの伝統的なやり方は時代遅れで、近代科学の助けを借りれば、天然資源を利用してもっと多くの生産が可能になる、と暗に語りかけていた。開発は不満と貪欲《どんよく》さを刺激し、一〇〇〇年以上にわたって人びとの要求を満たしてきた経済を破壊する。ラダックの人びとは伝統的に、身近で得られる資源を驚くような知恵と技術によって利用し、快適でうらやましいほど安全な生活を実現していた。自分たちの持っているもので満たされていた。だが①今では、持っているものだけでは十分とは言えなくなった。

開発の波がラダックに押し寄せてから十六年ぐらいのあいだに、貧富の差は拡大し、女性は自信と力を失った。失業とインフレが出現し、犯罪が激増し、さまざまな経済的、心理的要因に刺激されたために、人口は急増した。家族や共同体の絆《きずな》が緩《ゆる》み、自給自足から徐々に外部の世界に依存する経済に変わるにつれ、人びとは土地から切り離

【国　語】〈五〇分〉〈満点：一五〇点〉

【注意】1、字数制限のある問題では、句読点やかっこ、その他の記号も一字として数えます。
2、問題文には、設問の都合で、文字・送りがななど、表現を改めたり、省略したところがあります。

【一】次の各問に答えなさい。

問一　次の①～⑮の各文の――線部のカタカナを漢字で書き、――線部の漢字の読み方をひらがなで書きなさい。

① 風の音に秋のケハイを感じた。
② 環境問題はシンコクな状況だ。
③ アットウ的な強さで優勝した。
④ チーム一丸となってダンケツする。
⑤ 侵略の動きに対しケイカイを強める。
⑥ 王の命令にフクジュウする。
⑦ ビミョウな雲の動きを観察する。
⑧ ドクトクなアイデアを持つリーダーだ。
⑨ 証券会社でカブを買う。
⑩ 他人の失敗をセめるな。
⑪ 仲介役を買って出る。
⑫ 運転を自動的に制御するシステム。
⑬ 和やかな空気に包まれた。
⑭ 危険を冒しつつも溺れている子供を救った。
⑮ 卑劣な行いに憤りを感じる。

問二　次の①～⑤の各文でそれぞれ言い表していることわざとして最も適切なものを、後の選択肢ア～カから一つずつ選び、(i)の解答欄に答えなさい。また(ii)の解答欄にはそのことわざの（　）に入る適切な漢字一字をそれぞれ書きなさい。

① 同じアパートに住む響子《きょうこ》さんが好きだ！……でも僕なんて相手にしてくれないだろうな……。
② うちの会社の経営が危ないという噂《うわさ》を聞いて、本当に驚いたよ。
③ 生徒たちに、お前達は才能があるぞとほめて俳句コンテストにチャレンジするよう励ましたのに、一人も応募してこなかった。
④ ついにボクシング世界チャンピオンとの試合が決まった！　自分が新チャンピオンになること間違いなしだ。そうすればテレビのインタビューを受ける機会も増えるだろう。トークの技術を磨いておかねば……。
⑤ もともとお酒は飲めない父のもとに、お中元としてビール一ダースが届けられた。

ア （　）吹けど踊らず
イ 寝耳に（　）
ウ 取らぬ狸《たぬき》の（　）算用
エ 火のない所に（　）は立たぬ
オ 無用の（　）物
カ 高嶺の（　）

MEMO

大切なことはメモしておこうネ！

2024年度

逗子開成中学校入試問題(2次)

【算　数】（50分）〈満点：150点〉

【注意】1. 定規・コンパス・筆記用具以外の使用は認めません.

2. 問題用紙や解答用紙を折ったり切ったりして，問題を解くためのヒントとなる形に変形することを禁止します.

3. 考え方を書く指示がある問題以外は，答えだけを書いてください.

4. 答えに単位が必要な問題は，必ず単位をつけて答えてください.

5. 答えが分数になる場合は，それ以上約分できない一番簡単な分数で答えてください．また，仮分数は帯分数に直してください.

6. 図やグラフをかいて答える問題に対し，定規・コンパスを忘れた場合は手がきでていねいにかいてください.

1 次の □ にあてはまる数を求めなさい.

（1）$\frac{8}{15}\div\left(2-1\frac{5}{7}\right)\div\left(\frac{4}{5}+\frac{1}{4}\right)=\square$

（2）$(0.5+0.05)\times5-4\times8\div(\square-23)=\frac{7}{4}$

（3）$(28\times14+26\times17)\div238+\left(\frac{1}{17}+\frac{3}{14}\right)\div\frac{1}{6}=\square$

2 次の各問いに答えなさい.

（1）あるジュースの容量は □ mLですが，20％増量すると930mLになります. □ にあてはまる数を求めなさい.

（2）西暦2024年の4月9日は火曜日です．この年の7月20日は何曜日ですか.

（3）丸い池の周りに散歩コースがあります．A君の歩く速さは分速80mでA君が11分歩くと散歩コース全体の$\frac{1}{3}$だけ進みます．A君とB君が同じ地点からそれぞれ反対方向に歩き始めると，2人は16分後に出会いました．B君の歩く速さを求めなさい.

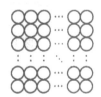

（4）右の図のようにいくつかのコインを正方形状にぎっしりと並べました．14個余ったので，たてに3列，横に2列増やして長方形状にぎっしりと並べようとしたところ，37個足りません．コインは全部で何個ありますか.

（5）1つのサイコロを同じ目が2回続けて出るまでくり返し投げました．出た目の合計が7となる目の出方は全部で何通りですか.

（6）次のページの図のような一辺の長さが6cmの正方形ABCDにおいて，点Eは辺ABを3等分したうちのAに近い点とし，点Fは辺BCの真ん中の点とします．直線AFと直線DEの交わる点をG，直線AFと直線BDの交わる点をH，さらに直線CHと辺ABの交わる点をIとするとき，四角形EIHGの面積を求めなさい．

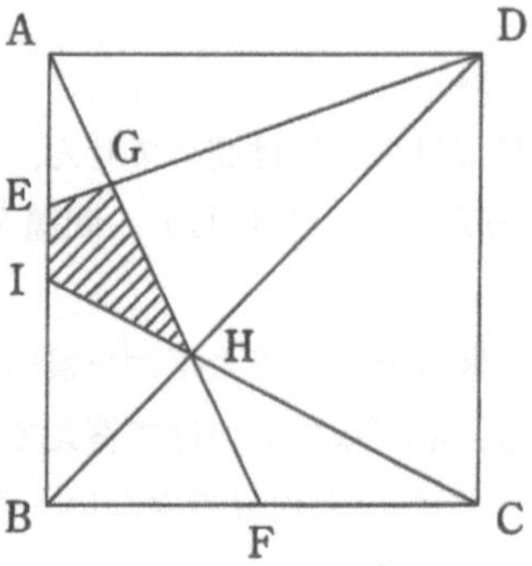

3 ある牧場では牛と羊をたくさん飼育しています．牛1頭は1日に36kgの牧草を食べ，この牧草の量は羊1頭が3日で食べる牧草の量よりも9kg少ないです．この牧場に牛100頭と羊120頭を放牧するとちょうど15日で牧草がなくなります．また，牛150頭と羊160頭を放牧するとちょうど10日で牧草がなくなります．牧草は1日に一定の割合で伸びるものとして，次の各問いに答えなさい．

（1） 牛1頭と羊1頭が1日に食べる牧草の量の比を，もっとも簡単な整数の比で答えなさい．

（2） 放牧を行う前の牧草の量と，1日に伸びる牧草の量の比をもっとも簡単な整数の比で答えなさい．

（3） 牛と羊を合わせて164頭だけ放牧したとき，ちょうど15日で牧草がなくなりました．牛は何頭放牧されていましたか．

4 図1の円柱型の機器は三角形のアンテナがしめす方向へ前進しながら，底面の円の中心Oからインクを出します．これにより地面に直線をかくことができます．機器は以下の3つのルールに(進)，(回)，(く)にしたがって動き，このルールを組み合わせるといろいろな図形をかくことができます．これらのルールの組み合わせを「プログラム」といいます．

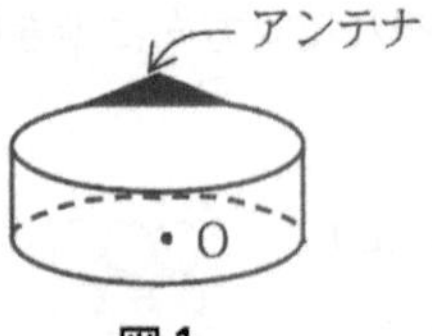

図1

(進)：Acm ・・・・アンテナがしめす方向へAcmだけ進む

(回)：B度 ・・・・点Oを中心に左回りにB度だけ回転する

(く)：C回

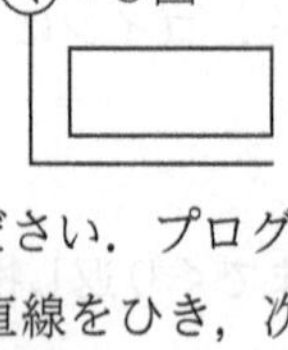

・・・・C回だけ［　　］の中の命令をくり返す

次にプログラムⅠを見てください．プログラムⅠを動かすとスタート地点から三角形のアンテナの方向へ5cm前進しながら直線をひき，次に左回りに90°回転します．これを4回くり返すことで，一辺が5cmの正方形をかくことができます．

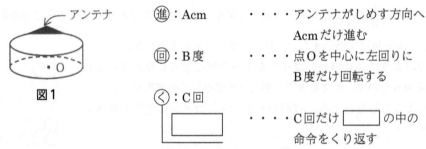

(く)：4回
　(進)：5cm
　(回)：90度

プログラムⅠ

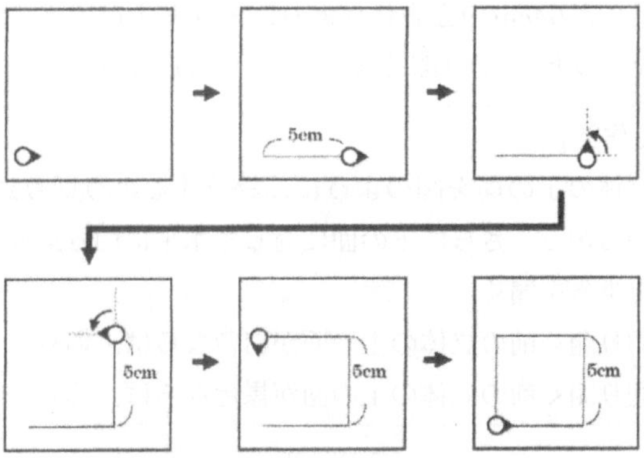

プログラムⅠが実行されている様子

このとき，次の各問いに答えなさい.

（1） プログラムⅡを実行したところ，円柱型の機器は点A→点B→点C→点Dの順に移動し，下の図の実線をかくことができました．プログラムⅡのX，Yはいくつか答えなさい．ただし，最初に円柱型の機器は点Bの方向にアンテナが向いているものとします.

(進)：6cm
(回)：120度
(進)：6cm
(回)：X度
(進)：Ycm

プログラムⅡ

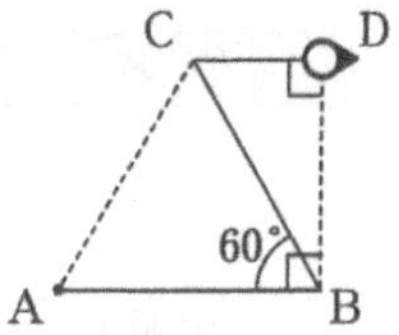

プログラムⅡの実行結果

（2） プログラムⅢを実行したときにかかれる図形を解答用紙にかきなさい.（解答用紙の点線は一辺が1cmの正三角形をしきつめたものです）ただし，点Aをスタート地点として，最初アンテナは図の矢印の向きに向いているものとします.

(く)：3回
　(進)：1cm
　(回)：60度
(進)：3cm
(回)：180度
(く)：3回
　(進)：1cm
　(回)：300度

プログラムⅢ

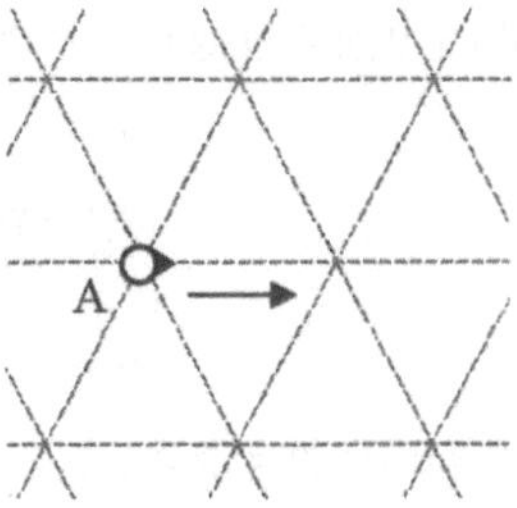

（3） 円周上に9個の点が等間かくに並んでいます．1点おきに点を直線で結ぶと右の図のようになります．この図をかくためのプログラムをつくりなさい．ただし，1点おきに結ぶ辺の長さは5cmとし，最初に円柱型の機器は2つとなりの点の方向にアンテナが向いているものとします.

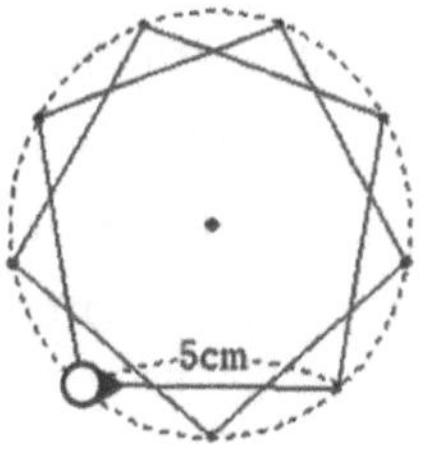

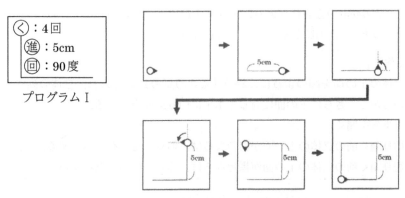

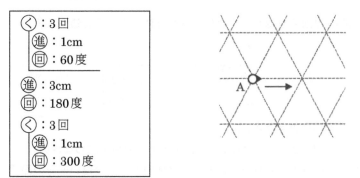

5 一辺の長さが64cmの立方体があり，各面および内部の色は白色です．以下の手順にしたがって，透明《とうめい》な机の上で「切り開く作業」をくり返し行います．

> 「切り開く作業」
> 手順1　立体の上の面を図のように二等分するよう切り込みを入れ，立体の高さの半分だけ上から切る．さらに下の面に対して水平に切り込みを入れる．
> 手順2　上半分を開く．
> 手順3　切り開く前の立体の上の面が白色ならば，切り口をすべて黒く塗《ぬ》る．
> 切り開く前の立体の上の面が黒色ならば，切り口に色は塗らない．

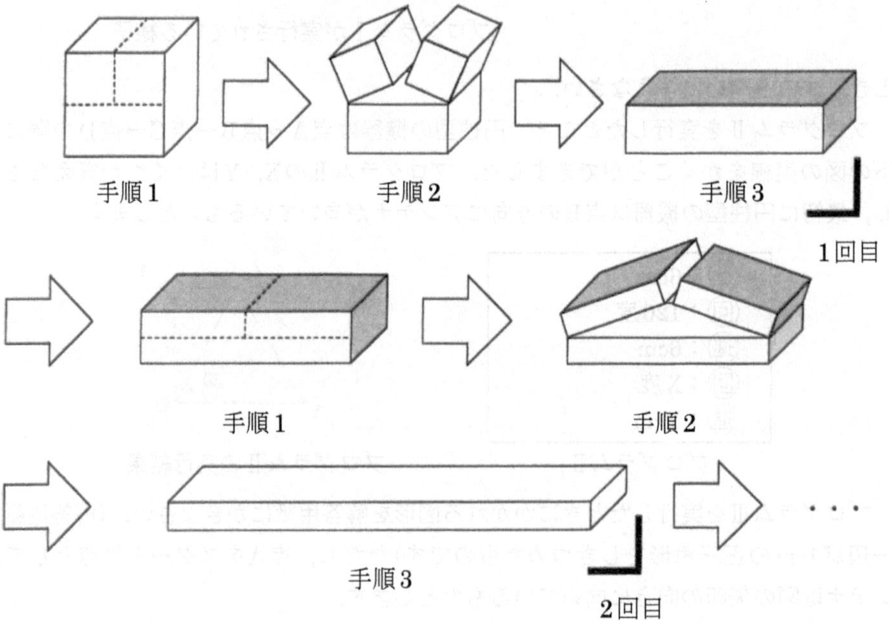

「切り開く作業」を2回くり返したときにできた立体の下の面を透明な机の下からながめると以下のように見える．

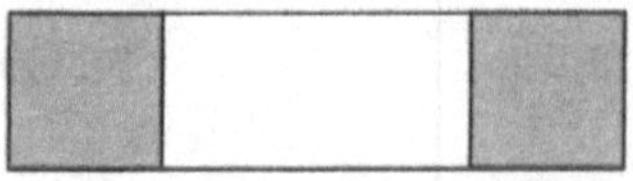

このとき，次の各問いに答えなさい．

(1) 「切り開く作業」を2回くり返したとき，下の面の面積を求めなさい．

(2) 「切り開く作業」を3回くり返したとき，立体の下の面の白い部分の面積と黒い部分の面積の比を最も簡単な整数の比で答えなさい．

(3) 「切り開く作業」を立体の高さが1cmになるまでくり返します．このとき，「切り開く作業」を何回行う必要がありますか．また，「切り開く作業」を最後まで行ったとき，立体の下の面の白い部分の面積と黒い部分の面積の比をもっとも簡単な整数の比で答えなさい．ただし，答えだけでなく考え方も書きなさい．

【理　科】（40分）〈満点：100点〉

【1】 顕微鏡《けんびきょう》を用いて，水中の微生物を観察しました。下の問いに答えなさい。

（1） **図1**の顕微鏡のXの部分の名前を答えなさい。

（2） 顕微鏡に関する説明として誤っているものを次のア～カからすべて選び，記号で答えなさい。

ア．顕微鏡のレンズを取り付ける際には，先に接眼レンズを取り付け，その後に対物レンズを取り付ける。

イ．顕微鏡は，視野が明るくなるように直射日光が当たる水平な机の上に置く。

ウ．最初に，高倍率のレンズを使用して観察する。

エ．対物レンズをプレパラートから遠ざけるようにしてピントを合わせる。

オ．低倍率の対物レンズから高倍率のものに変えると，視野がせまくなる。

カ．低倍率の対物レンズから高倍率のものに変えると，視野が明るくなる。

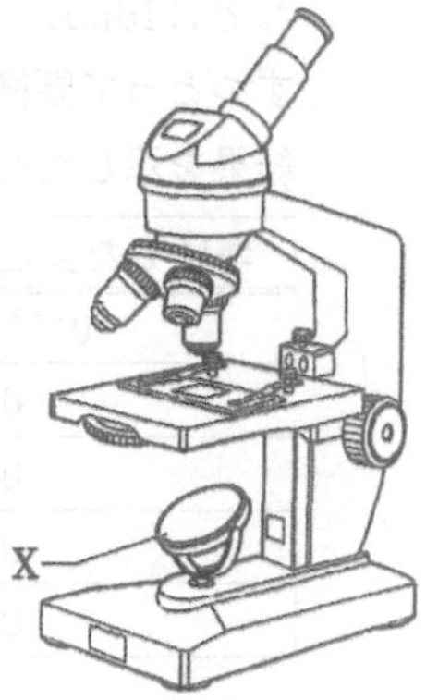

図1

（3） 次のア～オは，顕微鏡を用いた観察手順を示しています。これらを，正しい順に並べなさい。

ア．プレパラートを動かし，観察したいものを中央に移動させる。

イ．プレパラートをステージの上にのせ，クリップで押さえる。

ウ．顕微鏡をのぞきながら(　X　)の角度を調節し，視野が明るくなるようにする。

エ．顕微鏡をのぞき，調節ねじを回しながらピントを合わせる。

オ．接眼レンズと対物レンズを取り付ける。

（4） **図2**は顕微鏡を用いて観察した，あるプランクトンAの模式図です。
このプランクトンAの名前を答えなさい。

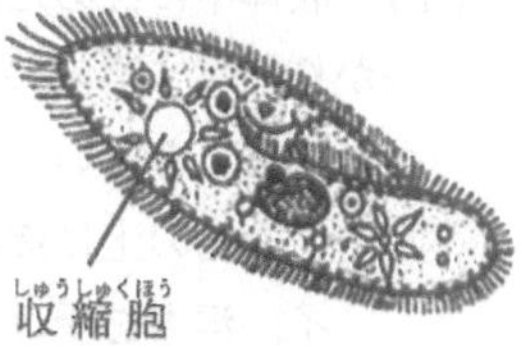

図2

（5） **図3**は顕微鏡を用いて観察したときの，プランクトンAの位置とそこからの移動の向きを表したものです。実際のプレパラート上では，プランクトンAはどこに位置し，どちらの向きに動きましたか。プランクトンAを白丸(○)，進む向きを矢印(→)を用いて，図3を参考にして解答用紙に図示しなさい。

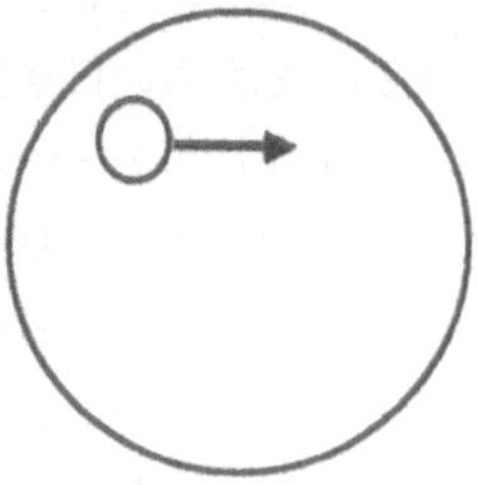

図3

（6） プランクトンAのからだには収縮胞という部分があります。収縮胞の主なはたらきは，周期的に収縮して水分をはい出し，体内の塩分《えんぶん》濃度《のうど》を一定に保つことです。そこで以下のような実験を行いました。

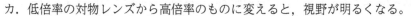

[実験]

蒸留水と，濃度が0.2%，0.4%，0.6%，0.8%の食塩水をそれぞれ10mL準備しました。それらにプランクトンAの入った培養《ばいよう》液(稲わらを入れた水をふっとうさせて，冷ました液)をそれぞれ10mLずつ合わせ，混合液を作りました。その後，スライドガラスにその混合液を1滴《てき》ずつとって顕微鏡で観察し，収縮胞が5回収縮するのに要した時間を測定しました。表はその結果を示したものです。

準備した食塩水の濃度(%)	5回収縮するのに要した時間(秒)
0(蒸留水)	10
0.2	15
0.4	20
0.6	35
0.8	45

① 下線部の混合液の塩分濃度(%)とプランクトンAの収縮胞が5回収縮するのに要した時間(秒)との関係を折れ線グラフで表しなさい。

② 食塩水の濃度を高くすると，一定の時間内に収縮胞が収縮する回数はどのようになりますか。この実験でわかることを次のア～ウから1つ選び，記号で答えなさい。

ア．増加する　　イ．減少する　　ウ．変化しない

【2】 液体中に物を沈《しず》めると，液体が物を上向きに押し上げようとする力を加えます。この力を浮力《ふりょく》といいます。浮力の大きさは，物が押しのけた液体の重さで決まることがわかっています。例えば，1cm^3あたり1gの重さをもつ水の中に，体積10cm^3の物を沈めたとき，物には10gの浮力が加わります。下の問いに答えなさい。

(1) 液体中に沈めた物の重さをばねはかりではかると，空気中ではかったときに比べて，ばねはかりが示す目盛の大きさはどうなりますか。正しく述べたものを次のア～エから1つ選び，記号で答えなさい。

ア．物の上に液体がのる分だけ目盛は大きくなる。

イ．浮力を受ける分だけ目盛は大きくなる。

ウ．目盛は変わらない。

エ．浮力を受ける分だけ目盛は小さくなる。

(2) 私たちの日常生活では，氷は水に浮《う》かびます。この現象について述べた文章として正しいものを次のア～キからすべて選び，記号で答えなさい。

ア．水がこおって氷になると体積が少し減る。

イ．水がこおって氷になると体積が少し増える。

ウ．水がこおって氷になると重さが少し減る。

エ．水がこおって氷になると重さが少し増える。

オ．水に浮かぶ氷がとけて水になると，水面の高さが高くなる。

カ．水に浮かぶ氷がとけて水になっても，水面の高さは変わらない。

キ．水に浮かぶ氷がとけて水になると，水面の高さは低くなる。

Zくんは，浮沈子《ふちんし》とよばれるおもちゃが入った装置を理科の授業で見せてもらいました。浮沈子を用いると，液体中の物にはたらく浮力を目で見ることができます。このときに見た浮沈子は，**図1**のような軽くてやわらかい容器におもりをつけた作りになっており，フタは外され，容器の口は開いていました。

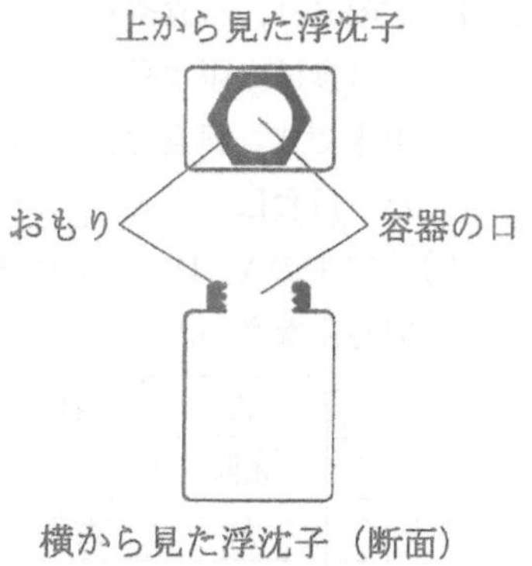

図1

図2(ア)のように，この浮沈子が容器の口を下にして，水で満たされたペットボトル内に入っていました。はじめ浮沈子は浮かび上がったままでしたが，**図2**(イ)のように，ペットボトルをにぎりしめて次第に力を加えると，浮沈子がだんだんと沈みこみ，力をぬくと再び浮沈子は元の状態までもどるようすが確認できました。また，このときペットボトル内の浮沈子をよく観察すると，浮沈子内には常に空気と水が入っており，ペットボトルに力を加えたとき，浮沈子がわずかに変形し，浮沈子内の水面の高さが上がっていました。

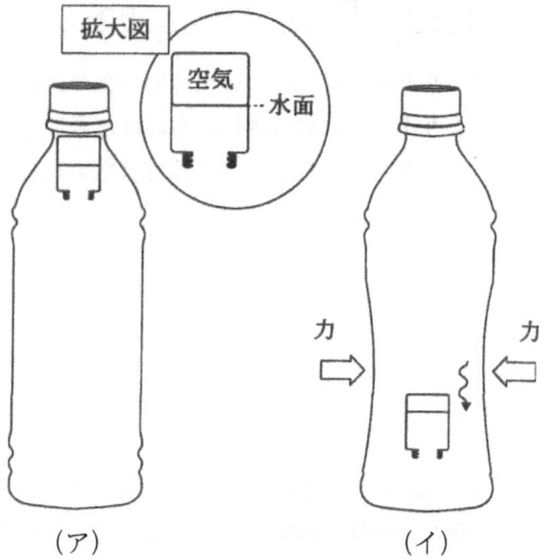

図2

Zくんはこのおもちゃを通して，液体中の物の重さと浮力に関する探究学習を行いました。ただし，空気の重さは考えないものとします。

(3)　ペットボトルに力を加えると，浮沈子はなぜ沈むのでしょうか。「空気」「浮力」という2つの言葉を使って説明しなさい。

(4)　教室にしばらく放置されていたこのおもちゃを再び観察したところ，ペットボトルに力を加えることなく，はじめから浮沈子が沈んでいました。このとき，ペットボトルのフタを開け，水に少しずつ食塩をとかしてよく混ぜると，浮沈子が再び浮き上がってきました。この現象を確認するために，480gの水を入れたビーカーに体積12cm^3，重さ13gの物体を沈め，水に少しずつ食塩をとかしてこの物体を浮かせる実験を行いました。

①　物質1cm^{3}あたりの重さのことを密度といい，単位はg/cm^{3}で表されます。この物体の密度は何g/cm^{3}ですか。分数で答えなさい。

②　この物体を浮かせるためには食塩を何gより多く水にとかす必要がありますか。ただし，水は1cm^{3}あたり1gの重さをもっており，水に食塩をとかしても液体の体積は変わらないものとします。

【3】 次の文は，日食や月食について述べたものです。下の問いに答えなさい。

日食は太陽が月にかくされて見えなくなる現象，月食は月が地球の影《かげ》に入って見えなくなる現象です。日食は，地球，［ A ］，［ B ］の順に一直線上に並んだときに起きます。また，月食は，太陽，［ C ］，［ D ］の順に一直線上に並んだときに起きます。

（1） 文中のA～Dにあてはまる天体の組合せとして正しいものを次のア～エから1つ選び，記号で答えなさい。

	A	B	C	D
ア	太陽	月	月	地球
イ	月	太陽	月	地球
ウ	太陽	月	地球	月
エ	月	太陽	地球	月

（2） ある日，日本のある地点で日食を観測することができました。このとき，地球にできた影のようすを模式的に表したものはどれですか。最も適当なものを次のア～エから選び，記号で答えなさい。ただし，黒い部分は影を表し，点Nは北極の位置を示しています。

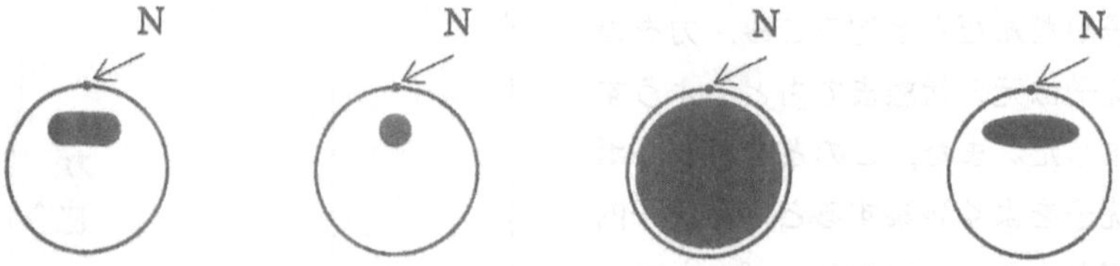

ア　　　イ　　　ウ　　　エ

（3） （2）の日食を観測した日からしばらくして月食が起こりました。月食を観測した日は日食からおよそ何日後でしたか。最も適当なものを次のア～エから選び，記号で答えなさい。

ア．7日後　　イ．14日後　　ウ．21日後　　エ．28日後

（4） 太陽と月は実際の大きさがかなり異なりますが，日食を観測したときに，ほぼ同じ大きさに見えることがわかりました。このことを，模型を使って確かめることにしました。まず，太陽の模型として直径140cmの球，月の模型として直径3.5mmの球を用意しました。これらの直径の比は，実際の太陽と月の直径の比とほぼ等しくなります。月の模型を自分から38cmはなれた位置に置いたとき，月の模型と同じ大きさに見えるようにするためには，太陽の模型を自分から何mはなれた位置に置けばよいですか。答えが割り切れないときは，小数第1位を四捨五入して整数で答えなさい。

（5） 日本で日食が起こる回数は平均で年間2.2回，月食が起こる回数は平均で年間1.4回といわれています。日食や月食が毎月のように起こらない(一直線上に並ばない)のはなぜか説明しなさい。

（6） 月は地球の周りを回っている天体で衛星といいます。地球を回っているのは月だけでなく，人間の作り出した機械もあります。それを人工衛星といいます。ある人工衛星は地上から見ると常に静止しているように見えます。この人工衛星が赤道上空を高度(地球の地上からの距離)を一定に保って，秒速3kmで飛行しています。地球を半径6400kmの完全な球とし，自転周期(地球が1回自転するのにかかる時間)を24時間とすると，この人工衛星の高度は何kmになり

ますか。ただし，円周率は3とします。

【4】 ものの燃え方について，下の問いに答えなさい。

（1） ろうそくの燃え方を観察したところ，ろうそくのほのおは右図のように3つの部分からできていることがわかりました。

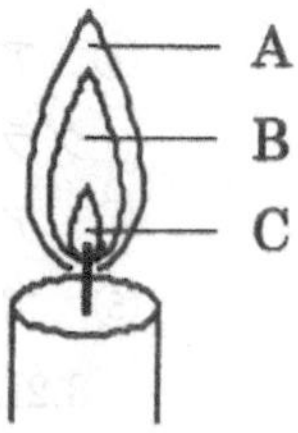

① 最も明るいのはどの部分ですか。A～Cの記号で答えなさい。

② ①の理由として正しく述べているものを次のア～エから1つ選び，記号で答えなさい。

ア．酸素に十分ふれているため，ろうがよく燃え，二酸化炭素が発生しているから。

イ．酸素に十分ふれているため，ろうがよく燃え，発生したすすが熱せられているから。

ウ．酸素に十分ふれていないため，まだ燃えていないろうの気体が多くあるから。

エ．酸素に十分ふれていないため，ろうが燃えきれないことで発生したすすが熱せられているから。

（2） 金属も空気中で燃やすことができ，空気中の酸素と結びついて金属の「酸化物」という燃やす前とは別の物質になります。例えば，アルミニウムを燃やすとアルミニウムの酸化物ができます。アルミニウムに塩酸を加えると気体Xが発生しますが，アルミニウムの酸化物に塩酸を加えても気体Xは発生しません。そこで，実際にアルミニウムを燃やす前後で，物質の重さや性質がどのように変わるのかを調べる実験を行いました。

表は実験の結果をまとめたものです。1班は，アルミニウム3.6gを加熱用の皿に入れて十分に燃やしたところ，燃やした後の物質の重さは6.8gでした。この燃やした後の物質に塩酸を加えても気体Xは発生しませんでした。2班～4班は，アルミニウム2.7gを燃やした時間を変え，1班と同様に燃やした後の物質の重さと，燃やした後の物質に塩酸を加えたときの気体Xの発生量を調べました。3班と4班の燃やした後の物質を観察すると，アルミニウムの一部が燃えずに残っていました。この結果をもとにして，次の問いに答えなさい。ただし，答えが割り切れないときは，小数第2位を四捨五入して小数第1位まで答えなさい。なお，この実験では塩酸は十分な量を加えており，発生した気体Xの体積はすべて同じ温度，同じ圧力ではかったものとします。

	1班	2班	3班	4班
アルミニウムの重さ(g)	3.6	2.7	2.7	2.7
燃やした後の物質の重さ(g)	6.8	5.1	4.3	3.5
発生した気体Xの体積(L)	0	0	1.2	2.4

① 気体Xの性質を正しく述べているものを次のア～オから1つ選び，記号で答えなさい。

ア．水にとけやすく空気よりも軽いため，上方置かん法で集める。

イ．水にとけ，赤色のリトマス紙を青色に変える。

ウ．雨にとけると強い酸性を示す酸性雨となる。

エ．空気中で火を近づけると音をたてて燃える。

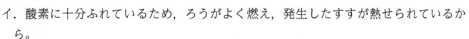

オ．石灰水に通すと白くにごる。

② ある重さのアルミニウムを燃やしたところ，燃やした後の物質の重さは8.5gでした。この燃やした後の物質に塩酸を加えても気体Xは発生しませんでした。燃やす前のアルミニウムの重さは何gですか。

③ アルミニウム2.7gと結びついた酸素の重さ(g)と，発生した気体Xの体積(L)の関係をグラフに表しなさい。

④ アルミニウム2.7gに十分な塩酸を加えたとき，発生する気体Xの体積は何Lですか。

⑤ アルミニウム5.1gを燃やしたとき，燃やした後の物質に塩酸を加えたところ，気体Xが3.2L発生しました。燃やした後の物質の重さは何gですか。

【社　会】（40分）〈満点：100点〉

逗子開成中学校・高等学校は，昨年2023年4月18日に創立120周年を迎《むか》えました。今日はこの“120”を手がかりに歴史や地理について考えてもらいましょう。

【1】 次の文章をよく読み，以下の設問に答えなさい。

逗子開成の前身「私立第二開成中学校」は1903年に創立されました。学校の場所として逗子の地が選ばれたのは，自然環境にめぐまれており，教育環境としては最適だという理由からでした。逗子が，海軍関係者の集まる横須賀に近かったことも学校設立の背景となりました。

① 逗子 は，② 武家の古都・鎌倉 に隣接《りんせつ》しており，1889年には横須賀線が開通し，逗子は海水浴場，別荘《べっそう》地として発展していくことになります。本校創立の ③ 1903年の翌年には日露戦争が始まります。④ 日清戦争，日露戦争 という2度の戦争を経て，⑤ 日本は朝鮮半島，中国へ進出していく，そんな時代に逗子開成の歴史は始まったのでした。戦後の新たな学校制度のもとで中学校，高等学校となり，1986年に中高一貫《いっかん》教育をかかげた逗子開成中学校が発足し，施設《しせつ》の改善や，海洋教育，国際教育などを取り入れた学校改革が進み現在の逗子開成に至ります。

問１　下線部①に関連して，逗子市とそれに隣接する葉山町の境界線上に，長柄《ながえ》桜山《さくらやま》古墳群があります。右の図はその１号墳を表したものです。

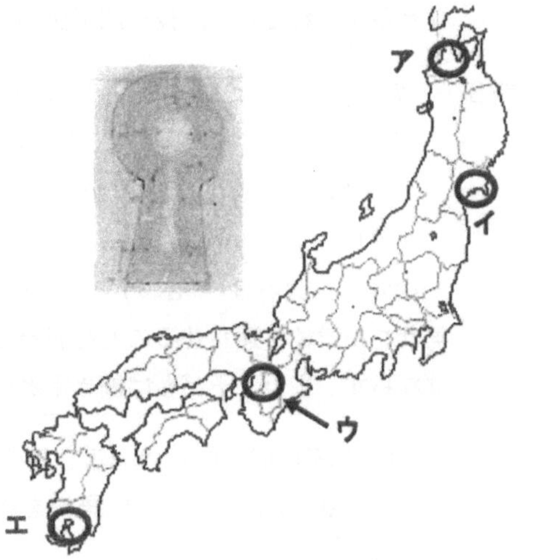

Ⅰ．右の１号墳と同じ形の古墳が多い地域を地図中のア～エから一つ選び，記号で答えなさい。

Ⅱ．古墳時代前後について述べた次の文章 a～c を古いものから順に正しく並べた組み合わせを下のア～カから一つ選び，記号で答えなさい。

a．邪馬台国の女王卑弥呼が中国に使いを送り，中国(魏)の皇帝から金印や鏡を与《あた》えられた。

b．埼玉県・熊本県から鉄剣・鉄刀が出土していることから，大和朝廷(政権)の支配が九州や関東地方まで及《およ》んでいたことがわかる。

c．倭の奴《な》国の王が中国に使いを送り，中国(後漢)の皇帝から金印を与えられた。

ア．a→b→c　　イ．a→c→b　　ウ．b→a→c

エ．b→c→a　　オ．c→a→b　　カ．c→b→a

問２　下線部②に関連する以下の設問に答えなさい。

Ⅰ．武士の台頭に関するできごとを古いものから順に正しく並べた組み合わせを次のア～カから一つ選び，記号で答えなさい。

a．保元の乱が起こり，源氏と平氏の武士団もそれぞれが一族を二分して戦い，後白河天皇側が勝利した。

b．平将門の乱が起こったが，朝廷の力ではこれをおさえられず，武士の力を借りることでようやくおさえることができた。

c．前九年合戦と後三年合戦を清原氏が制した。清原氏は藤原氏を名乗り，平泉に拠点《きょてん》をかまえ，後の繁栄《はんえい》の基礎《きそ》を固めた。

ア．a→b→c　　イ．a→c→b　　ウ．b→a→c
エ．b→c→a　　オ．c→a→b　　カ．c→b→a

Ⅱ．鎌倉幕府に関する次の説明文中のア～エのうち一カ所は誤りです。
誤っているものはどれか記号で答え，かつ，正しい語句を漢字で答えなさい。完答で正解とします。

> 源頼朝は，1185年，全国に ア守護・地頭 を置くことを朝廷に認めさせた。これにより頼朝の支配権は全国に拡大した。1192年，頼朝は朝廷から征夷大将軍に任じられた。鎌倉には，御家人をまとめる侍所，政治や財政の仕事を受け持つ政所(はじめは公文所)，裁判の仕事をおこなう イ問注所 などが置かれた。承久の乱の後，京都には ウ六波羅探題 を設け朝廷や西国の御家人を監視した。1232年，3代執権・北条泰時《やすとき》は裁判の基準として エ武家諸法度 を定めた。51カ条からなり，公正な裁判をおこなうために武家社会の慣習や頼朝以来の裁判の先例などが記されており，長く武家法の基本とされた。

問３　下線部③について以下の設問に答えなさい。

Ⅰ．逗子開成創立の前年の1902年に，日本では小学校の就学率が90％を上回りました。小学校のことについて述べた次の文の空らん(　a　)にふさわしい語句を漢字で答えなさい。

> 1872年，政府は(　a　)を発布し，小学校から大学校までの学校制度を定め，満6歳《さい》以上の男女を小学校に通わせることを義務とした。しかし，親は授業料や学校建設費を負担しなければならず，また，子どもは働き手という考えなどから就学率は低かった。

Ⅱ．逗子開成の創立1903年を基準にした下の年表について述べた次の文の空らん(　a　)～(　e　)にふさわしい語句を答えなさい。なお，(　a　)～(　d　)は漢字で答えなさい。

120年前	1783年…A
100年前	1803年…B
50年前	1853年…C
創立	1903年
50周年	1953年…D
100周年	2003年…E
120周年	2023年

Aの年には，7月に浅間山が噴火《ふんか》し，各地に火山灰を降らせ，前年から続く飢饉《ききん》が深刻化した。これを「(　a　)の大飢饉」といい，数年にわたって関東・東北地方で多くの餓死《がし》者を出した。

Bの前後は11代将軍・徳川家斉《いえなり》の治世で，イギリス船やロシア船が日本近海にひんぱんに現れて鎖国政策がゆらいでいた。そこで幕府は1825年に(　b　)を出し，外国船が来ても厳しく撃退《げきたい》することで鎖国体制の維持《いじ》に努めようとしていた。こうした中で，Cの年の7月8日にペリーが(　c　)沖に現れ停泊《ていはく》した。幕府は対応に追われ，ペリー一行の久里浜《くりはま》上陸を許し，アメリカ大統領の国書を受理した。

Dの年には1950年から始まっていた(　d　)戦争の休戦協定が結ばれた。また，Dの年は「電化元年」と呼ばれ，このころから家庭用電化製品が人々の生活の中へ急速に普及《ふきゅう》していった。

Eの年には(　e　)戦争が始まった。この戦争は，(　e　)が大量破壊《はかい》兵器を隠《かく》し持ち，国際テロ組織と関係しているとして，アメリカ軍などが(　e　)を攻撃《こうげき》して始まったが，その後，大量破壊兵器の存在は確認されなかった。

問4　下線部④について，日清戦争，日露戦争の前後のできごとに関する以下の設問に答えなさい。

Ⅰ．次の説明文のうち，日清戦争が終わった後のできごとを次のア～エから二つ選び，記号で答えなさい。完答で正解とします。

ア．朝鮮で，日本などの外国勢力の排除《はいじょ》を求め，甲午農民戦争が起こった。

イ．ロシア・ドイツ・フランスが，遼東半島を清に返すよう日本に求めた。

ウ．伊藤博文がヨーロッパで各国の憲法を調査し憲法草案を作成した。

エ．外国勢力を追い出そうと，北京にある外国の公使館を取り囲んだ義和団が，日本，ロシアなどの連合軍にしずめられた。

Ⅱ．ポーツマス条約の内容として**誤っているもの**を次のア～エから一つ選び，記号で答えなさい。

ア．日本は賠償《ばいしょう》金約3億1000万円を得た。

イ．日本は北緯50度以南の樺太《からふと》(サハリン)の領有権を得た。

ウ．日本は遼東半島南部(旅順・大連)の租借《そしゃく》権を得た。

エ．日本は長春以南の鉄道(南満州鉄道)の利権を得た。

Ⅲ．日清戦争と日露戦争の間に起こったできごととしてふさわしいものを次のア～エから一つ選び，記号で答えなさい。

ア．岩倉使節団を欧米《おうべい》に派遣《はけん》した。

イ．八幡製鉄所が操業をはじめた。

ウ．ノルマントン号事件が起こった。

エ．シベリア出兵がおこなわれた。

問5　下線部⑤について，次のａ～ｃの三つのできごとは右の年表の**ア～オ**のどの時期に起こったか，それぞれ記号で答えなさい。

ａ．三・一独立運動

ｂ．満州国の建国

ｃ．朝鮮総督府《ちょうせんそうとくふ》の設置

1904年　日露戦争が始まる
↕ **ア**
1914年　第一次世界大戦が起こる
↕ **イ**
1920年　国際連盟が発足する
↕ **ウ**
1931年　柳条湖事件が起こる
↕ **エ**
1937年　日中戦争が始まる
↕ **オ**
1941年　太平洋戦争が始まる

【2】 地理に関する以下の設問に答えなさい。

問1 地図上に，逗子市を中心とする半径**120**kmの円を描《か》いてみました。円周は，7つの県を通り，南の方は伊豆諸島を通ります。この円の中には人口が集中する首都圏《けん》があり，広大な関東平野や房《ぼう》総《そう》半島の台地などの農業地帯があり，いくつかの工業地帯も含《ふく》まれています。また，大きな貿易港や，海外への玄関《げんかん》口となる巨大な空港もあります。以下の設問に答えなさい。

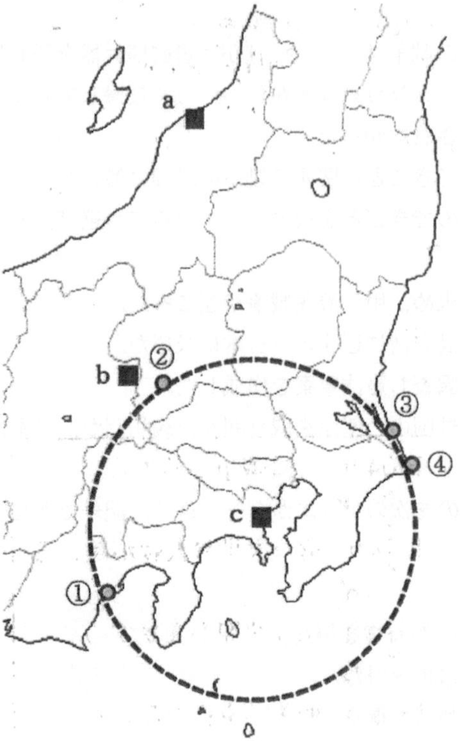

Ⅰ．円に隣接している◎地点①～④についての説明文ア～エのうち，**誤っているもの**を一つ選び，記号で答えなさい。

ア．①は県庁所在地であり，もとは徳川家康の城下町だった。

イ．②には，明治時代に官営模範《もはん》工場として建設された富岡製糸場がある。

ウ．③には，掘《ほ》り込《こ》み式の人工港があり，豊富な水と森林資源を背景に製紙業が盛《さか》んである。

エ．④には，日本有数の水揚《あ》げ高を誇《ほこ》る漁港がある。

Ⅱ．下の図は，地図中のa-新潟，b-軽井沢，c-横浜のいずれかの雨温図です。このうち，軽井沢の雨温図を次のア～ウから選び，記号で答えなさい。

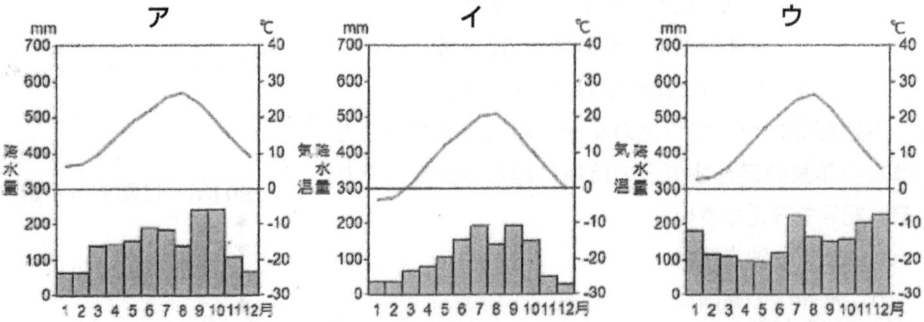

(雨温図作成サイト　https://ktgis.net/service/uonzu/で作成)

Ⅲ．次のア～オの文は，東海・北陸・京葉・関東内陸・瀬戸内の各工業地域の特色を説明したものです。このうち，a．京葉工業地域，b．関東内陸工業地域にふさわしいものを選び，それぞれ記号で答えなさい。

ア．海上輸送路にめぐまれ，塩田や軍用地のあと地などを工業用地として利用できたことから発達し，機械工業，金属工業，化学工業が盛んだ。

イ．冬の副業として発達した伝統工業が盛んで，漆器《しっき》，刃物《はもの》，洋食器，眼鏡フレームの生産，製薬業などが知られる。

ウ．埋《う》め立てにより工業地域が発達した。製鉄所や石油化学コンビナートが形成され，重化学工業が発達している。他の工業地帯・地域と比べると，製造品出荷額等に占《し》める化学工業の割合が高い。

エ．大きな工業地帯の間にあるので，市場や労働力，陸上交通にめぐまれており，機械工業，製紙・パルプ工業，食料品工業などが発達している。

オ．かつては広大な養蚕地帯を背景に製糸業や絹織物業が盛んだったが衰退《すいたい》し，1970年代に高速道路が整備されるとともに工業地域として発達した。食料品や機械工業の割合が高く，特に自動車・電気機器などの製造が盛んだ。

Ⅳ．関東地方の農業について述べた次の文章の空らん（　a　）にふさわしい語句を漢字で答えなさい。また空らん《　b　》にはふさわしい説明文を15字以内で答えなさい。

関東地方の農業は，広大な関東平野がその舞台《ぶたい》だ。

利根川その他の河川がもたらす豊かな水を用いて稲作が盛んにおこなわれ，房総半島の台地や三浦半島などでは畑作も盛んで，日常に消費する野菜の生産を中心に（　a　）農業がおこなわれている。

右の表に見られるように，「生乳生産量」は北海道が群を抜《ぬ》いて多いのに対し，「飲用牛乳等生産量」では，神奈川，茨城，栃木，千葉が上位を占めている。4県の割合を合計すると北海道の割合よりも高く，生産量が全国的に見ても多いのは，これらの県が《　b　》からだ。

順位	生乳生産量（2021年／単位 t）		割合 %
1位	北海道	4,265,600	56.2
2位	栃木	347,879	4.6
3位	熊本	267,173	3.5
4位	岩手	211,532	2.8
5位	群馬	208,496	2.7
	全国	7,592,061	100

順位	飲用牛乳等生産量（2021年／単位 kL）		割合 %
1位	北海道	560,252	15.7
2位	神奈川	279,341	7.8
3位	茨城	193,660	5.4
4位	栃木	178,183	5.0
5位	千葉	175,734	4.9
	全国	3,575,929	100

（『データでみる県勢2023』より作成）

問2　右のグラフは，東京中央卸売《おろしうり》市場に入荷したカボチャの月別取扱《とりあつかい》量を示したものです。北海道産のカボチャは夏から秋にかけて入荷しますが，外国産のカボチャも取り扱《あつか》っているので，消費者は一年を通じてカボチャを買うことができます。ニュージーランド産を3月，4月に多く取り扱っているのはなぜか，理由として考えられることをニュージーランドの位置についてふれた上で説明しなさい。

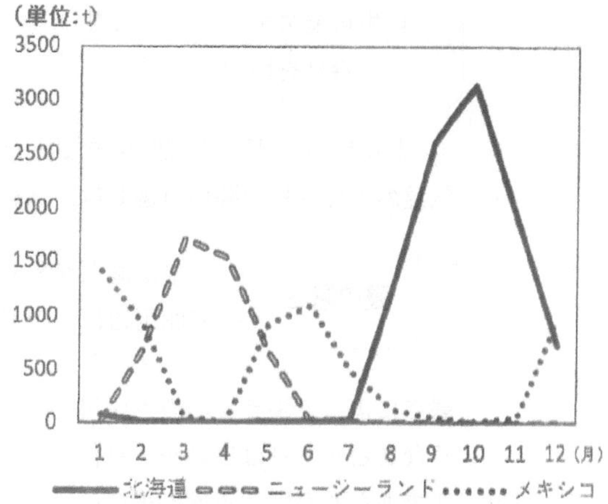

＊数値は2022年，都内全市場合計

（「東京中央卸売市場・市場統計情報」より作成）

問3　右の自動車生産台数のグラフは，アメリカ合衆国，ドイツ，日本，韓国，中国，インドの6カ国の生産台数の推移を示したものです。a．日本，b．中国にあてはまるものを，グラフ中のア～カからそれぞれ選び，記号で答えなさい。

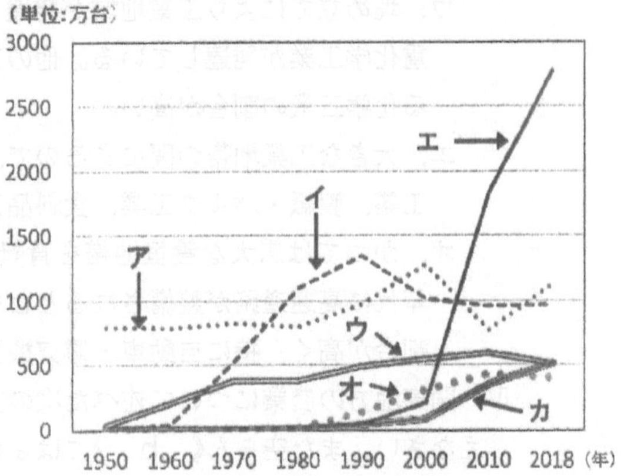

(『数字でみる日本の100年』改訂第7版より作成)

問4　次の文章をよく読み，以下の設問に答えなさい。

世界全体ではおよそ100年の間に年平均気温が0.74℃上昇《じょうしょう》しています。日本の年平均気温は過去100年で1.3℃上がっています。このように長い時間の中で起こる気温などの変化を気候変動と言います。今後も気温の上昇は続くと予想され，気候変動対策が求められています。気候変動対策には「**緩和**《かんわ》」と「**適応**」の二本柱があります。

気候変動の「**緩和**」とは，温室効果ガスの排出量を減らして地球温暖化を抑制《よくせい》することです。緩和策の例としては，省エネ，再生可能エネルギーの普及，森林などの吸収源の増加があげられます。一方，気候変動の「**適応**」とは，すでに起こっている気候変動の影響をできるだけ避《さ》けたり弱めたりすることです。適応策の例としては，沿岸地域での海面上昇に対応するための堤防《ていぼう》の設置，暑さ対策のためのクールビズなどがあげられます。

緩　和

(原因を少なくする)

節電／省エネ／エコカーの普及
再生可能エネルギーの活用
森林を増やすなど

適　応

(影響に備える)

熱中症予防／災害に備える
水利用の工夫／感染症の予防
農作物の品種改良など

(以上の内容は，国立研究開発法人国立環境研究所，気候変動適応情報プラットフォームより)

Ⅰ．気温の上昇や夏の強い日差しは，次のように畜産物にも影響を及ぼします。

夏の暑さ
→ 乳牛は適温が5～20℃で，暑さに弱く牛乳の生産量が減少する。
→ 産卵用のにわとりは気温が27℃を超《こ》えると産卵率が低下する。

暑さによって牛乳や卵の生産量が減らないようにするための「**適応**」策として，どのようなことをすれば良いか，具体的に説明しなさい。

Ⅱ．Ⅰであなたが考えた適応策には，気候変動の「**緩和**」策を進める上での問題点が含まれているかいないかをよく考え，問題点がある場合はどのような問題点があるか説明しなさい。問題点がない場合は，どうしてないと言えるのか説明しなさい。

【3】 新聞記事や資料をよく読み，以下の設問に答えなさい。

問１　次の新聞記事をよく読み，以下の設問に答えなさい。

閉会，課題積み残し　政府提出案，５８本成立

（　a　）日間の通常国会が21日，閉会した。昨年の ① 臨時国会 から継続審議《けいぞくしんぎ》となった１本を除く，政府提出の法案全60本中，58本が成立した。成立率は96.7％と3年連続で95％を超えた。国会は終始，政府・与党《よとう》のペースで進んだ一方，取り組まなかった課題も多い。（朝日新聞2023年6月22日）

Ⅰ．空らん（　a　）にふさわしい数字を答えなさい。

Ⅱ．下線部①が開かれるのは次のどの場合か，正しいものを次のア～エから二つ選び，記号で答えなさい。完答で正解とします。

ア．内閣が必要と認めた場合

イ．衆議院が解散中で，緊急《きんきゅう》の必要がある場合

ウ．衆議院が解散した後の総選挙の日から30日以内

エ．衆議院・参議院いずれかの議院の総議員の4分の1以上の要求があった場合

問２　次の新聞記事をよく読み，以下の設問に答えなさい。

（　a　）省は，タクシーやバス，トラックの運転手が不足していることから，外国人労働者の受け入れを認める在留資格「特定技能」の対象に「自動車運送業」を今年度内に追加する方向で検討に入った。外国人労働者を活用することで，人手不足の改善をめざす。

タクシー運転手はコロナ禍《か》で高齢《こうれい》ドライバーを中心に退職する人が相次ぎ，観光地や地方ではタクシーがつかまらないなど不足が目立っている。トラック運転手も，インターネット通販《つうはん》の増加で慢性《まんせい》的に足りない状況《じょうきょう》だ。

2024年4月には残業時間の上限が年間960時間に規制され，人手不足で物流が滞《とどこお》る恐《おそ》れのある「2024年問題」も抱《かか》えている。

そのため業界団体からは，建設や造船など12分野に認められている特定技能の対象に，運転手を加えるよう求める声が出ていた。（　a　）省は，制度を所管する ① 出入国在留管理庁 と協議を進めている。…以下略

（朝日新聞2023年9月13日）

Ⅰ．空らん（　a　）にふさわしい語句を漢字4字で答えなさい。

Ⅱ．下線部①はどの省に属するか，次のア～エから選び，記号で答えなさい。

ア．法務省　　イ．外務省　　ウ．厚生労働省　　エ．経済産業省

Ⅲ．記事中の波線部の「2024年問題」とは，2018年に改正されたある法律が，今年4月に施《し》行《こう》されることからこう呼ばれています。この法律は，労働時間や時間外労働，休日など，労働条件の基本原則を定めています。この法律の名を漢字で答えなさい。

問３　次の山形県の県議会議員選挙に関する新聞記事をよく読み，以下の設問に答えなさい。

> **県議選　女性最多当選に「もっと増えて」知事**
>
> 吉村《よしむら》知事は12日の定例記者会見で，9日に投開票された県議選で女性当選者が過去最多の6人に上《のぼ》ったことに関し，「多いとは思わないが，過去最高になったのはよかった。民意を反映するという点で，もっともっと女性も増えてほしい」と述べた。
>
> 海外では，議席や候補者の一定数を女性に割り当てる「クオータ制」の導入が進んでいることを踏《ふ》まえ，吉村知事は「きちんと導入して取り組まないと，(女性進出が)一気に進むということにはならない」と指摘《してき》し，政府に取り組みを求めた。
>
> (読売新聞2023年4月13日，山形面)
>
> ※ 注：現在，山形県議会の議員定数は43名。うち男性議員は37名，女性議員は6名。

Ⅰ．男女の人権が尊重され，男女が社会のあらゆる分野で対等に活動できる社会を実現するために，国，地方公共団体，国民が何をすべきかを示すことを目的として1999年に施行された法律の名を漢字で答えなさい。

Ⅱ．記事中の下線部にある「クオータ制」を導入した場合の効果や問題点について述べた次のX・Yの正誤の組み合わせとして正しいものを，下のア～エから一つ選び，記号で答えなさい。

X．議会にクオータ制が取り入れられると女性の政治への参加の度合いが高まり，男女が社会のあらゆる分野で対等に活動できる社会を実現していく上での効果が期待できる。

Y．男女別の議席数があらかじめ決められると，仮に同じ得票数でも女性候補者は当選し男性候補者は落選する場合がありうる。

ア．X－正しい　Y－正しい　　イ．X－正しい　Y－誤り
ウ．X－誤り　　Y－正しい　　エ．X－誤り　　Y－誤り

問４　次のページのグラフは日本国内での新聞の発行部数の推移と，インターネット利用率(個人)の推移を表しています。このグラフからわかることについて述べた説明文X・Yの正誤の組み合わせとして正しいものを下のア～エから一つ選び，記号で答えなさい。

X．新聞の発行部数が増えている期間は高度経済成長の時代であり，高度経済成長期が終わるとともに，人々のニュースへの関心が薄《うす》れていったことがわかる。

Y．インターネットの普及率が高まるとともに，新聞の発行部数は次第に減少するようになったことがわかる。

ア．X－正しい　Y－正しい　　イ．X－正しい　Y－誤り
ウ．X－誤り　　Y－正しい　　エ．X－誤り　　Y－誤り

棒グラフ(左軸)は新聞発行部数(単位：万部)
折れ棒グラフ(右軸)はインターネット普及率(単位:%)

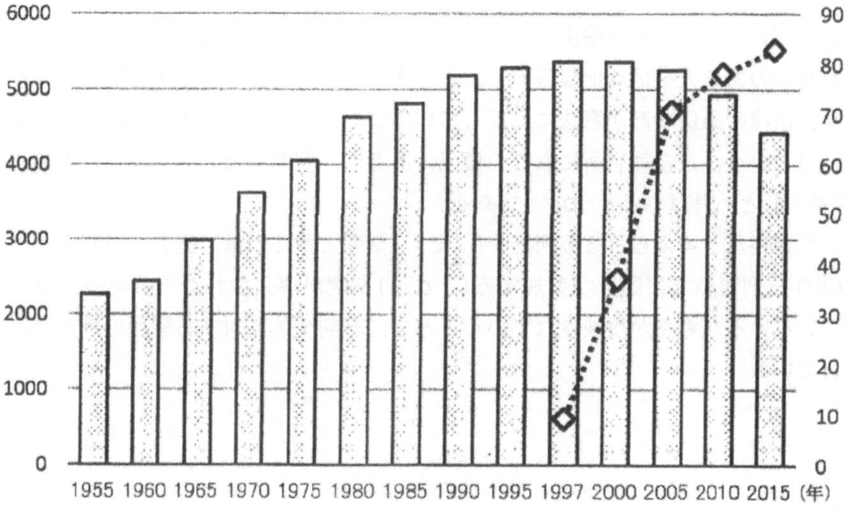

注：インターネット普及率は6歳以上の人口に占める利用者の割合
(『数字でみる日本の100年』改訂第7版より作成)

問５　次の文章は，昨年8月6日に首相がおこなった「広島平和記念式典」でのあいさつからの抜粋《ばっすい》です。これについての以下の設問に答えなさい。

今から78年前の今日，一発の原子爆弾《ばくだん》により，十数万といわれる貴《とうと》い命が失われました。…中略…核兵器によってもたらされた広島，長崎の惨禍《さんか》は，決して繰り返してはなりません。我が国は，引き続き ① 非核三原則 を堅持《けんじ》しながら，唯一《ゆいいつ》の戦争被爆《ひばく》国として，「核兵器のない世界」の実現に向けた努力をたゆまず続けます。…中略…「核兵器のない世界」の実現に向けた確固たる歩みを進める上で原点となるのは，被爆の実相《じっそう》への正確な理解です。本年5月の ② Ｇ７広島サミットでは，世界のリーダーたちに，被爆者の声を聞いていただき，被爆の実相や平和を願う人々の思いに直接触《ふ》れていただきました。…以下略…

Ⅰ．下線部①について，次の空らん(　a　)にふさわしい語句を答えなさい。

> 非核三原則とは「核兵器を，作らない，持たない，(　a　)」という三つの原則のことである。

Ⅱ．下線部②について，次の空らん(　b　)にふさわしい3カ国の組み合わせとして正しいものをア～エから一つ選び，記号で答えなさい。

> Ｇ７には，(　b　)，イタリア，アメリカ合衆国，カナダ，日本の7カ国の大統領・首相と欧州《おうしゅう》理事会議長，欧州委員会委員長が出席し，今回は日本が議長国を務めた。

ア．インド，中国，イギリス

イ．インド，中国，ロシア

ウ．イギリス，フランス，ドイツ

エ．イギリス，フランス，ロシア

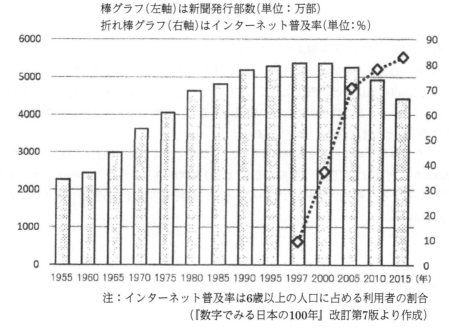

問６　裁判や裁判所の役割について述べた次の文章の空らん(　a　)～(　d　)にふさわしい語句を漢字で答えなさい。

法律に基づき，争いごとを解決することを司法といい，司法権は裁判所にある。裁判所は，罪を犯した疑いのある人を裁く刑事裁判や，人と人とのトラブルを解決する民事裁判をおこなうだけでなく，法律や条例などが憲法に違反《いはん》していないかどうかを判断する権限も持っており，これを(　a　)という。どの裁判所にもこの権限はあるが，判断の最終的な決定権を持っているのは「憲法の番人」とも呼ばれる(　b　)である。

一方，不適格だと考えられる裁判官を(　c　)裁判で裁くのは，国会の役割となっている。

2009年から刑事裁判に国民が参加する(　d　)制度が導入された。裁判の進め方やその内容に国民のいろいろな考えが反映されていくことで，裁判全体に対する国民の理解が深まることが期待されている。

生徒　初めは玉置さんを厳しく注意したり、彼女の様子を見ながら注意深く話したりしていた北見先生だけど、玉置さんがその言葉を聞き入れず、自分の都合ばかりで話をするので、いったんは話をするのを諦めかけていました。

教師　この時点では、「（　Ⅰ　）」とあるように、二人の言っていることは全くかみ合っていなかったんだ。

生徒　ところが、丘本さんの言葉をきっかけにして北見先生は心を動かし、玉置さんに穏やかに話をし始めます。

教師　北見先生は、目が見えるということは当たり前のようでいて実は奇跡的なことであり、玉置さんの傷ついた目について、（　Ⅱ　）と心から玉置さんに語った。この話に玉置さんは頷くんだ。北見先生の言葉を了解したんだね。

生徒　北見先生の言葉が玉置さんの心に届いたんですね。ということは「人が向かい合うことの意味」とは、（　Ⅲ　）ということだと思います。

教師　そのとおりだね。

〈i〉（　Ⅰ　）に当てはまる言葉を本文中から十二字で抜き出して答えなさい。

〈ii〉（　Ⅱ　）に当てはまる適切な言葉を次の選択肢ア～エから一つ選び、記号で答えなさい。

ア　このままでは必ず病気になってしまうのでとても心配だ

イ　どうか心配している周りの人たちを悲しませないでほしい

ウ　このままカラコンにこだわり続けるのは愚かなことだ

エ　大事なものであることに気づかない現状を改めてほしい

〈iii〉（　Ⅲ　）に当てはまる適切な言葉を、十五字以内の自分の言葉で答えなさい。

＊2　円錐角膜……目の角膜が前方に突出する病気。思春期に多い。
＊3　不条理……道理に合わないこと。

問一　[A]・[B]・[C]に当てはまる言葉として最も適切なものを次の選択肢ア～エからそれぞれ一つずつ選び、記号で答えなさい。ただし、同じ記号を二度以上用いてはならない。

ア　きちんと　　イ　しぶしぶ
ウ　ゆっくりと　エ　とやかく

問二　[X]には「直面する問題を見ないようにしよう」という意味になる言葉が入る。その言葉をひらがな五字以内で自分で考えて答えなさい。

問三　――線部①「口を少しだけへの字に曲げて」とあるが、この言葉の意味として最も適切なものを次の選択肢ア～エから一つ選び、記号で答えなさい。

ア　困り果てたとまどいの表情で
イ　がっかりした落胆の表情で
ウ　不愉快そうに顔をしかめて
エ　不安そうに顔をこわばらせて

問四　――線部②「誰かの心を治すことはできない」とあるが、この時の玉置さんの心の状態について説明した次の文の（Ⅰ）（Ⅱ）に当てはまる適切な言葉を、それぞれ自分の言葉で考えて、（Ⅰ）は十字以内、（Ⅱ）は二十字以内で答えなさい。

玉置さんは、（　Ⅰ　）と考えてカラコンを使用したが、やがて、それがあれば気持ちが落ち着くとか着けていないと何かを見ることもできなくなるというような依存している状態、つまり（　Ⅱ　）ような心の状態になった。

問五　――線部③「丘本さんの顔が青ざめていく」とあるが、その理由として最も適切なものを次の選択肢ア～エから一つ選び、記号で答えなさい。

ア　北見先生の言葉に反して、自分の目の状態を深刻なものと全く認識できていない玉置さんに不安を感じたから。
イ　北見先生の話も玉置さんの心の闇も理解できるので、自分ではどうすればよいかわからず放心状態にあるから。
ウ　深刻な問題とはいえ、玉置さんのつらい思いを無視して一方的に話をする北見先生の様子に怒りを感じたから。
エ　北見先生の厳しい言葉を聞き、玉置さんの目がとても深刻な状態にあることを理解して強い衝撃を受けたから。

問六　――線部④「頷かざるを得ない言葉を、呑み下すようにうつむいていた」とあるが、この時の玉置さんの心情をわかりやすく説明しなさい。

問七　――線部⑤「人が向かい合うことの意味」とあるが、次の会話文は「人が向かい合うことの意味」について、教師と生徒が話し合っているものである。この会話文を読んで後の〈ⅰ〉・〈ⅱ〉・〈ⅲ〉の各問に答えなさい。

互いの距離を感じていただけだった。

北見先生が、諦めかけた口調で「では……」と口を開こうとしたとき、丘本さんが声を発した。

「遥香ちゃん！」

と、響くような声で言った。玉置さんが、丘本さんをまっすぐ見た。

「真衣ちゃん……」

と、玉置さんはなにかに気付いたように答えた。

「遥香ちゃん、目が見えなくなっちゃったら、もう一緒に同じ写真を見れなくなるよ。二人で一緒に作品を作れなくなるよ。今なら遥香ちゃんは、これからを選べるんだよ。今だけじゃなく未来を見て。見ないを選んじゃ駄目《だめ》だよ。どうしてそれが分からないの？　先生がこんなに厳しく言うなんて、すごく危ないってことなんだよ」

玉置さんはなにも答えなかった。彼女の瞳は、それでも現実に抗《あらが》っていた。彼女は僕らを見ながらも目を[X]とし続けていた。

玉置さんが光を失うか、それとも保持し続けるかという岐路が彼女の前に開かれているようでもあった。丘本さんは必死に言葉を継《つ》いだ。

「北見先生、彼女は私の友達です。だから私から[C]言って聞かせます。どうかよろしくお願いします」

と、頭を下げた。玉置さんはその様子を呆然《ぼうぜん》と眺めていた。

丘本さんの瞳は、言葉にならない感情で震え、溢《あふ》れ出てくる気持ちに耐えていた。北見先生は二人を眺めた後、小さく息を吐き、少しだけ瞳を閉じた。それから瞼《まぶた》をあげた。先生はさっきよりも穏やかに話し始めた。

「あなたは……、お若いからまだ分からないかも知れませんが、健康であるということは、目が、光が、当たり前のように見えるということは、奇跡のようなものです。あなたは、それを偶然生まれたときから与えられているから、その大切さに気付かないだけです。けれども、一度、失われれば、どんなにお金を積んでも、どんなに請《こ》い願っても、もう二度と与えられることはないものです。それが、失われてからその大切さに気付くよりも、いまここで、その大切さに気付いてくれれば、丘本さんも、私たちも、あなたを囲む周りの方々も、誰よりあなた自身も辛《つら》く哀しい思いをしなくて済むでしょう。私も、あなたが傷ついた姿でここに通ってくるのを見ずに済みます。私の言っていることは、分かりますか？」

玉置さんはうつむいて、涙を落としていた。

「カラコンはもう着けられないということですか」

と、玉置さんは震える声で言った。北見先生は首を振った。それから、

「あなたがカラーコンタクトを使用することを、止めることはできません。ただ、いまは少なくとも治療に専念すべきだと申しあげています」

と、はっきりと言った。玉置さんはしぶしぶ頷《うなず》いた。④頷かざるを得ない言葉を、呑《の》み下すようにうつむいていた。

僕は、玉置さんを見ていた。そして、北見先生を見ていた。⑤人が向かい合うことの意味をじっと見ていた。

(砥上裕将『7・5グラムの奇跡』講談社)

注　＊1　禁忌……してはいけないこと。

「強く目をこすらないようにしてください」

先生は、厳しく注意した。角膜《かくまく》に傷が入っている今の状態で激しく目をこするのは、間違いなく*1禁忌《きんき》だ。彼女はゆっくりと手を膝の上に戻した。また、彼女の目が細くなった。

北見先生の視線も鋭さを増した。優しさの裏側にある強い感情が、ただ瞳の中だけに怒りのように込みあげていた。先生は、①口を少しだけへの字に曲げて一呼吸置き、

「今の目の状態でカラーコンタクトを使用すれば、失明の危険があります。とても高いリスクを負ってまで使用しなければならない理由がありますか」

と、[A]訊《たず》ねた。相手を侮蔑《ぶべつ》しないように注意深く言葉を発していた。だが、声音《こわね》はさっきよりも遥《はる》かに厳しかった。先生は、自分の感情に耐えていた。丘本さんは狼狽《うろた》え、僕も込みあげるものを抑えていた。

「目が可愛く見えないから、私、カラコンを着けないと、人前に出られません」

玉置さんは、はっきりとそう言った。何を言っているんだ？と反射的に、僕は思った。だが、瞳を覗《のぞ》き込んでみると、玉置さんもまた信じられないほど真剣だった。

「カラコンがあると気持ちが落ち着くんです。私は大丈夫って感じられます。着けていないと不安で人と目を合わすことも、まっすぐなにかを見ることもできません。どうにかならないのでしょうか」

そう言ったあと、彼女の目が輝き始めた。沈黙の重さと同じくらい鈍い光が強くなると、涙が零《こぼ》れた。それは傷ついた瞳が流す痛みのようだった。

彼女の問いに対して、僕らには打つ手がない。僕らは眼を治療することはできる。けれども、②誰かの心を治すことはできない。彼女は明らかにカラコンに依存《いぞん》していた。カラコンを着けた瞳で世界に接することによって、自分自身のイメージを作り出し守っていた。

自己のイメージを作りあげて、なりたい自分になり、世界に向き合うことは、自然なことなのかも知れない。好きな服を着ることを誰も病気だとは言わないし、化粧をすることを病気だとは思わない。カラーコンタクトを使用することも、誰かに[B]言われるようなものではないのかも知れない。実際に、玉置さんのカラコンの使い方に問題がなく*2円錐角膜《えんすいかくまく》でなければ、これほど厳しく注意されることもなかっただろう。

彼女の立場に立てば、僕らの伝えていることは、*3不条理で不快なものだろう。

だが、彼女の目は、いま円錐角膜という病気にかかっていて、その上、深く傷ついている。病気になっている箇所に怪我《けが》が重なっている状態だ。その認識が彼女の中に生まれていないのだろうか？

傍《そば》に立っている③丘本さんの顔が青ざめていくのが分かった。玉置さんの表情は、僕らの沈黙に対して憤り、見る間に上気していった。僕らはきっとお互いに理解が足りなかったのだろう。一対の目を巡る僕らの架け橋となるものはなにもなかった。ただそこには失明の可能性という事実と玉置さんの抱える心の闇《やみ》があった。

どうすればいい？

その場にいた誰もがそう考えていたのに、言葉はなかった。ただお

白人たちが不思議でならなかったから。

イ　先住民にとってみれば、家といえばそれは石と土と雑木とで造るのが以前からの習慣だったから。

ウ　正円形の家に住む先住民は、四本の柱を建てた四角い家を、家として認識することができなかったから。

エ　正円形の家に住む先住民には、四本の柱を使った四角い家が見慣れないものに感じられたと思われるから。

問三　X　には次のア～オの各文が入るが、これらの文を正しい順序に並べかえて、ア～オの記号で答えなさい。

ア　その先には円形に巨大な竪穴を掘った露天の中庭がある。

イ　つまり家を建てるのではなく、石灰岩の岩山を縦横に掘って、明るく風通しのよい住居を＊穿《うが》ち出しているのであった。

ウ　まず岩山の斜面に横穴を＊掘削《くっさく》し、これが玄関と廊下である。

エ　＊居室《きよしつ》は中庭をぐるりと囲むような横穴になっている。

オ　この住居というのが、実によくできている。

注　＊穿ち……「穿つ」は穴をあけること。

＊掘削……地盤を掘ったり削ったりすること。

＊居室……家族が日常を過ごす部屋。居間や個室のこと。

問四　――線部②「人間の住む家の基本は、円形なのではなかろうか」とあるが、このように考える理由について説明した次の文の（　　　）に当てはまる適切な言葉を、本文中から十二字で抜き出して答えなさい。

家というものは、本来、家族が（　　　　　　　）場であるから。

問五　――線部③「強固な壁で隔絶された小部屋」とあるが、具体的にはどのような小部屋なのか。わかりやすく説明しなさい。

問六　――線部④「『四角い家に住む人』の現状」とあるが、これについて説明したものとして最も適切なものを次の選択肢ア～エから一つ選び、記号で答えなさい。

ア　テレビジョンから離れ、家族それぞれが自分の部屋でインターネットを楽しんでいる現状。

イ　他人同士がインターネットを通じて家族のようにつながり、お互いの親交を深めている現状。

ウ　リビングルーム内においても、パソコンや携帯電話を絶対的な道具としてもてはやしている現状。

エ　家族それぞれが各部屋に分かれてインターネットに夢中になり、家族の絆が失われている現状。

問七　――線部⑤「実は多くの知的退行が潜んでいる」とあるが、どういうことか。本文全体の内容を踏まえてわかりやすく説明しなさい。

【三】　次の文章を読んで、後の各問に答えなさい。

「僕」は北見眼科に勤めている。玉置遥香さんは普段からカラコン(色のついたコンタクトレンズ)を着けていた。ある日、彼女は目の不調を訴えて、北見眼科に勤める友人の丘本真衣さんと北見眼科を訪れ、院長である北見先生の診察を受ける。

を読んだり、祖父母の昔語りに耳を傾けるのが夜ごとの習いだったのであろう。まさに理想の団欒である。思想も教養も道徳も、完全に正確に子孫へと享《う》け継がれたはずである。家族の絆というものは、愛情や信頼だけではなく、こうした長い円居のときによって形成されるものであろう。

それにしても、この中庭の進化形態であるはずのリビングルームは、今やその［B］を失ってしまった。私が子供のころには、家族をそこに集束させるだけの力を持った、テレビジョンなる神器があったのだが、この神様は次第に権威を失ってしまって、今や家族各自の部屋に置かれているのみならず、その密室の中においてさえ、パソコンや携帯電話にその神性を奪われてしまった。

かくしてリビングルームは伝統ある円居の場としての存在理由を失い、そのかわり見知らぬ疑似家族が夜な夜な集う、インターネット上の円居の場所が出現した。およそこうしたところが、④「四角い家に住む人」の現状である。思想も教養も道徳も、親から子に引き継がれるものは何もなくなり、そればかりか愛情も信頼も怪しくなった。昨今の奇怪な事件の多くが、この円居のひとときの喪失によって説明がついてしまうのだから、やはりこれは進化ではなく、退行と考えるべきであろう。

このごろ人の親として考えるのだが、子供を育てるにあたって、改まった教育などはさほど必要ないのではなかろうか。それよりも大切なことは、いかに長い時間を子供とともに過ごすかであろう。幸いなことに私は、長い間竪穴式住居のごとき家に住まい、常に子供のかたわらで売れもせぬ小説を書いていた。家にはリビングも書斎《しょさい》もなく、すべてが円居の中庭といえばその通りであった。おかげで子供は、ベルベル人のごとく大らかに育った。

彼らはわれわれの住む四角い家に、今も首をかしげているにちがいない。われわれが文明と信じている生活の中には、⑤実は多くの知的退行が潜んでいる。

（浅田次郎『つばさよつばさ』小学館）

注　＊1　竪穴……地面を掘り下げて造った住居。
＊2　穴居……ほら穴に住むこと。
＊3　梅檀の漢名……「梅檀」は木の名前。「漢名」とは中国での名称のこと。
＊4　四合院……中国の伝統住宅の様式。四つの辺に建物を置き、中央を庭園とする。
＊5　客家……漢民族の一つ。

問一　［A］・［B］に当てはまる言葉として最も適切なものを、次のそれぞれの選択肢ア～エから一つずつ選び、記号で答えなさい。

A……ア　こねる　イ　そらす　ウ　あてる　エ　まわす

B……ア　抑止力　イ　支配力　ウ　求心力　エ　決定力

問二　――線部①「さだめし奇怪であったろう」とあるが、その理由として最も適切なものを次の選択肢ア～エから一つ選び、記号で答えなさい。

ア　先住民には、ヨーロッパからわざわざサバンナにやって来たは、十二世紀から十三世紀にかけて侵攻してきたアラビアンに追われて、この山岳地帯に逃げこんだらしい。

何しろ大サハラの衝立《ついたて》のような岩山であるから草木もほとんどなく、平らかな場所もない。彼らはそこに横穴と*1竪穴《たてあな》を掘り、今も*2穴居《けっきょ》生活を続けているのである。

X

この家はすべてが円い。円い玄関に円い廊下に円い個室。そして中央には円形の中庭がある。

住人の説明によると、夏は涼しく冬は暖かいらしい。むろん、外敵から身を隠して住むという、本来の目的にも適《かな》っている。中庭の竪穴を深く掘って、二階建てとなっている家も多いそうだ。

ミントティーをごちそうになりながら、私はしばらくの間その中庭に座って、円い空を見上げていた。

ふと、②人間の住む家の基本は、円形なのではなかろうかと思った。山国の日本は建築資材は豊富なのに、稲作が普及して定住生活を始めてからも、人々は竪穴式の円い家に住み続けていた。

そもそも四角い家という発想は、家族がプライバシーを望んだ結果なのではなかろうか。つまり円い家に隔壁《かくへき》は造れないから、その壁に沿って家が四角くなったのではないのか。

さてそう思うと、事は重大である。

プライバシーの要求、隔壁の出現、四角い家、という住居の進化過程は、裏を返せば家族意識の退行を意味しているのではあるまいか。もしアフリカの先住民たちがそう考えているのなら、「四角い家に住む人」は進歩した人々ではなく、退行した哀れな人々ということになる。

われわれが進化と信ずる住環境は、ついに真四角の住居を三次元的に組み立てた集合体となり、その内部もまた③強固な壁で隔絶された小部屋となってしまった。

ご近所とも家族とも没交渉、これが「四角い家に住む人」の理想なのである。

私は建築史のことなど何も知らないが、小説家らしく理屈を A と「一家団欒《らん》」の「欒」の字は*3栴檀《せんだん》の漢名である。広義にはザボンや白檀《びゃくだん》の木もこの文字に含まれる。いずれにせよ花が咲き、実がなり、香りもよい木で、中国では*4四合院《しごういん》の中庭に好んでこの木を植えた。

四合院という中国の伝統建築は、「四角い家」ではあるが、家族の円居《まどい》の場である中庭を持つのが特徴である。すなわち「団欒」とは、四合院のそれぞれの棟に住む家族が、中庭の栴檀の木の下に集まって、和やかなひとときを過ごすことを指しているのであろう。ちなみに、四合院よりさらに古い*5客家《はっか》の住居は中庭をめぐる正円形である。

家族の希望と都市生活の必然によって、家が円形から方形に変わらざるをえなくなっても、聡明な中国人はごく近年まで、家族の円居の場を残したとも考えられる。

しかしわが国の住宅事情には、中庭などという贅沢《ぜいたく》は許されない。かくて昔は「お茶の間」、今は「リビングルーム」という家族の共有空間が円居の場所となった。

ベルベル人の家では、竪穴の中庭に家族が寝転んで、円い夜空の星

【国　語】〈五〇分〉〈満点：一五〇点〉

【注意】1、字数制限のある問題では、句読点やかっこ、その他の記号も一字として数えます。
　　2、問題文には、設問の都合で、文字・送りがななど、表現を改めたり、省略したところがあります。

【一】 次の各問に答えなさい。

問一　次の①～⑮の各文の――線部のカタカナを漢字で書き、――線部の漢字の読み方をひらがなで書きなさい。

① サンセイ意見が多い。
② 知識をキュウシュウする。
③ 交通をキセイする。
④ 相手のイコウを聞く。
⑤ ビンボウな暮らし。
⑥ ドキョウをつける。
⑦ 彼の態度はリッパだ。
⑧ 大役をウケタマワる。
⑨ 美しくヨソオう。
⑩ 火山が火をフく。
⑪ 美の権化。
⑫ 今年の抱負を語る。
⑬ 沼地の植物。
⑭ 楽器を奏でる。
⑮ 赤く熟れたトマト。

問二　次の①～⑤の各文の――線部の故事成語やことわざ・慣用句の使い方が正しければ、（　）に当てはまる適切な漢字一字をそれぞれ答えなさい。ただし、――線部の使い方が正しくなければ×をつけて答えなさい。

① 今年もチームは最下位で、監督は交代するらしい。こんな時に監督を引き受けるなんて、火中の（　）を拾うようなものだ。
② 彼は事業に成功していまや飛ぶ鳥を落とす勢いだ。堂々としていつ見ても肩で（　）を切って歩いているようだ。
③ 大きな病気にかかってしまい、悩んだあげく手術を受けることにした。まな（　）の鯉になるのを決断したのだ。
④ 学級委員のなり手がいない。話し合いの末、じゃんけんで負けたので、僕が漁夫の（　）を得て、やることになった。
⑤ 先輩から態度が悪いと文句ばかり言われていたから、この間、あまりに（　）にすえかねて、思わず言い返してやった。

【二】 次の文章を読んで、後の各問に答えなさい。

南アフリカの先住民たちは、ヨーロッパからやってきた白人たちを「四角い家に住む人」と呼んだそうである。

諸部族の生活様式を保存公開している文化村に行ってみると、デザインや着彩はそれぞれちがうが、なるほどどの部族の家も形は正円形である。サバンナ地帯には柱になるような巨木が少ないから、石と土と雑木とで家を造ろうとすると、自然こうした円形になるのであろうと私は考えた。彼らの目から見れば、四隅に柱を建てた四角い家は、①さだめし奇怪であったろう。

このところ私の気ままな旅はアフリカ大陸を指向している。もともと暑さが苦手なので、体力のあるうちに暑いところを回っておこうと考えているのである。で、南アフリカの次には、北のモロッコとチュニジアを旅した。

チュニジアの地中海沿岸からサハラへと向かう途中に、先住民族であるベルベル人の集落があった。『スター・ウォーズ』のロケ地にもなった、あの赤茶けた岩山ばかりの土地である。なんでもベルベル人

1次

2024年度

解 答 と 解 説

《2024年度の配点は解答欄に掲載してあります。》

＜算数解答＞《学校からの正答の発表はありません。》

1 (1) 0　(2) 8　(3) 2024

2 (1) 525600分　(2) 6分　(3) 8157L　(4) 2024cm　(5) 2068

(6) 250・300・350・400・450個

3 (1) 55cm　(2) 51枚目　(3) 34

4 (1) 655　(2) 415　(3) ヒダリーT3　K3　B2，ミギギT2　K2　B0，ミギギT3　K1　B3

5 (1) 411　(2) 30　(3) 112793

○推定配点○

1 各5点×3　他　各9点×15(2(6)，4(3)各完答)　計150点

＜算数解説＞

1 (四則計算)

(1) 64＋288＋32－384＝0

(2) 10－0.5－5＋3.5＝8

(3) $\square=\left[260-\left\{(2399-2024)\times\frac{9}{5}+102\right\}\div111\right]\times8=2024$

2 (単位の換算，割合と比，仕事算，平面図形，立体図形，数の性質，場合の数)

基本 (1) 365×24×60＝525600(分)

重要 (2) 全体の仕事量…30　子供1分の仕事量…30÷30＝1　子供とお母さん1分の仕事量…30÷5＝6　お母さん1分の仕事量…6－1＝5　したがって，求める時間は30÷5＝6(分)

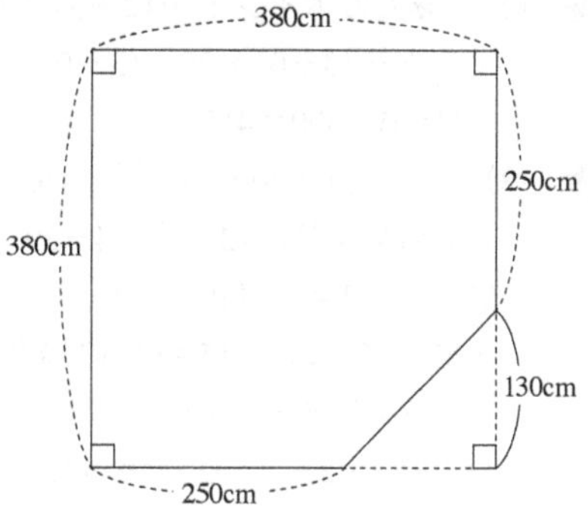

(3) (380×380－130×130÷2)×60÷1000＝135950×60÷1000＝8157(L)

(4) 長方形ABCDの周…(ア×2＋イ＋ウ)×2　したがって，周の長さは(532＋480)×2＝2024(cm)

(5) K＝11×□　□＝11×△＋1　K＝11×(11×△＋1)＝121×△＋11　121×17＝2057　したがって，求める数は2057＋11＝2068

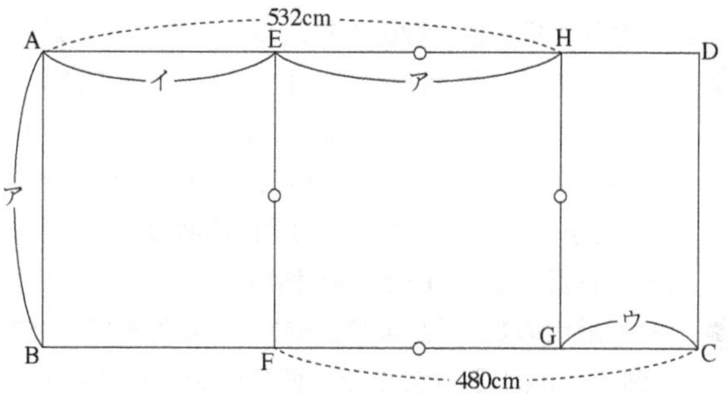

(6) 全体の個数…500個　赤玉…500×0.01＝5(個)　500個から一部を取り出した後の残りのうち，赤玉の個数…全体の0.02倍　残った赤玉が1個の場合，残った全体

の個数…1÷0.02＝50(個)　残った赤玉が2個の場合，残った全体の個数…100個　残った赤玉が3個の場合，残った全体の個数…150個　残った赤玉が4個の場合，残った全体の個数…200個　残った赤玉が5個の場合，残った全体の個数…250個　したがって，取り出した全体の個数は450個，400個，350個，300個，250個

3　**(植木算，規則性，平均算，鶴亀算)**

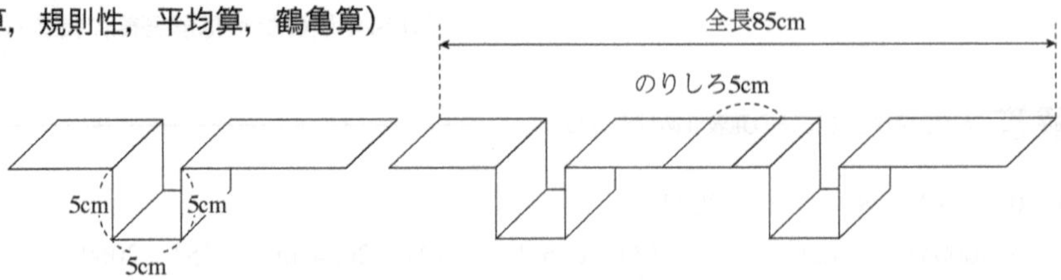

重要　(1)　折り曲げた後の長方形1枚の長さ…(85＋5)÷2＝45(cm)　したがって，折り曲げる前の長方形1枚の長さは45＋5×2＝55(cm)

(2)　(1)より，(2024－5)÷(45－5)≒50.5(枚)　したがって，求める枚数は51枚目

やや難　(3)　のりしろ7cmと8cmの数の比が3：2の場合の平均値…(7×3＋8×2)÷(3＋2)＝7.4(cm)　最初の1枚45cmを除く長さ…3801－45＝3756(cm)　2枚目以後，延びる長さ…45－5＝40(cm)または45－7.4＝37.6(cm)　37.6cmの枚数…(40×99－3756)÷(40－37.6)＝204÷2.4＝85(枚)　したがって，求める数は85÷(3＋2)×2＝34

4　**(統計と表，場合の数，数の性質，消去算)**

ボーナス値…0，1，2，3

モンスターの強さのポイント…(Tの値＋ボーナス値)×20＋(Kの値＋ボーナス値)×65＋(Tの値＋ボーナス値)×15

モンスター名／能力値	ヒダリー	ミギギ
たいりょく　(T)	3	2
こうげき　(K)	3	6
ぼうぎょ　(B)	9	5

基本　(1)　(2＋1)×20＋(6＋2)×65＋(5＋0)×15＝60＋520＋75＝655

重要　(2)　最大のポイント…(2＋3)×20＋(6＋3)×65＋(5＋3)×15＝100＋585＋120＝805　最小のポイント…(3＋0)×20＋(3＋0)×65＋(9＋0)×15＝60＋195＋135＝390　したがって，これらの差は805－390＝415

やや難　(3)　(3＋○)×20＋(3＋□)×65＋(9＋△)×15＝675の場合…(3＋○)×4＋(3＋□)×13＋(9＋△)×3＝135より，12＋○×4＋39＋□×13＋27＋△×3＝135　○×4＋□×13＝135－78－△×3＝57－△×3＝3×(19－△)　したがって，(○，□，△)＝(3，3，2)　(2＋○)×20＋(6＋□)×65＋(5＋△)×15＝675の場合…(2＋○)×4＋(6＋□)×13＋(5＋△)×3＝675÷5＝135より，8＋○×4＋78＋□×13＋15＋△×3＝135　□×13＋△×3＝135－101－○×4＝34－○×4＝2×(17－○×2)　したがって，(○，□，△)＝(2，2，0)(3，1，3)　以上より，ヒダリーT3　K3　B2，ミギギT2　K2　B0，ミギギT3　K1　B3

5　**(数列・規則性，数の性質，場合の数，植木算)**

重要　(1)　百の位の周期…6×2＝12(個)　十の位の周期…5×2＝10(個)　一の位の周期…2×2＝4(個)　3ケタの周期…12，10，4の最小公倍数60個　100÷60＝1余り40　したがって，右表より，40番目の数は411

(2)　右表より，60÷2＝30(種類)

やや難　(3)　最大の数…(2)より，652　60個までの652の個数…2個　10回目の652までの個数…60×5－5＝295(個)　百

1 1 1	1 3 1	1 5 1	1 4 1	1 2 1
2 2 2	2 4 2	2 5 2	2 3 2	2 1 2
3 3 2	3 5 2	3 4 2	3 2 2	3 1 2
4 4 1	4 5 1	4 3 1	4 1 1	4 2 1
5 5 1	5 4 1	5 2 1	5 1 1	5 3 1
6 5 2	6 3 2	6 1 2	6 2 2	6 4 2
6 4 2	6 2 2	6 1 2	6 3 2	6 5 2
5 3 1	5 1 1	5 2 1	5 4 1	5 5 1
4 2 1	4 1 1	4 3 1	4 5 1	4 4 1
3 1 2	3 2 2	3 4 2	3 5 2	3 3 2
2 1 2	2 3 2	2 5 2	2 4 2	2 2 2
1 2 1	1 4 1	1 5 1	1 3 1	1 1 1

の位〈1+2+～+6=21〉　295個までの百の位の数の和…100×21×2×5×4+100×{21×(2×4+1)+6}=100×1035=103500　十の位〈1+2+～+5=15〉　295個までの十の位の数の和…10×15×12×4+10×15×11=150×59=8850　295個までの一の位の数の和…(1+2)×6×5×4+(1+2)×(6×4+3)+2=3×147+2=443　したがって，合計は103500+8850+443=112793

★ワンポイントアドバイス★

③(3)「のりしろが3種類の場合」は，「7cmと8cmの数の比が3：2のときの平均値」を利用し，最後「3801−45」を使うと求めやすい。④(3)「ボーナス値の組み合わせ」，⑤(3)「合計値」は難しい。

＜理科解答＞《学校からの正答の発表はありません。》

【1】 (1)　ア　おそく　　イ　運ぱん　　ウ　たい積　　エ　扇状地　　(2)　ウ　　(3)　ウ

(4)

(5)　ア　　(6)　土石流

(7)　(例)　(土砂がたまると)川底が浅くなったり，傾斜がゆるやかになったりするから。

【2】 (1)　①　じん臓　　②　イ　　(2)　門脈[かん門脈]　　(3)　エ

(4)　(かん臓→)g→a→b→c→d→f(→頭の細胞)　　(5)　①　Ⅰ　右心房　　Ⅱ　左心房

②　エ　　③　(例)　胎児はへそのおから酸素を取り入れているので，肺に血液が流れなくてよいから。

【3】 (1)　ウ　　(2)　A　イ　　B　カ　　C　エ　　D　ア　　(3)　二酸化炭素

(4)　①　オ　　②　6(cm^3)　　③　塩酸Y(○)を18(cm^3)

【4】 (1)　①　7(m/秒)　　②　$\frac{12}{7}\left[1\frac{5}{7}\right]$(秒)　　(2)　4(倍)　　(3)　0.9(m)　　(4)　24(g)

(5)　9(段)

○推定配点○

【1】　各3点×10　　【2】　各3点×8((5)①完答)　　【3】　(4)③　4点(完答)　　他　各3点×8

【4】　各3点×6　　計100点

＜理科解説＞

【1】 (流水・地層・岩石―流水のはたらき)

重要　(1)　川が谷から平地に出ると，傾斜がゆるやかになるため水の流れる速さはおそくなる。流れがおそくなると，土砂を運ぶ運ぱん作用が弱まり，土砂が谷の出口にたい積して扇状地がつくられる。

(2)　扇状地では川の水が地下にしみこみ，地下水として扇状地の下を流れていき，やがて平地の近くからわき出てくる。

基本　(3)　川が曲がって流れているところでは，川の外側に近いところで流れが速くなる。

基本　(4)　川が曲がって流れているところでは，川の内側では運ばれてきた土砂がたい積して川原になり，外側では流れによってけずられてがけができる。また，川底は，川の内側よりも外側のほうがけずられやすく深くなる。

基本 (5)　海底に土砂がたい積するとき，粒の大きいものほど近く，はやく沈んでたい積し，粒の小さいものほど遠く，ゆっくり沈んでたい積する。

(6)　集中豪雨などによって大量の水が一気に流れて，土砂や岩，木などが水とともに一気に川下へ流れる現象を土石流という。

(7)　砂防ダムの上流側に土砂がたまると，川底がつもった土砂によって浅くなったり，斜面の傾斜がゆるやかになったりするため，川岸や川底がけずられにくくなったり，流れる速さがおそくなったりする。

【2】（人体—血液循環）

重要 (1)　①　じん臓はにぎりこぶしくらいの大きさで，こしの背中側に1対(2つ)ある。　②　じん臓は細胞で出された不要物のうち，かん臓でアンモニアから変えられた尿素などの二酸化炭素以外のものをこし出す。アは小腸，ウはかん臓，エは肺のはたらきである。

(2)　小腸とかん臓をつなぐ血管を門脈(かん門脈)という。

重要 (3)　酸素は肺で血液中にとりこまれ，心臓と肺の間の血液は「心臓→b→肺→c→心臓」と流れる。また，心臓からはdの血管を通って血液は送り出され，aの血管を通って心臓にもどる。これらのことから，酸素が多い血液が流れるのはc・d，酸素が少ない血液が流れるのはa・bとなる。よって，エが正しい。

(4)　かん臓から頭の細胞への血液の流れは，「かん臓→g→a→心臓→b→肺→c→心臓→d→f→頭の細胞」となる。

基本 (5)　①　心臓をからだの正面から見て図のように表したとき，Ⅰの部屋が右心房，Ⅱの部屋が左心房，Ⅰの下の部屋が右心室，Ⅱの下の部屋が左心室となる。　②・③　血管aは大静脈，血管bは肺動脈，血管cは肺静脈，血管dは大動脈である。出生後のヒトが肺で酸素を取り入れているのに対して，胎児は酸素を母親からへそのおを通して受け取っているので，肺に流れる血液は減らしている。

【3】（化学総合—物質の区別・中和）

基本 (1)　ろ過をするとき，液はガラス棒を伝わらせて注ぎ，ろうとの先のとがったほうをビーカーの壁につける。

重要 (2)　銅・砂糖・鉄・石灰石・食塩・アルミニウムのうち，水にとけるのは砂糖と食塩で，そのうち加熱して黒色になるのは砂糖である。よって，Aは砂糖であることがわかり，B～Dの中に食塩はふくまれないことがわかる。銅・鉄・石灰石・アルミニウムのうち，水酸化ナトリウム水溶液と反応して気体が発生するのはアルミニウムだけである。よって，Bはアルミニウムとわかり，発生した気体Eは水素とわかる。銅・鉄・石灰石のうち，塩酸を加えたときに気体が発生するのは，鉄と石灰石で，鉄と塩酸が反応すると水素，石灰石と塩酸が反応すると二酸化炭素が発生する。ここで発生する気体Fは気体Eとは異なり，気体Eは水素なので，気体Fは二酸化炭素とわかり，鉄はふくまれず，塩酸と反応したのは石灰石とわかる。また，残ったDは銅である。

(3)　(2)より，気体Fは，石灰石と塩酸が反応して発生する二酸化炭素である。

やや難 (4)　①　同じ量の水酸化ナトリウム水溶液を完全に中和するのに必要な塩酸の体積は，塩酸の濃度に反比例する。水酸化ナトリウム水溶液20cm^3を完全に中和するのに必要な量は，塩酸Xの場合10cm^3，塩酸Yの場合15cm^3なので，濃度の比は塩酸X：塩酸Y＝15：10＝3：2　②　完全に中和するときの体積の比は，水酸化ナトリウム水溶液と塩酸Xの場合，20(cm^3)：10(cm^3)＝2：1，水酸化ナトリウム水溶液と塩酸Yの場合，20(cm^3)：15(cm^3)＝4：3である。よって，塩酸Xと完全に中和する水酸化ナトリウム水溶液の体積を□cm^3，塩酸Yと完全に中和する水酸化ナトリウム水溶液の体積を△cm^3とすると，2：1＝3(cm^3)：□(cm^3)　□＝1.5(cm^3)，4：3＝6(cm^3)：△(cm^3)　△＝4.5(cm^3)である。よって，塩酸Xと塩酸Yを混ぜた水溶液を完全に中和するのに必要な水酸化ナトリウム水溶液Zの体積は 1.5＋4.5＝6(cm^3) である。　③　8cm^3の塩酸Xと完全に中和する水酸化ナトリウム水溶液の体積は16cm^3なので，8cm^3の塩酸Xと40cm^3の水酸化ナトリウム水溶液Zを混合すると，水酸化ナトリウム水溶液Z 40－16＝24(cm^3)が塩酸と反応せずに残っていることになる。これを完全に中和するのに必要な塩酸Yの体積を○cm^3とすると，4：3＝24(cm^3)：○(cm^3)　○＝18(cm^3)

やや難

【4】（物体の運動―物体が反発する運動）

(1)　①　高さが4(＝2×2)倍，9(＝3×3)倍になると，衝突直前の速さと衝突までの時間はともに2倍，3倍になっていることから，Xが2.5mのときの衝突直前の速さは，2.5÷0.1＝25＝5×5より，Xが0.1mのときの5倍になると考えられる。よって，1.4(m/秒)×5＝7(m/秒)　②　Xが3.6mのときの衝突までの時間は，3.6÷0.1＝36＝6×6より，Xが0.1mのときの6倍の$\frac{1}{7}$(秒)×6＝$\frac{6}{7}$(秒)となる。また，地面に衝突してから最高点に上がるまでの時間は，地面に衝突するまでの時間と等しい。これらのことから，静かに落としてから最高点に上がるまでの時間は$\frac{6}{7}$(秒)×2＝$\frac{12}{7}$(秒)

(2)　地面に衝突する前後の速さが2倍のとき，高さは4(＝2×2)倍なので，衝突直後の速さが2倍になったBは4倍の高さまで上がる。

(3)　衝突直後の速さは衝突直前の速さの2倍になり，衝突時の速さが2倍のとき高さは4倍になることから，3.6(m)÷4＝0.9(m)の高さから静かに落とせばよい。

やや難 (4)　Aの重さを1とすると，Bの重さは1×$\frac{1}{3}$＝$\frac{1}{3}$，Cの重さは$\frac{1}{3}$×$\frac{2}{4}$＝$\frac{1}{6}$，Dの重さは$\frac{1}{6}$×$\frac{3}{5}$＝$\frac{3}{10}$なので，Dの重さはAの重さの$\frac{3}{10}$倍であることがわかる。よって，Aの重さが80gのときのDの重さは80(g)×$\frac{3}{10}$＝24(g)

やや難 (5)　すっとび段が2倍，3倍，4倍…となると，高さは4倍，9倍，16倍…となる。30÷0.4＝75であり，8×8＝64，9×9＝81なので，8段のすっとびボールでは64倍，9段では81倍であるから，高さが75倍になるには，少なくとも9段のすっとびボールをつくればよい。

★ワンポイントアドバイス★

実験問題を中心にしっかりと問題文を読んで理解した上で解答する必要がある問題が多いので，やや複雑な条件などが与えられている問題など，いろいろな問題に取り組んで読解力や思考力を養っていこう。

＜社会解答＞《学校からの正答の発表はありません。》

【1】 問1　1　火砕流　　2　やませ　　問2　Ⅰ　ウ　　Ⅱ　ウ　　問3　イ　　問4　ウ
問5　リアス海岸　　問6　Ⅰ　ア　　Ⅱ　ウ　　問7　(資料1)　オ　　(資料2)　ア
(資料3)　エ　　問8　長良川　　問9　a　(例)　急激に増えた後，急速に減っている
b　(例)　森林の木が切られ，地表がコンクリートやアスファルトでおおわれた
問10　イ　　問11　Ⅰ　1923(年)9(月)1(日)　　Ⅱ　ウ

【2】 問1　ウ　　問2　ア　　問3　(天皇名)　聖武(天皇)　　(目的)　(例)　仏教の力で自然災害や伝染病などの社会不安から国を守ろうとした。　問4　蝦夷　　問5　厳島神社

問6　1185　　問7　イ→エ→ア→ウ　　問8　イ　　問9　ウ　　問10　ア
問11　ア・エ　　問12　(名称)　下田　　(位置)　ウ　　問13　エ　　問14　Ⅰ　エ
Ⅱ　(例)　太平洋戦争中で軍需工場や国民の被害などの国内の情報が連合国側に知られることを恐れた軍部が情報に対する統制を行ったから。　問15　ア

【3】　問1　ア　　問2　Ⅰ　リコール　　Ⅱ　国庫支出金　　問3　イ　　問4　ウ
問5　防衛省　　問6　Ⅰ　(問題点)　(例)　日本語がよく理解できないので，必要な情報が十分に伝わらない。　(解決策)　(例)　積極的に声をかけ，身ぶりや手ぶりも交えて，情報を伝えるようにする。　Ⅱ　(問題点)　(例)　赤ちゃんに必要な物が不足しないかや周囲の人の迷惑にならないか不安がある。　(解決策)　(例)　必要な物や避難所の設置方法について国や自治体に要望する。

○推定配点○
【1】　問9　各4点×2　　問10・問11　各2点×3　　他　各2点×13
【2】　問3(目的)・問14Ⅱ　各4点×2　　他　各2点×16(問7，問11各完答)
【3】　問6　各4点×2　　他　各2点×6　　計100点

＜社会解説＞

【1】（日本の地理－災害に関する問題）

問1　1　火砕流は火山の噴火などで高温の火山弾，火山灰，火山ガスが高速で山の斜面を流れ下る現象である。雲仙普賢岳の噴火では，1991年に発生した火砕流で40人以上の死者・行方不明を出した。　2「やませ」は，夏に東北地方の太平洋側に吹く冷たく湿った北東の風のことである。この風が長期間吹くと，気温が上がらずに日照時間も短くなるため，農作物に被害を与える冷害となることがある。

問2　Ⅰ　日本の国土の地形の中で山地と丘陵地が占める割合は約7割とされるので，およそ65%(ウ)となる。　Ⅱ　気象庁の予報用語では「1日の最高気温が35度以上の日」を，「1日の最高気温が30度以上の日」の真夏日(エ)よりさらに暑い日であることを示す猛暑日(酷暑日)としている。この用語は1990年代初めからマスコミなどで使用され，2007年4月以降に気象庁が「猛暑日」を正式な予報用語とした。なお，アの熱帯夜は夕方から翌日の朝までの最低気温が25度以上の日，イの夏日は1日の最高気温が25度以上の日である。

基本　問3　環太平洋造山帯は，太平洋の周囲を取り巻く火山帯である。この火山帯は南アメリカ大陸の南端から北アメリカ大陸(アメリカ合衆国，ウ)を経て，ベーリング海峡，日本列島，フィリピン諸島(フィリピン，ア)，大スンダ列島，ニューギニア島からニュージーランド(エ)へとつながっている。したがって，環太平洋造山帯に含まれない国は，アフリカ大陸にある南アフリカ共和国(イ)である。

問4　【X】県には桜島があることから，【X】県は鹿児島県である。他方，家畜の都道府県別頭数(2022年2月)の中で豚の飼育頭数は鹿児島・宮崎・北海道・群馬・千葉の順になっており，鹿児島県は全国1位となっている。したがって，表中で鹿児島県を示しているのは，ぶた肉の生産量が最も多い表中のウである。なお，表中のアは福岡県，イは佐賀県，エは熊本県である。

基本　問5　リアス海岸は起伏の大きい山地が水面下に沈むか，あるいは海面が上昇することで形成されたもので，入江と岬が複雑に入り組んだ海岸地形のことである。日本では，岩手県から宮城県の三陸海岸南部，福井県の若狭湾，三重県の志摩半島などがその代表的なものである。

重要　問6　Ⅰ　(a)　日本では2011年の東日本大震災による福島第一原子力発電所事故によって脱原発の

動きが加速し，発電電力量の電源構成の中で原子力発電の割合を減らすようにしてきた。したがって，2022年度の日本の発電電力量の電源構成の状況を示したものは，「原子力」の割合が少ないグラフX，2010年の電源構成の割合がグラフYである。　(b)　カーボンニュートラル(炭素中立)とは，製造業における環境問題に対する活動の用語の1つである。その内容は人間の一連の活動において，排出される二酸化炭素の量と吸収される二酸化炭素の量を同じにすることで全体として二酸化炭素の排出量を実質ゼロにし，温室効果ガスの排出をできるだけ抑えることで地球温暖化を防ごうとすることである。なお，バイオエタノールは，とうもろこしやさとうきびなどの植物を原料としてつくられるアルコール燃料のことである。　Ⅱ　X　この文は，誤っている。円とドルの交換比率(為替レート)が1ドル80円から1ドル100円に変化するようなことを円安という。円安は日本の通貨である円の価値が下がり，他の通貨の価値が上がることを意味する。そのため日本の製品や商品の価格は他国の製品に比べて安くなり，外国人旅行客が日本を訪問しやすくなったり，輸入製品の価格が上がったりする。したがって，円安になると輸入製品の価格が下がるのではなく上がり，国内の物価下落ではなく物価上昇につながる。　Y　この文は正しい。円高とは，外国の通貨に対して，日本の円の価値が上がることである。したがって，為替レートが1ドル＝150円から1ドル＝100円に変化した場合，円高になったといえる。

問7　(資料1)　この国立公園には世界最大のカルデラがあることから，九州にある阿蘇くじゅう国立公園(地図中オ)である。阿蘇くじゅう国立公園は熊本県と大分県にまたがり，1934年に国立公園に指定され，1986年までは阿蘇国立公園と呼ばれていた。　(資料2)　この国立公園には日本で最も透明度の高い湖や国の特別天然記念物に指定されたマリモが生息する湖も見られるので，北海道にある阿寒摩周国立公園(地図中ア)である。阿寒摩周国立公園は2017年に阿寒国立公園からの名称変更に伴って，摩周湖や神の子池周辺まで区域に広がり，総面積が約9万1000ヘクタールになった。　(資料3)　この国立公園には世界遺産にも指定された火山，火山のふもとに5つの湖，広大な原生林である樹海があることから，関東から東海地方にある富士箱根伊豆国立公園(地図中エ)である。富士箱根伊豆国立公園は，神奈川県，東京都，山梨県，静岡県にまたがっている。なお，地図中イは十和田八幡平国立公園，ウは磐梯朝日国立公園である。

問8　木曽三川とは，木曽川，揖斐川，長良川のことである。長良川は岐阜県郡上市の大日ヶ岳に発し，三重県を経て揖斐川と合流し，伊勢湾に注ぐ全長約166kmの河川である。この川は「日本三大清流」の1つとされ，下流の一部は愛知県と岐阜県の県境となっている。

やや難　問9　a　図中の都市化前と都市化後の流量の変化を比べると，都市化前の流量は雨が降っている時もその量はゆるやかに増加しているが，流量のピークは雨が降りやんだ後で，その後はゆるやかに減っていき，全体の流量もあまり多くない。他方，都市化後の流量は，降水量が最も多くなった時からその量が急激に増加し，そのピークも降水量のピーク時とそれほど離れていない。また流量も短時間で非常に多くなり，急速減少している。したがって，流量の変化は「雨の降り方が同じでも都市化後の流量は都市化前に比べて，急激に増えた後，急速に減っていることがわかる。」となる。　b　都市化によって，元は土や植物などで覆われていた場所に建物ができたり，道路などが舗装されたりした。そのことでそれまでの森林であった場所の木が切られ，地表がコンクリートやアスファルトでおおわれたために，雨水が地面に吸収されにくくなり，都市化前よりも雨が降った後の流量が増えたと考えられる。

問10　2021年の東北地方の各県の日本の米の生産量の割合は，青森県2.8％，岩手県3.3％，宮城県4.6％，秋田県6.3％，山形県5.1％，福島県4.2％となっている。これらの各県の割合を合計すると26.3％となり，日本の米の生産量のうちの約4分の1を占めていることになる。　ア　1995年の新食糧法によって，現在は米の自由販売が認められている。　ウ　米を1年間に2回作ることは，二毛作ではなく二期作である。二毛作は，同じ耕地で1年間に2種類の作物を栽培することである。エ　日本は世界有数の米の生産国でも，有数の輸出国でもない。

重要　問11　Ⅰ　関東大震災は，1923年9月1日に関東地方南部で発生したマグニチュード7.9の大地震である。この地震で東京・横浜の大部分が壊滅状態となり，死者・行方不明者は10万人以上に及んだとされる。　Ⅱ　2013年以降に国土地理院が発行した2万5千分の1地図で使用されなくなった地図記号には，工場，桑畑，樹木に囲まれた居住地，採石地がある。他方，表中の「養蚕農家戸数」の「養蚕」とは，桑を栽培し，蚕を飼育して繭をとる農業である。したがって，選択肢中で2013年以降に使用されなくなった地図記号は，桑畑(ウ)である。桑畑の地図記号は，桑の木を横から見た形に由来している。なお，アは老人ホーム，イは果樹園，エは消防署の地図記号。

【2】（日本の歴史一主な災害に関連した問題）

問1　壬申の乱(672年)は，天智天皇の死後にその息子である大友皇子を立てた近江朝廷側と吉野にいた弟の大海人皇子とが皇位をめぐって争った内乱のことである。この内乱は2年余り続いたが，地方豪族や東国の兵の動員に成功した大海人皇子側が最終的に勝利して，673年に天武天皇(位673～686年)として即位した。　ア　唐・新羅の連合軍と戦い，敗北したのは白村江の戦い(663年)で，中大兄皇子の時代である。　イ　藤原不比等に大宝律令(701年)の制定を命じたのは，天武天皇ではなく文武天皇である。　エ　平城京(710年)を造営したのは，天武天皇ではなく元明天皇である。

問2　日本書紀は全30巻の日本最初の公式の歴史書で，720年に完成した。その編纂は舎人親王が中心となって，太安万侶(ウ)などの協力で行われた。日本書紀は，神代から持統天皇までの出来事が年代ごとに記述された。なお，イの稗田阿礼は「帝紀」と「旧辞」を暗唱していた天武天皇に仕えた人物，エの山上憶良は『万葉集』に歌がある貴族・歌人である。

基本　問3　国分寺・国分尼寺の建立の命令を出したのは，聖武天皇(位724～749年)である。聖武天皇は仏教を深く信仰し，仏教によって国家の安定を図ろうとした。そのために各地に国分寺を建てたり，東大寺の大仏を建立したりした。

問4　蝦夷は古代から東北地方に住んでいて，他の地方と言語や習慣が異なっていたので，朝廷に従わなかった人々である。朝廷は蝦夷を従わせようとして，しばしば軍隊を送ったが，これらの人々の激しい抵抗にあった。

基本　問5　厳島神社は，瀬戸内海沿岸の現在の広島県にあたる安芸国の一の宮である。この神社は航海の守護神とされ，平氏の棟梁であった平清盛の崇敬を受けて平氏の氏神のようになった。

問6　壇ノ浦の戦いは，1185年3月に現在の山口県下関市の関門海峡の近くの海域で行われた源氏と平氏の間の最後の戦いである。この戦いでは，源義経が率いる源氏側が平宗盛を総大将とした平氏側を打ち破った。

問7　文章アの「所領を質に入れて流したり，売買したりすることは，今後，一切禁止する。」というのは永仁の徳政令(1297年)，イの朝廷が北条義時の追討を命じたのは承久の乱(1221)時のこと，ウの土民たちがいっせいに蜂起して，「徳政」といって酒屋・土倉・寺院などの高利貸しを破壊したのは正長の土一揆(1428年)のこと，エのモンゴル帝国の皇帝が書を日本国王に差し出したのは，元寇(1274年，1281年)のことである。したがって，これらの文章の内容が起きた時期・出された時期が古いものから順に並び変えると，イ→エ→ア→ウとなる。

問8　天正少年使節は，1582年(天正10年)に九州のキリシタン大名であった大友義鎮・大村純忠・有馬晴信の代理としてイタリアのローマへ派遣された4名の少年を中心とした使節団である。彼らは1585年にローマでローマ教皇に謁見し，1590年(天正18年)に帰国した。しかしその時は，豊臣秀吉のバテレン追放令(1587年)によって，キリスト教の布教は禁止されていた。　ア　織田信長が武田勝頼の騎馬隊を破ったのは，桶狭間の戦い(1560年)ではなく長篠の戦(1575年)である。ウ　豊臣秀吉がバテレン追放令を出して禁止したのは，南蛮貿易ではなくキリスト教の布教である。　エ　種子島にポルトガル人によって鉄砲が伝わったのは，1543年なので天正年間(1573～1592年)ではない。

重要　問9　江戸幕府の5代将軍である徳川綱吉の時代の1695年から，「元禄の改鋳」が行われた。この時期には経済の発展によって貨幣の需要が増えたにもかかわらず，幕府直轄の鉱山からの金銀の産出量は減り，また長崎貿易によって海外への金銀の流出もあり，幕府の貨幣の供給は追いつかなかった。そこで幕府は当時，流通していた慶長小判の金の量を減らし(空らん(a))，貨幣の質を落とした元禄小判を大量に発行することで財政難を乗り越えようとした。しかしその小判の質の悪さのため，物価が上昇(空らん(b))したので，経済の混乱をまねいた。

問10　菱川師宣(1618～1694年)は安房出身の浮世絵師で，木版画による浮世絵を始めて民衆の人気を集めた元禄文化を代表する人物で，代表作は「見返り美人図」である。なお，イの「富岳三十六景」は葛飾北斎(1760～1849年)，ウの「湖畔」は黒田清輝(1866～1924年)，エの「唐獅子図屏風」は狩野永徳(1543～1590年)の作品である。

重要　問11　徳川吉宗は第8代将軍(在1716～1745年)で，享保の改革を行った。この改革では幕府の財政を立て直すために武士に質素・倹約がすすめられ，参勤交代をゆるめる代わりに上げ米の制を定めた。また，新田開発をすすめ，公事方御定書を制定して裁判の基準を定めたり(エ)，目安箱を設置して民衆の意見を聞く(ア)ようにした。　イ　江戸・大阪周辺を幕府の領地にしようとする上知令を出したのは，老中の水野忠邦による天保の改革である。　ウ　農民の離村を禁止し，大名には飢饉に備えて米をたくわえさせたのは，老中の松平定信による寛政の改革である。　オ　湯島に学問所をつくり，朱子学以外の学問を教えることを禁止したのは，老中の松平定信による寛政の改革である。　カ　株仲間の結成をすすめ，商人に特権を与える代わりに，税を納めさせたのは，老中の田沼意次の政治である。

問12　1854年に幕府とペリーの間で日米和親条約が結ばれ，この条約によって下田(地図中ウ)と函館の2港の開港が決められた。なお，地図中アの新潟，イの横浜，エの兵庫はいずれも日米修好通商条約(1858年)で開港が決められた。

問13　シベリア出兵は，ロシア革命の影響が広がることを恐れた日本・アメリカ合衆国・イギリス・フランスが1918年に起こした干渉戦争である。この干渉は，ソ連政府が指導した民衆の抵抗により失敗し，日本以外の3国は1920年までに軍隊を引き上げた。したがって，年表中の空欄⑬の時期の出来事ではない。なお，アの日英通商航海条約は1894年，イの日本海海戦は1905年，ウの韓国に朝鮮総督府を置いたのは1910年のことである。

やや難　問14　Ⅰ　昭和東南海地震が発生した1944年12月7日の「その翌日の3年前」は，1941年12月8日である。この日に日本海軍はハワイの真珠湾攻撃(エ)を行い，また日本陸軍はマレー半島に上陸した。この2つの出来事によって，日本はアメリカ合衆国などの連合国との太平洋戦争を始めた。なお，アの柳条湖事件は1931年9月18日，イの国際連盟からの脱退は1933年3月27日，ウの盧溝橋事件は1937年7月7日のことである。　Ⅱ　【資料1】の昭和東南海地震が発生した時に日本は太平洋戦争(1941～1945年)の最中であり，【資料2】の1941年1月に施行された新聞紙等掲載制限令に基づいて，軍需工場や国民の被害などの国内の情報が連合国側に知られることを恐れた軍部が情報に対する統制を行った。それにより地震の翌日が真珠湾攻撃3周年ということもあり，1944年12月8日の各社の新聞の1面には戦意を高揚させる文章で占められた。そのため地震の情報は3面の最下部のほうにわずか数行で触れられただけで，具体的な被害状況などは一切伝えられなかった。

問15　日本では1953年にテレビの本放送が開始され，民間のテレビ放送会社も開局した。それにより1950年代後半から1960年代前半にかけて「白黒テレビ」が一般家庭に普及していった。しかし1960年にカラーの本放送が始まり，1960年代後半からカラー化が進行すると，1960年代後半からカラーテレビの普及も始まった。それにより「白黒テレビ」の普及は減少し，1972年にはNHKのカラー契約が「白黒テレビ」用の契約を上回った。その後，NHKの白黒テレビ用の放送は1977年まで続いたが，2007年までに「白黒テレビ」用の契約も廃止された。そのようなことから，「白黒テレビ」の普及率の推移を示しているのはグラフのアである。なお，グラフのイは電気洗濯機，ウは電気冷蔵庫，エはカラーテレビの普及率の推移を示したものである。

【3】 (政治一災害対策に関する問題)

基本 問1 日本の国会審議については，日本国憲法第60条1項で「予算は，さきに衆議院に提出しなければならない。」と規定されている。これは予算先議権と呼ばれ，衆議院の優越の1つである。
イ 公聴会を開かなければならないのは予算や重要な歳入についての法案を審議する場合であり，法律案を審議する際に必ず開かなければならないことはない。 ウ 憲法改正の発議は各議院の出席議員の過半数ではなく，各議院の総議員の3分の2以上の賛成が必要である。 エ 内閣総理大臣の不信任決議をおこなうことができるのは，参議院ではなく衆議院である。

問2 Ⅰ 首長や議員の解職請求は「リコール」と呼ばれ，地方自治における住民が持つ直接請求権の1つである。首長や議員に対する場合には有権者の3分の1以上の署名によって選挙管理委員会に請求し，住民投票で過半数の同意が得られれば解職される。 Ⅱ 国庫支出金は国が使い道を指定して，委任した特定の活動を行うために国から地方公共団体に交付された補助金である。

重要 問3 X この文は正しい。日本国憲法の第25条1項には，「すべての国民は，健康で文化的な最低限度の生活を営む権利を有する。」とある。この規定は人間らしい生活を保障した社会権の中の生存権と呼ばれるものであり，国や地方公共団体は国民に対するこのような権利を守る責任がある。 Y この文は誤っている。ストライキは，労働者が自分たちの使用者(雇用側)に対して労働を行わないで抗議する争議行為の一種で，労働基本権の1つである団体行動権である。しかし日本国内の公務員については，公共の福祉の観点から国家公務員法第98条，地方公務員法第37条によって，ストライキが禁止されている。

基本 問4 令和5年(2023年)度の一般会計予算の歳出の主な内訳は，社会保障関係費(ウ)が36.9%，国債費(イ)が25.3%，地方交付税交付金などが16.4%，公共事業関係費(ア)は6.1%，文教および科学振興費(エ)が5.4%，防衛関係費が10.2%である。したがって，歳出において最も大きい項目は，社会保障関係費である。

問5 防衛省は日本の安全を守り，災害などから人々の命や財産を守る国の行政機関で，自衛隊の管理・運営を行っている。防衛省は，2007年に防衛庁から昇格した。

やや難 問6 Ⅰ (問題点) 【イラストA】の説明には「避難してきた外国人」とあり，また図中の会話には「ナンノアナウンスデスカ」や「ヨクワカラナイ」とあることから，この避難所に避難してきた外国人には，放送されている内容が理解できていないことが伺える。したがって，ここでの問題点は「日本語がよく理解できないので，必要な情報が十分に伝わらない」ということになる。(解決策) このように日本語がよく出来ない外国人は避難してきても，避難所での生活に困ることが多い。そのためそのような外国人をみかけたら自ら積極的に声をかけ，身ぶりや手ぶりも交えて，情報を伝えるようにすることが必要となる。 Ⅱ (問題点) 【イラストB】の説明には「避難してきた赤ちゃん連れの親子」とあり，また図中の会話には「困ったわ，夜泣きもあるし」や「オムツ交換も」とあることから，この避難所に避難してきた赤ちゃん連れの親子には，自らのことよりも赤ちゃんについてのさまざまな心配事があることがわかる。したがって，ここでの問題点は「赤ちゃんに必要な物が不足しないかや周囲の人の迷惑にならないか不安がある」ということになる。（解決策） 赤ちゃん連れの親子の心配事を最初から十分に対応できる設備が整っている避難所はなく，また自らの力で解決することも困難な場合も多い。したがって，避難所を運営する立場としては，必要な物や避難所の設置方法について国や自治体に要望して，赤ちゃん連れの親子についても安心して避難所で生活できるような環境を少しでも早く作り出すことができるように努力することが大切である。

★ワンポイントアドバイス★

本年度は例年のような大問1題の総合問題ではなく，地理・歴史・政治の各分野から1題ずつの形式になっている。しかし短文説明問題も含めて問題の傾向に大きな変化はないので，例年どおりにしっかりとした準備をするようにしよう。

＜国語解答＞《学校からの正答の発表はありません。》

【一】 問一 ① 気配 ② 深刻 ③ 圧倒 ④ 団結 ⑤ 警戒 ⑥ 服従
⑦ 微妙 ⑧ 独特 ⑨ 株 ⑩ 責(めるな) ⑪ ちゅうかい
⑫ せいぎょ ⑬ なご(やか) ⑭ おか(し) ⑮ いきどお(り)
問二 ① i カ ii 花 ② i イ ii 水 ③ i ア ii 笛
④ i ウ ii 皮 ⑤ i オ ii 長

【二】 問一 i c ii エ 問二 エ 問三 （例） 開発により不満と貪欲さが刺激され，新しい欲求が作られたから。 問四 （例） ラダックの人びとの快適で安全な自給自足の伝統的な生活が，外部の近代世界の侵入によって醜く，好ましくないものに依存する経済に変わってしまったと思ったから。 問五 ア 問六 ウ 問七 ア

【三】 問一 a ア b エ 問二 イ 問三 人は利のみ 問四 イ 問五 ア
問六 （例） 義を信念としながらも，自分は義というものがない社会にいたので，義の情緒をもつ与次郎大夫に義とは何かを聞きたいという心情。 問七 （例） 与次郎大夫を見捨てて逃げてしまうと自分は利の人間になり，義によっておこした関ケ原の合戦も利のためということになってしまうから。

○推定配点○
【一】 問一 各2点×15 問二 各1点×10
【二】 問一 各4点×2 問三 10点 問四 12点 他 各6点×4
【三】 問一 各4点×2 問六・問七 各12点×2 他 各6点×4 計150点

＜国語解説＞

【一】 （漢字の読み書き，ことわざ・慣用句）

重要 問一 ①は何となく感じられる様子。②は重大な事態までできていること。③はきわだってすぐれた力をもっていること。④は力を合わせ，強く結びつくこと。⑤はあらかじめ注意し，用心すること。⑥は他人の命令や意志に従うこと。⑦は細かく，複雑なさま。⑧は他とは異なり，そのものだけが特別にもっているさま。⑨は株式会社が資金を調達するために発行する株券のこと。⑩の音読みは「セキ」。熟語は「責務」など。⑪は両者の間にはいって，とりついだり，まとめたりすること。⑫は目的どおり動作するように調節すること。⑬の他の訓読みは「やわ(らぐ，らげ

る)」。⑭は危険や困難を覚悟のうえで，あえてすること。⑮は腹を立てて激しく怒ること。

基本 問二 ①は遠くから見るだけで手の届かない存在のたとえであるカの「高嶺の花」が適切。②は突然の出来事や知らせに驚くことのたとえであるイの「寝耳に水」が適切。③は手を尽くして働きかけてもそれに応じようとしないことのたとえであるアの「笛吹けど踊らず」が適切。④は実現すると決まったわけではない物事について期待することのたとえであるウの「捕らぬ狸の皮算用」が適切。⑤はあっても役に立たないものを表すオの「無用の長物」が適切。エの「火のない所に煙は立たぬ」は事実がなければうわさは立たないはずだが，うわさが立つのは，原因となる事実があるはずだということ。

【二】（記録文－要旨・大意・細部の読み取り，接続語，記述力）

基本 問一 i・ii cのみ，直前の内容につけ加える内容が続いているので，iiのエ「そして」が入る。他はいずれも直前の内容とは反する内容が続いているので，逆接の「しかし」や「だが」などが入る。

問二 冒頭の段落で「開発」が世界中の社会で問題を引き起こしてきたこと，「はじめて……」で始まる段落で「『開発』を経験した結果として，金儲けに熱中するようになった」，「こうした……」で始まる段落で「私は『開発』に疑問を抱くようになった」とあるように，「開発」に対して批判的に述べているので，痛烈な非難という意味のエが適切。

問三 ――線部①の説明として「はじめて……」から続く2段落で，ラダックの人びとは「『開発』を経験した結果として，金儲けに熱中するようになっ」て「新しい欲求がつくられ」，「開発は不満と貪欲さを刺激し……経済を破壊」したことを述べているので，これらの内容を①の理由として指定字数以内でまとめる。

やや難 問四 ――線部②は，ラダックの人びとの「自分たちの持っているもので満たされ」，「伝統的に……快適でうらやましいほど安全な生活」が「外部の世界に依存する経済に変わ」ったことの具体例として述べており，「外部の世界」を「近代世界の侵入は醜く，好ましくない」と述べていることを踏まえ，②前後で述べているラダックの人びとの生活の変化を，筆者が②のように感じた理由としてまとめる。

問五 ――線部③は西洋人によるラダックの開発に対するもので，冒頭の段落で「西洋人が……非西洋文化は劣るものだと決めつけ……『開発』が世界中の社会で引き起こしてきた問題を無視している」こと，③後でラダックの「文化や経済システムなどの表徴は，まるで存在していないような扱いを受けてきた」ことを述べているのでアが適切。これらの内容をふまえていない他の選択肢は不適切。

問六 「真鍮の壺が……」から続く2段落で，「近代世界の侵入は……たしかに物質的な利益をもたらし……ラダックの文化の構造的な解体という過程の側面として見るようにな」り，「技術進歩と経済成長を通じて生活水準を引き上げることになったが，生活を……悪くしたことのほうが多いように思える」と述べているので，これらの内容をふまえたウは合っているが，「人々の生活レベルが逆に下がってしまった」とあるエは合わない。アの「ラダックの人々はもともと体制の不平等性への不満……が根づいて」とは述べていない。イの「維持したうえで」も「こうした……」で始まる段落内容と合わない。

重要 問七 本文は，「快適で……安全な生活を実現し」，「完全な形で生きつづけてきた最後の自給経済社会」であるラダックの伝統文化が，「開発」によって変化したことで「開発」に疑問を抱いたことを述べているのでアが適切。これらの内容をふまえ，近代文明の問題点とともにラダックの伝統文化が未来のヒントになることを説明していない他の選択肢は不適切。

【三】（小説－心情・情景・細部の読み取り，空欄補充，ことばの意味，記述力）

基本 問一　aは心がけがしっかりしていて感心なさまという意味でア，bはおそれ多いという意味でエがそれぞれ入る。

問二　冒頭の場面で，老僧は三成が逃げこんできたことを「(災難だと思おう)」とし，「三成がこの寺に逃げこんできたのは，老僧にとって悪運であ」り，「来世こそこのようなことがあってはならない」ため「せめてかれの健康が回復するまでかくまおうと思った」こと，その後，三成を引き受けるという与次郎大夫の申し出に「老僧は，吻とした」ことが描かれているのでイが適切。これらの描写をふまえていない他の選択肢は不適切。

問三　――線部①前で，関ケ原の合戦で，権力社会に義はなく利があるだけであることを知り，その具体的なこととして「人は利のみで動き，利がより多い場合は，豊臣家の恩義を古わらじのように捨てた。」という一文で述べている。

重要 問四　――線部②は，争乱の世に生きた孟子も，権力社会には義の観念や情緒が皆無であり，空論であると気づきながら，「無いものねだり」すなわち，実現できないことを無理に望んでいた，ということなのでイが適切。②前の描写と「無いものねだり」の意味をふまえていない他の選択肢は不適切。

問五　――線部③は，自分は「口では義を唱えながら，実際には……諸侯に利を啖わせ，巨封を約束することによって味方につけようとした」ため，関ヶ原の合戦に勝った後に，潔く義を唱えることができるか「自信がない」ということなのでアが適切。③前の三成の心情をふまえていない他の選択肢は不適切。

問六　――線部④の「それ」は④前で描かれているように，すべてが利で義というものがない社会のことで，三成は義を唱えながらもそのような社会にいたため，義の情緒をもつ与次郎大夫に義とは何かを「問いかけたい」ということを④は表しているので，これらの内容をふまえて三成の心情を説明する。

やや難 問七　――線部⑤直後の「いまここで遁げれば与次郎大夫は処刑されるであろう」は，このまま自分の利だけを考えて逃げれば，かくまって看病してくれた与次郎大夫の義を裏切ることになる，ということである。与次郎大夫を見捨てて逃げてしまうと自分は利の人間になり，義によって戦った関ケ原の合戦も利のためということになってしまうため，三成は⑤のように決意しているということを，設問の指示にしたがって説明する。

★ワンポイントアドバイス★

記録文では，事実について筆者がどのように感じているかをていねいに読み取っていこう。

2次

2024年度

解 答 と 解 説

《2024年度の配点は解答欄に掲載してあります。》

＜算数解答＞《学校からの正答の発表はありません。》

1 (1) $\frac{16}{9}$ (2) 55 (3) $\frac{36}{7}$

2 (1) 775mL (2) 土曜日 (3) 分速85m (4) 95個 (5) 8通り
(6) $\frac{15}{7}$cm^2

3 (1) 12：5 (2) 120：1 (3) 140頭

4 (1) X 240 Y 3 (2) 解説参照 (3) 解説参照

5 (1) 16384cm^2 (2) 3：1 (3) 6回，11：21

○推定配点○

2，5 各8点×10 他 各7点×10 計150点

＜算数解説＞

1 (四則計算)

(1) $\frac{8}{15}\times\frac{7}{2}\times\frac{20}{21}=\frac{16}{9}$

(2) □＝32÷(2.75－1.75)＋23＝55

(3) $\frac{834}{238}+\frac{195}{119}=\frac{612}{119}=\frac{36}{7}$

2 (割合と比，規則性，速さの三公式と比，旅人算，方陣算，場合の数，平面図形，相似)

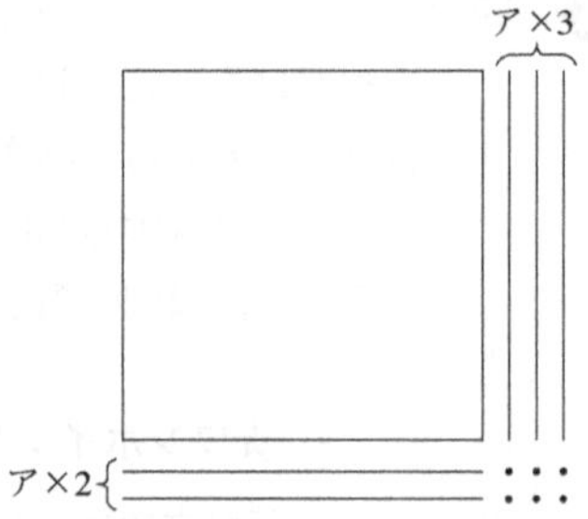

基本 (1) 930÷1.2＝775(mL)

重要 (2) 4月9日(火)から7月20日まで…30－9＋31＋30＋20＝102(日) 102÷7＝14余り4 したがって，求める曜日は土曜日

(3) 散歩コース…80×11×3＝2640(m) 2人の分速の和…2640÷16＝165(m) したがって，求める分速は165－80＝85(m)

(4) 右図…ア×(2＋3)＋2×3＝14＋37＝51より，ア×5＝51－6＝45，ア＝45÷5＝9 したがって，コインは9×9＋14＝95(個)

(5) 同じ目が2回連続するまでサイコロを振るとき…目の合計が7 最後が1・1で終わる場合…1・4・1・1，2・1・2・1・1，2・3・1・1，3・2・1・1，5・1・1 最後が2・2で終わる場合…2・1・2・2，3・2・2 最後が3・3で終わる場合…1・3・3 したがって，全部で5＋2＋1＝8(通り)

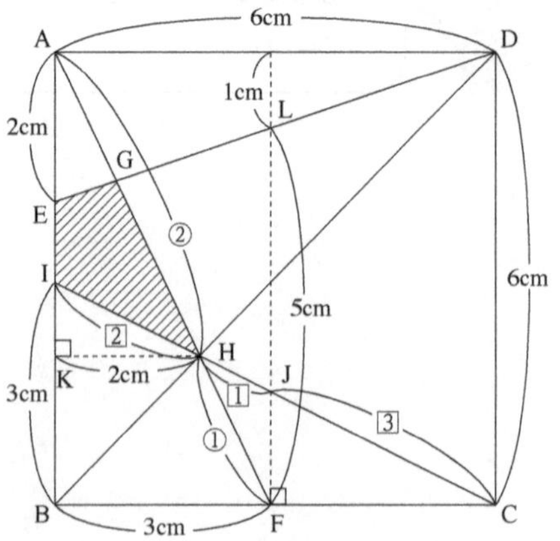

やや難 (6) 三角形AHDとFHB…右図より，相似比は6：3＝2：1 三角形AIHとFJH…相似比は2：1 IH：

HC…2：(1＋2＋1)＝1：2　三角形IBHとCDH…相似比は1：2　KH…3÷(2＋1)×2＝2(cm)　三角形AEGとFLG…相似比は2：5　三角形AEGの面積…$6\times3\div2\times\frac{2}{6}\times\frac{2}{7}=\frac{6}{7}$(cm^2)　三角形AIHの面積…3×2÷2＝3(cm^2)　したがって，求める面積は$3-\frac{6}{7}=\frac{15}{7}$(cm^2)

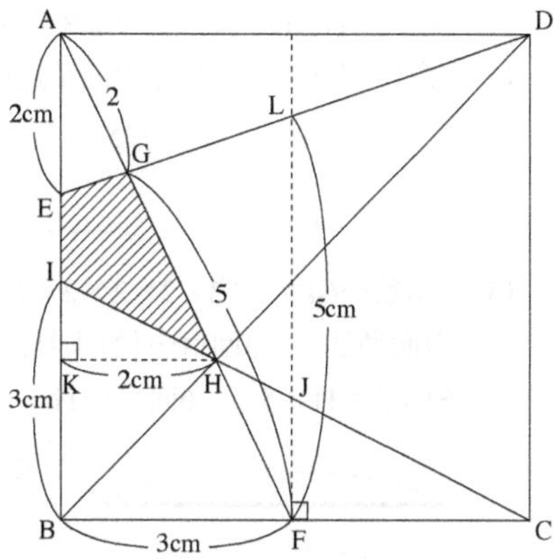

重要 **3 (割合と比，ニュートン算，消去算，鶴亀算)**

牛1頭が1日で牧草を食べる量…36kg　羊1頭が1日で牧草を食べる量…(36＋9)÷3＝15(kg)　最初の牧草の量…□　牧草が1日で伸びる量…△　□＋△×15＝(36×100＋15×120)×15＝81000　ーア　□＋△×10＝(36×150＋15×160)×10＝78000　ーイ

(1)　36：15＝12：5

(2)　アーイ…△×5＝81000－78000＝3000より，△＝3000÷5＝600　□…イより，78000－600×10＝72000　したがって，求める比は72000：600＝120：1

(3)　1日で牧草が減る量…(2)より，72000÷15＝4800　合計164頭の牛・羊が1日で牧草を食べる量…4800＋600＝5400　したがって，牛の頭数は(5400－15×164)÷(36－15)＝140(頭)

4 (平面図形)

(1)　図1　X…180＋60＝240(度)　Y…直角三角形BDCより，CDは3cm

(2)　プログラムⅢの図形…図2

図1

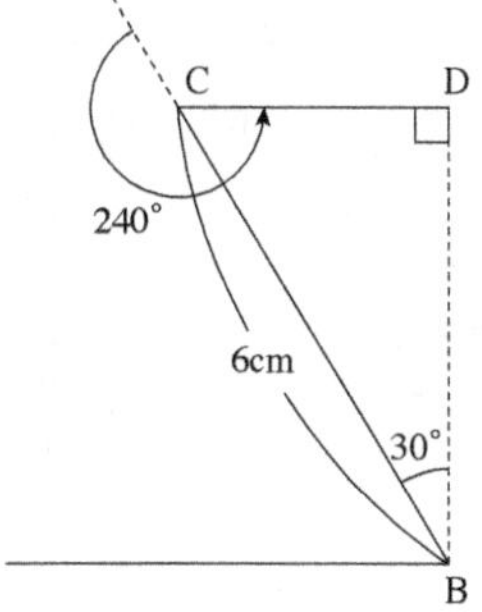

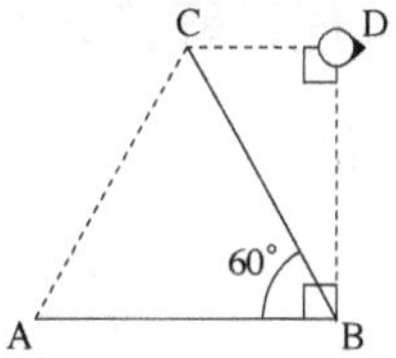

プログラムⅡの実行結果

進：6cm
回：120度
進：6cm
回：X度
進：Ycm

プログラムⅡ

図2

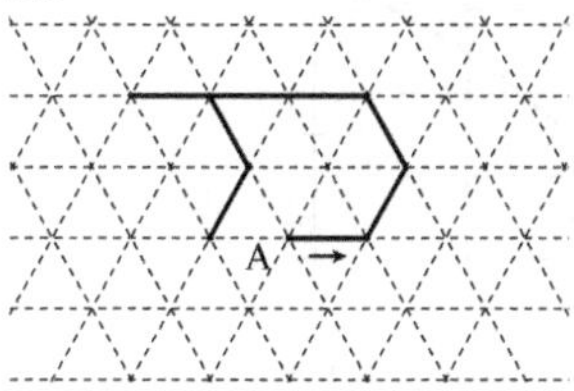

く：3回
進：1cm
回：60度
進：3cm
回：180度
く：3回
進：1cm
回：300度

プログラムⅢ

(3)　図3　正9角形の1つの外角…360÷9＝40(度)　回…40＋40÷2×2＝80(度)　進…5cm　く…9回　したがって，プログラムは右のようになる

く：9回
進：5cm
回：80度

図3

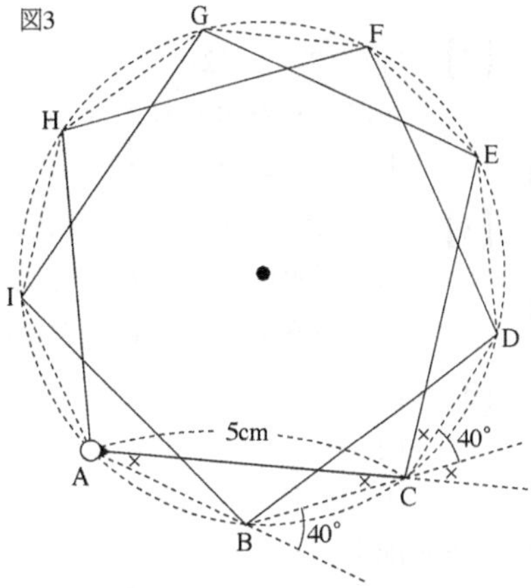

5 (平面図形，規則性，数の性質)

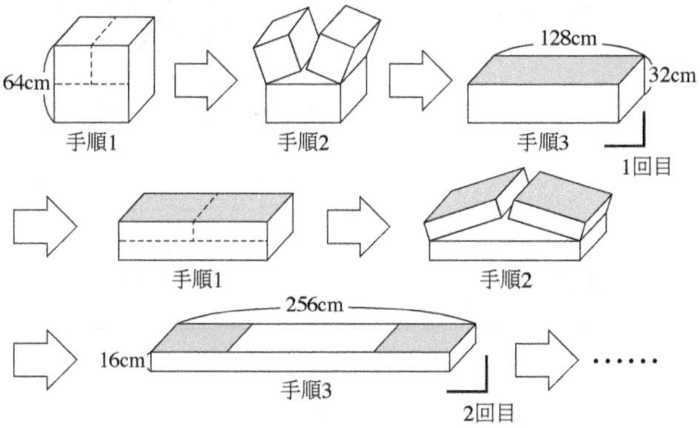

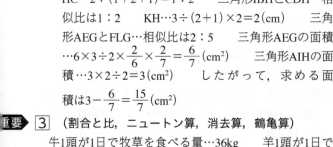

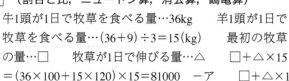

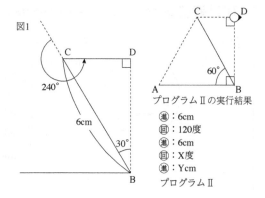

図1
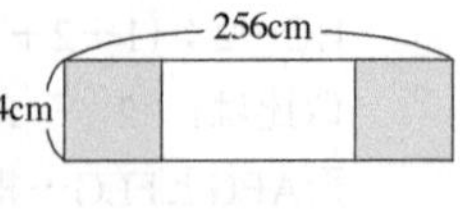

(1)　図1…64×64×2×2＝16384(cm^2)

(2)　白い部分と黒い部分の面積比…図2より，6：2＝3：1

図2
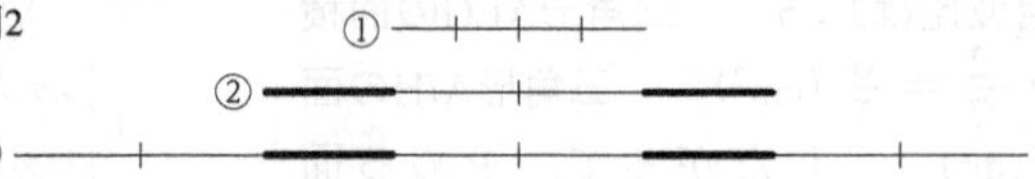

(3)　回数…64＝2×2×2×2×2×2より，作業を6回行うと高さが1cmになる　白い部分と黒い部分の面積比　3回目…(2)より，3：1　4回目…下図より，3：(4＋1)＝3：5　5回目…(3＋3＋5)：5＝11：5　6回目…11：(5＋11＋5)＝11：21

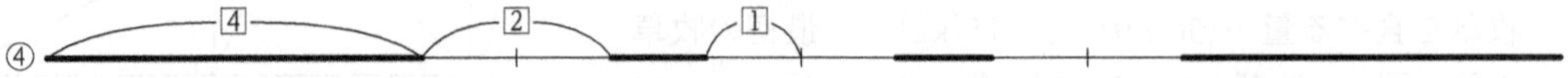

★ワンポイントアドバイス★

2(6)「平面図形と相似」の問題は簡単ではないが，解けるレベルの問題でもある。4「機器とプログラム」，5「立方体と切り開く作業」も問題説明の部分が長いが，的確に内容をつかんで取り組めば，それほど難しくはない。

＜理科解答＞《学校からの正答の発表はありません。》

【1】　(1)　反射鏡　(2)　イ，ウ，カ　(3)　オ→ウ→イ→ア→エ　(4)　ゾウリムシ

(5)
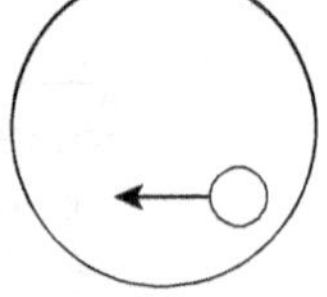

(6)　①
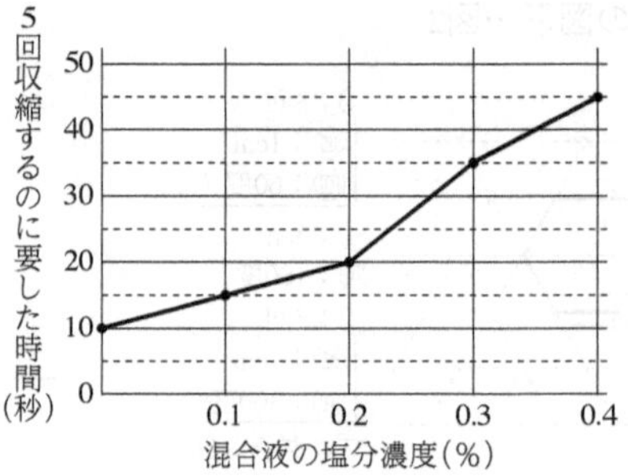

②　イ

【2】　(1)　エ　(2)　イ，カ　(3)　(例)　浮沈子の中の空気がおしちぢめられて浮沈子の体積が減り，浮力の大きさが小さくなるから。(4)　①　$\frac{13}{12}\left[1\frac{1}{12}\right]$($g/cm^3$)　②　40(g)

【3】　(1)　エ　(2)　イ　(3)　イ　(4)　152(m)

(5)　(例)　月が公転する面が地球が公転する面に対して傾いているから。　(6)　36800(km)

【4】　(1)　①　B　②　エ

(2)　①　エ　②　4.5(g)　③　右図

④　3.6(L)　⑤　7.5(g)

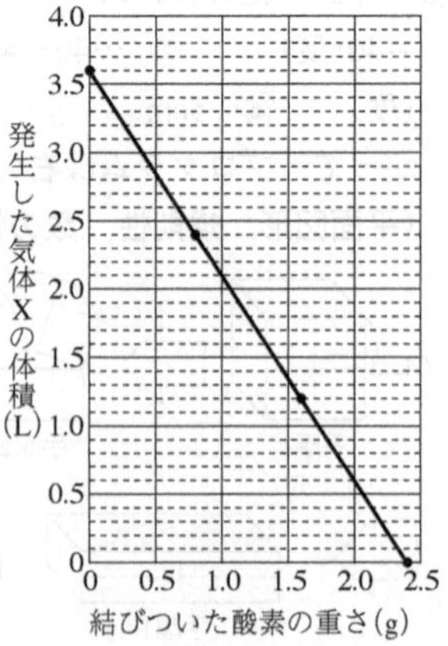

○推定配点○

各4点×25(【1】(2)・(3)，【2】(2)各完答)　計100点

＜理科解説＞

【1】 (生物総合―顕微鏡，プランクトン)

基本 (1) 図1の顕微鏡のXを反射鏡といい，角度を変えることで視野の明るさを変えることができる。

重要 (2) イ…顕微鏡は直射日光のあたらない明るい場所で使う。 ウ…最初に，視野の広い低倍率のレンズから使用する。 カ…対物レンズを高倍率のものに変えると，視野はせまく，暗くなる。

重要 (3) 顕微鏡を用いて観察を行うとき，はじめに接眼レンズ→対物レンズの順にレンズを取りつけ，プレパラートをのせる前に反射鏡を調整して視野を明るくする。次にプレパラートをステージにのせてクリップで押さえ，それから観察するものを中央に移動させる。その後，横から見ながらプレパラートと対物レンズをできるだけ近づけてから，接眼レンズをのぞいてピントを合わせる。

(4) 図2のプランクトンはゾウリムシで，動物プランクトンの一種である。

重要 (5) 図1の顕微鏡では上下左右が逆向きに見えるので，図3のように，視野の左上から右向きに動いて見えるとき，実際には右下の位置から左向きに移動していることになる。

(6) ① 培養液には食塩はふくまれていないので，食塩水10mLに培養液10mLを加えると，混合液の塩分濃度はもとの食塩水の塩分濃度の半分になる。よって，混合液の塩分濃度と5回収縮するのに要した時間の関係は次の表のようになる。

混合液の塩分濃度(%)	0	0.1	0.2	0.3	0.4
5回収縮するのに要した時間(秒)	10	15	20	35	45

② ①の折れ線グラフから，塩分濃度が大きくなると5回収縮するのに要する時間が長くなることがわかる。一定回数収縮するのに要する時間が長くなるということは，一定時間で収縮する回数は少なくなるということである。

【2】 (浮力と密度―浮沈子)

基本 (1) 浮力は上向きにはたらくため，液体中に沈めた物の重さをばねばかりではかると，空気中ではかったときと比べてばねばかりの目盛りは小さくなる。

重要 (2) 水がこおって氷になると，重さは変わらないが体積が少しふえる。氷がとけて水になると，こおる前の水の体積にもどるため，水面の高さは変わらない。

やや難 (3) 「ペットボトルに力を加えたとき，浮沈子がわずかに変形し，浮沈子内の水面が上がっていました」とあることから，ペットボトルに力を加えると，浮沈子内の空気がおしちぢめられて水面が上がり，その結果浮沈子の体積が減ったと考えられる。浮沈子の体積が減ると浮力の大きさが小さくなるので，浮沈子はだんだんと沈みこむ。

重要 (4) ① 物体の体積12cm^3，重さ13gより，1cm^3あたりの重さである密度は$13(g)\div12(cm^3)=\frac{13}{12}$$(g/cm^3)$ ② 水の重さは480gで，食塩を水にとかしても液体の体積は変わらないので，液体の体積は水480gのときの体積と同じ480cm^3となる。液体の密度のほうが物体の密度より大きくなると物体は浮かぶので，液体480cm^3のときの重さが$\frac{13}{12}(g/cm^3)\times480(cm^3)=520(g)$より重くなると物体は浮く。液体520gのうち480gは水の重さなので，水にとかす食塩の重さは520－480＝40(g)より重いことになる。

【3】 (地球と太陽・月―日食・月食)

基本 (1) 日食は，地球－月－太陽の順に一直線にならび，太陽が月にかくされて見えなくなる現象である。月食は，太陽－地球－月の順に一直線にならび，月が地球の影に入って見えなくなる現象である。

(2) 日食によって地球にできるのは月の影で，月は地球よりも小さく球形をしているので，地球

上には地球よりも小さな円形の影ができる。

(3) 日食のとき月は地球から見て太陽と同じ側にあり，月食のとき月は地球から見て太陽と反対側にある。月は地球のまわりを約1か月で1周するので，太陽と同じ側から太陽と反対側へと半周するのにかかる日数は半月，つまり約14日である，

重要 (4) 地球から見て，太陽と月が同じ大きさに見えることから，太陽と月の地球からの距離の比と，太陽と月の直径の比は等しいことがわかる。太陽の模型を自分から$x$cm離れたところに置いたとすると，3.5mm＝0.35cmだから，x(cm)：38(cm)＝140(cm)：0.35(cm)　x＝15200(cm)＝152(m)

(5) 月が地球のまわりを公転するときの公転面と，地球が太陽のまわりを公転するときの公転面が一致していると，太陽－月－地球の順のときはつねに一直線になって日食が起こり，太陽－地球－月の順のときはつねに一直線になって月食が起こる。しかし，月の公転面は地球の公転面に対して傾いているため，新月のときにつねに日食になるわけでなく，満月のときにつねに月食になるわけではない。

(6) 24(時間)＝60(分)×24＝60(秒)×60×24＝86400(秒)なので，秒速3kmで飛行する人工衛星は，24時間で3(km/秒)×86400(秒)＝259200(km)移動する。人工衛星が動く円の半径をxkmとすると，円周の長さと24時間で人工衛星が移動する長さは同じなので，x(km)×2×3＝259200(km)　x＝43200(km)となる。地球の半径が6400kmの場合，高度は43200－6400＝36800(km)となる。

【4】(燃焼―ろうそくの燃え方，アルミニウムの燃焼)

重要 (1) 図のAを外炎，Bを内炎，Cを炎心といい，この中でもっとも明るいのはBの内炎の部分である。内炎は外炎に比べて空気とふれにくいため酸素が十分ではなく，ろうが燃え切れないことで発生したすすが熱せられているため明るく見える。

(2) ① アルミニウムと塩酸が反応して発生する気体Xは水素である。水素は水にとけにくいため水上置換法で集める。また空気中で火をつけると音を立てて燃え，水ができる。石灰水に通すと白くにごるのは二酸化炭素の性質である。 重要 ② 燃やした後の物質に塩酸を加えても気体Xが発生しなかったことから，アルミニウムはすべて反応したことがわかる。1班の結果から，十分に燃やしてアルミニウム3.6gがすべて反応すると6.8gになることから，燃やす前のアルミニウムの重さを□gとすると，3.6(g)：6.8(g)＝□(g)：8.5(g)　□＝4.5(g)　やや難 ③ 燃やす前後の重さの差がアルミニウムと結びついた酸素の重さを示しているので，2～4班の結果から，アルミニウム2.7gと結びついた酸素の重さと発生した気体Xの体積の関係は次の表のようになる。

	2班	3班	4班
結びついた酸素の重さ(g)	2.4	1.6	0.8
発生した気体Xの体積(L)	0	1.2	2.4

また，結びついた酸素の重さが0.8g少なくなると，発生する気体は1.2L多くなることから，結びついた酸素0gのときに発生する気体Xの体積は3.6Lと考えられる。 ④ アルミニウム2.7gが酸素と結びついていないときのことを考えればよいので，③のグラフより，3.6Lとわかる。

やや難 ⑤ ④より，アルミニウム2.7gが塩酸と反応すると気体Xが3.6L発生することから，□gのアルミニウムが塩酸と反応して気体Xが3.2L発生したとすると2.7(g)：3.6(L)＝□(g)：3.2(L)　□＝2.4(g)とわかる。よって，5.1gのアルミニウムのうち，2.4gが燃えず，5.1－2.4＝2.7(g)のアルミニウムが酸素と結びついたとわかる。2班の結果より，2.7gのアルミニウムがすべて燃えると5.1gになることから，燃やした後の物質の重さは，未反応のアルミニウム2.4gと酸素と結びついてでき

た物質5.1gの和となり，2.4＋5.1＝7.5(g)

★ワンポイントアドバイス★

語句や計算問題ばかりではなく，現象について文章で記述して説明する問題も出題されるので，現象についての正しい知識や理解だけでなく，言葉を使ってそれらを表現できるように練習しておこう。

＜社会解答＞《学校からの正答の発表はありません。》

【1】 問1 Ⅰ ウ Ⅱ オ 問2 Ⅰ エ Ⅱ (記号) エ (正しい語句) 御成敗式目
問3 Ⅰ 学制 Ⅱ a 天明 b 異国船打払令 c 浦賀 d 朝鮮
e イラク 問4 Ⅰ イ・エ Ⅱ ア Ⅲ イ 問5 a イ b エ c ア

【2】 問1 Ⅰ ウ Ⅱ イ Ⅲ a ウ b オ Ⅳ a 近郊 b (例) 大消費地である東京の近くにある 問2 (例) 南半球は日本と季節が逆になるので，日本の冬から春の時期に収穫することができる。 問3 a イ b エ 問4 Ⅰ (例) 畜舎内の換気と牛やにわとりの体への送風で体感温度を下げる。 Ⅱ (例) [問題点がある場合] 換気や送風を行う時に電気装置や発電機などを使用すると，電気や化石燃料の使用量が増加し，気候変動の原因を増やしてしまう。 [問題点がない場合] 換気や送風を行う時に電気装置などを使わず，自然の風などを利用すれば電気や化石燃料の使用量を増やすことはないので，気候変動の原因にはならない。

【3】 問1 Ⅰ 150 Ⅱ ア・エ 問2 Ⅰ 国土交通 Ⅱ ア Ⅲ 労働基準法
問3 Ⅰ 男女共同参画社会基本法 Ⅱ ア 問4 ウ 問5 Ⅰ 持ちこませない
Ⅱ ウ 問6 a 違憲立法審査権 b 最高裁判所 c 弾劾 d 裁判員

○推定配点○

【1】 各2点×17(問4Ⅰ完答) 【2】 問1Ⅰ～Ⅳa・問3 各2点×7 他 各6点×4
【3】 各2点×14(問1Ⅱ完答) 計100点

＜社会解説＞

【1】 (日本の歴史―「120」に関連した問題)

問1 Ⅰ 図の長柄桜山古墳群の1号古墳は，前方後円墳である。前方後円墳は円形と方形を組み合わせた形をしている古墳で，日本列島で3世紀半ばから7世紀初めにかけて築造された。この形の古墳が多い地域は大仙古墳などの規模の大きな古墳が含まれる百舌鳥・古市古墳群がある大阪府(地図中ウ)である。なお，地図中アは津軽平野，イは仙台湾，エは鹿児島湾である。 Ⅱ 文章aの邪馬台国の卑弥呼が中国に使いを送り，中国(魏)の皇帝から金印や鏡を与えられたのは239年，bの埼玉県・熊本県から鉄剣・鉄刀が出土して大和朝廷の支配が九州から関東地方まで及んでいたことがわかるのは5世紀，cの倭の奴国の王が中国に使いを送り，中国(後漢)の皇帝から金印を与えられたのは57年のことである。したがって，これらの文章を古いものから順に正しく並べると，c→a→bとなる。

問2 Ⅰ aの保元の乱が起こったのは1156年，bの平将門の乱が起こったのは939年，cの前九年合戦と後三年合戦が起こったのは1051～1062年，1083～1087年のことである。したがって，これらのできごとを古いものから順に正しく並べると，b→c→aとなる。　Ⅱ　1232年に3代執権・北条泰時が裁判の基準として定めたのは，武家諸法度ではなく御成敗式目である。この法律は源頼朝以来の幕府の先例や武士のならわしをもとにしてつくられた，御家人の間での土地争いなどの裁判の際の基準を定めた最初の武家法である。しかし当時，御成敗式目が通用したのは武家社会だけであり，朝廷の支配権が強い地域や荘園などで効力はなかった。なお，武家諸法度は1615年に江戸幕府の第2代将軍・徳川秀忠の名で出されたのが最初で，その後は将軍が代わるごとに必要に応じて発布された。

重要　問3　Ⅰ　学制は1872年に出された，近代的な学校制度の基本を定めた法令である。この制度はフランスの教育制度にならって大学区・中学区・小学区を設けて，満6歳以上の男女に小学校教育を受けさせることを国民の義務とした。　Ⅱ　a　天明の大飢饉は1782～1787年に起こった江戸時代の三大飢きんの1つである。この大飢饉は冷夏，長雨，浅間山の噴火などを原因として，東北地方や関東地方で多くの餓死者を出し，米価の高騰や打ちこわしが各地で発生した。　b　異国船打払令は，1825年に幕府が出したオランダ船と中国船以外の外国船を撃退することを命じた法令である。しかしアヘン戦争で中国側が敗北すると，幕府は1842年に外国船に薪水・食料の補給を許す薪水給与令を出した。　c　1853年7月8日にアメリカ東インド艦隊司令長官であるペリーは4隻の軍艦を率いて浦賀に来航し，幕府に開国を求めた。翌年，幕府は日米和親条約を結んだ。　d　朝鮮戦争は，1950年に朝鮮民主主義人民共和国(北朝鮮)が大韓民国(韓国)に侵攻して始まった戦争である。アメリカ軍を中心とする国連軍が韓国を，中華人民共和国の人民義勇軍が北朝鮮を支援した。この戦争は1953年に休戦協定が結ばれて休戦したが，現在も休戦状態が続いている。　e　イラク戦争は，2003年にイラクが大量破壊兵器を持っているとしてアメリカ軍とイギリス軍がイラクを攻撃し，フセイン政権を倒した戦争である。

問4　Ⅰ　イ　三国干渉は，1895年にロシア，ドイツ，フランスの三国が日本に対して，下関条約で獲得した遼東半島を清に返すように要求したことである。三国の軍事力を恐れた日本は，賠償金の増額を条件に要求を受け入れた。　エ　義和団事件は1899年に山東省で義和団が，列強の中国進出に対して「扶清滅洋」をスローガンに掲げて外国人排斥運動を起こした。この運動は中国北部に拡大し，1900年に義和団が北京の外国公使館を包囲し，攻撃した。これに乗じて清も各国に宣戦布告したが，日本やロシアを中心とする8か国の連合軍に鎮圧された。　ア　甲午農民戦争は民間宗教を信仰する農民が，日本などの外国勢力の排除を求めたのではなく，重税や役人の不正に反対して起こした反乱である。　ウ　伊藤博文が各国で憲法を調査したのは1882～1883年，憲法草案を作成したのは1884～1889年であり，いずれも日清戦争(1894～1895年)の終わった後ではなく，日清戦争前のことである。　Ⅱ　日露戦争はポーツマス条約が結ばれたことで終結したが，この条約で日本は賠償金約3億1000万円を得たのではなく，ロシアから賠償金を全く得ることができなかった。この戦争では国民は日清戦争と比べて死者数で約6倍，戦費でも約8倍の負担をしたにも関わらず，賠償金を全く得ることができなかったという結果は国民にとって予想外に厳しいものであった。そのためそのことに不満を持った人々の一部が1905年9月に東京の日比谷で行われた講和反対国民大会で暴徒化し，警察署や政府系の新聞社を焼き打ちにした日比谷焼き打ち事件を起こした。　Ⅲ　日清戦争は1894～1895年，日露戦争は1904～1905年である。他方，八幡製鉄所は日清戦争後の軍備拡張のため，軍需工業の中心となる鉄の自給をめざした政府が，日清戦争の賠償金の一部を用いて福岡県につくった官営の製鉄所である。この製鉄所は，地元の石炭と中国から輸入される鉄鉱石を原料として，1901年に創業を開始した。なお，アの岩倉使節団を欧米に派遣したのは1871年，ウのノルマントン号事件が起こったのは1886年で日清戦争前，エのシベリア出兵が行われたのは1918年で日露戦争後のことである。

基本 問5　aの三・一独立運動が起こったのは1919年なので年表中のイ，bの満州国の建国は1932年なので年表中のエ，cの朝鮮総督府の設置は1910年なので年表中のアの時期に起こった出来事である。

【2】（日本の地理―「120」に関する問題）

重要 問1　Ⅰ　地図中の地点③は，鹿島臨海工業地域である。この工業地域には鹿島灘の砂丘海岸に掘り込み式の人工港があるが，豊富な水と森林資源を背景に製紙業が盛んなのではなく，造成された工業用地に大規模な製鉄所や石油化学コンビナートが建設され，重化学工業が盛んである。

Ⅱ　地図中のbの軽井沢は本州の内陸部にあるので，その気候は内陸性の気候である。内陸性の気候は年間を通じて降水量が少なく，夏と冬で気温差が大きい特色を示すので，その特色を示す雨温図はイとなる。なお，aの新潟は日本海側の気候なので雨温図はウ，cの横浜は太平洋側の気候なので雨温図はアとなる。　Ⅲ　a　京葉工業地域は千葉県の東京湾東岸に形成され，1960年代以降に遠浅の海岸を埋め立てて工業用地が造成された。そこに製鉄所や石油化学コンビナートが形成され，重化学工業が発展した。この工業地域は他の工業地帯・地域と比べて，製造品出荷額等に占める化学工業の割合が高いことが特色である。　b　関東内陸工業地域は茨城・栃木・群馬の各県の北関東の内陸部の他，太平洋ベルトに重なる南関東の埼玉・千葉・東京・神奈川の各都県の内陸部にも広がっている。これらの地域の中にはかつて広大な養蚕地帯を背景に製糸業や絹織物業が盛んであったとこともあったが，1970年代以降に高速道路沿いに工業団地が多く建設された。そのため京浜工業地帯などから自動車や電気機械などの組み立て工場が移転し，機械工業を中心に発展し，特に現在では自動車や電気機器などの製造が盛んになっている。なお，アは瀬戸内工業地域，イは北陸工業地域，エは東海工業地域の説明である。　Ⅳ　a　近郊農業とは，都市の周辺地域において都市の消費者向けに野菜・果物・草花などの作物を生産する農業のことである。大消費地に近いことを生かして野菜などの新鮮な作物を大量に栽培して出荷することや，せまい土地を有効利用するさまざまな工夫がなされている。　b　近郊農業は，大消費地に近いことを生かして行われている。そのため「飲用牛乳等生産量」を示す表中の神奈川・茨城・栃木・千葉の4県はいずれも大消費地である東京の近くにあり，近郊農業を行うには非常によい条件に恵まれた位置にあることがわかる。

重要 問2　カボチャは一般に6月～10月にかけて収穫されるので，東京には夏から秋にかけて入荷し，北海道からの入荷は9月から10月に多くなっていることがグラフから確認できる。他方，ニュージーランドは南半球に位置しているので，北半球にある日本とは季節が逆になる。そのため日本で冬から春にあたる時期がニュージーランドは夏から秋となるので，カボチャの生産は可能になり，東京で3月，4月にニュージーランド産のカボチャを多く取り扱われることになる。

問3　現在の自動車生産台数の順位は，第1位が中国(グラフ中のエ)，第2位がアメリカ合衆国(グラフ中のア)，第3位が日本(グラフ中のイ)である。　a　日本の自動車生産台数は1980年代から1990年代前半には世界一となっていたが，その後はアメリカ合衆国の生産回復や中国の急速な成長などにより，現在では中国，アメリカ合衆国に次いで，世界3位となっている。　b　中国は2009年以降，自動車生産台数で世界一である。その理由は中国では国民の収入が増えたことで自動車の需要が増え，また先進国のメーカーが中国に製造拠点を設けたことによる生産台数の増加，さらに現地メーカーによる生産も拡大したことなどがある。なお，グラフ中のウはドイツ，オは韓国，カはインドの生産台数の推移を示したものでる。

やや難 問4　Ⅰ　気候変動の「適応」とは「すでに起こっている気候変動の影響をできるだけ避けたり弱めたりすること」である。他方，畜産物に対する夏の暑さの影響は，乳牛は暑さに弱く牛乳の生産量が減少したり，産卵用のにわとりは気温が27℃を越えると産卵率が低下することである。そのため暑さによって牛乳や卵の生産量が減らないようにするための「適応」策は，畜舎内の換気と牛やにわとりの体への送風によって乳牛には適温の5～20℃，にわとりには27℃以下に気温を保つことで，乳牛やにわとりの体感温度を下げることである。 Ⅱ 気候変動の「緩和」とは，「温室効果ガスの排出量を減らして地球温暖化を抑制すること」である。そのため畜舎内の換気や送風を行う時に電気装置や発電機などを使用すると，それらの装置が電気や化石燃料で動かすものであると，化石燃料の使用量が増加し，温室効果ガスの排出量が増えてしまうので，気候変動の原因を増やすという問題点がある。他方，畜舎内の換気や送風を行う時に電気装置などを使わず，自然の風などの再生可能エネルギーを利用すれば，電気や化石燃料の使用量を増やすことはなく，温室効果ガスの排出量も増えることはないので，気候変動の原因にはならないので，気候変動への問題点はないことになる。

【3】 (政治―新聞記事や資料からの問題)

基本 問1 Ⅰ 通常国会(常会)は，毎年1月中に召集される国会である。会期は150日間であるが，両議院一致の議決によって，1回に限り延長することができる。この国会では，次年度の予算案の審議が中心の議題となる。 Ⅱ 臨時国会(臨時会)は内閣が必要と認めた場合(ア)，また衆議院・参議院のいずれかの議院の総議員の4分の1以上の要求があった場合(エ)に開催される国会である。この国会では，政治上の緊急を要する問題などが審議される。なお，イは参議院の緊急集会，ウは特別国会(特別会)の場合である。

問2 Ⅰ 国土交通省は，道路や空港などの交通網や国土開発，河川の管理などを行う国の行政機関で，社会資本・交通システムの整備なども担当している。 Ⅱ 法務省は国の行政機関の1つであり，検察，刑の執行，人権擁護，出入国管理などの仕事を行い，出入国在留管理庁も監督している。なお，イの外務省は外交政策，ウの厚生労働省は社会福祉・労働条件など，エの経済産業省は経済・通商政策などに関する企画・立案をする行政機関である。 Ⅲ 労働基準法は1947年に制定され，1日8時間労働，週休制，満15歳未満の児童労働禁止などが規定された。この法律は労働者が人間らしい生活をするために，労働条件の最低基準を定めたものである。

問3 Ⅰ 男女共同参画社会基本法は，1999年に男女共同参画社会を実現するために制定された法律である。この法律の理念は政治や家庭などのあらゆる分野で男女が対等の立場で責任を担い，個性や能力を発揮できる社会をつくることである。 Ⅱ X この文は正しい。「クオータ」とはラテン語の「等分の大きさ(quota pars)」に由来する言葉で，日本では「割り当て」・「分担」を意味する。そこから「クオータ制」は，ある特定の集団の比率を一定以上に保つ制度のことである。この制度の効果として，議会に「クオータ制」が導入されることで女性の政治参加の割合が高くなり，そのことで社会のあらゆる分野で男女が対等に活動する社会を実現する契機となることが期待できる。 Y この文は正しい。議会に「クオータ制」を導入した場合の問題点としては，男女別の議席があらかじめ決められているので，仮に選挙で女性候補者と同じ得票数，あるいは得票数が多い男性候補者が落選することがありえる。そのような状況は一種の逆差別にもなり，議会内での不公平感が表面化し，やる気の低下を招く恐れがある。

問4 X この文は誤っている。高度経済成長の時代は1950年代半ばから1970年代前半であるが，新聞の発行部数は高度経済成長の時代後でも1975年の約4000万部から1997年の5000万部以上に増えているので，高度経済成長期が終わるとともに人々のニュースへの関心が薄れていったとはいえない。 Y この文は正しい。インターネットの普及が始まるのは1990年代後半のことであるが，インターネットの普及が1997年の約10%から2015年の約85%に高まっているのに対し，新聞の発行部数は1997年の約5000万部から2015年の約4500万部になっているので，インターネットの普及率が高まるとともに新聞の発行部数は次第に減少したことがわかる。

基本 問5 Ⅰ 「核兵器をもたない，つくらない，持ちこませない」という非核三原則は，1971年に国会で決議され，それ以来，日本の政策の大原則になっている。したがって，空らん(a)にふさわしい語句は「持ちこませない」となる。　Ⅱ　G7とはグループ・オブ・セブン(Group of Seven)の略称で，主要国首脳会議に参加する7ヵ国である。その7ヵ国は，イギリス・フランス・ドイツ・イタリア・アメリカ合衆国・カナダ・日本である。したがって，空らん(b)にふさわしい3カ国はイギリス・フランス・ドイツ(ウ)となる。なお，選択肢中のインド，中国，ロシアの各国はG7に含まれていない。

重要　問6　a　違憲立法審査権は，国会や内閣の行いが憲法に適っているか否かの訴えがあった場合に裁判所が審査の上でその判断を下す権限で，憲法の明白な趣旨に反するあらゆる行為を無効であると宣言することである。この権限は家庭裁判所，簡易裁判所，地方裁判所，高等裁判所，最高裁判所のすべての裁判所に認められている。　b　最高裁判所は最も上位に位置する裁判所で，長官と14人の裁判官によって構成され，東京にある。またこの裁判所は法律などが合憲か違憲かを最終的に決定する権限が与えられているので，「憲法の番人」と呼ばれている。　c　弾劾裁判は裁判官の職務上の義務違反などによって，裁判官を辞めさせるか否かを決めるための裁判である。この裁判は衆議院と参議院から7名ずつ選ばれた合計14人の裁判員による弾劾裁判所が国会に設置され，審査に関わった裁判員の3分の2以上が罷免に賛成した時にその裁判官は辞めさせられる。　d　裁判員制度(2009年実施)は，地方裁判所における殺人や放火などの刑罰が重い犯罪の刑事裁判の第一審に国民が裁判員として参加する制度である。この裁判では，3人の裁判官とともに満20歳以上の成人の国民から選ばれた6人の裁判員が判決を下す。その目的は国民が主権者として裁判に参加することをうながすとともに，国民の感覚や視点を裁判に生かすことである。

★ワンポイントアドバイス★

地理・歴史・政治の各分野から大問1題ずつの出題は例年どおりであるが，1～2行の短文の説明問題が全て地理分野に集中しており，その分やや地理の難易度が高かったと考えられるので，準備を怠らないようにしよう。

＜国語解答＞《学校からの正答の発表はありません。》

【一】　問一　①　賛成　②　吸収　③　規制　④　意向　⑤　貧乏　⑥　度胸　⑦　立派　⑧　承(る)　⑨　装(う)　⑩　噴[吹](く)　⑪　ごんげ　⑫　ほうふ　⑬　ぬまち　⑭　かな(でる)　⑮　う(れた)　問二　①　栗　②　風　③　板　④　×　⑤　腹

【二】　問一　A　ア　B　ウ　問二　エ　問三　オ→ウ→ア→エ→イ　問四　和やかなひとときを過ごす　問五　(例)　プライバシーを望む家族のために，壁で区切った小部屋。　問六　エ　問七　(例)　文明の進化と信じている四角い家は，愛情や信頼だけでなく，思想や教養といったものを享け継ぐ家族の絆も喪失しているということ。

【三】　問一　A　ウ　B　エ　C　ア　問二　(例)　そらそう　問三　ウ　問四　(例)　Ⅰ　目が可愛く見える　Ⅱ　カラコンがないと不安で人前に出られない　問五　ア　問六　(例)　カラコンを使用せず治療に専念すべきという先生の言葉を，玉置さんなりに理解し納得しようとしている心情。　問七　i　お互いの距離を感じている　ii　エ　iii　(例)　寄りそい続けることの大切さ

○推定配点○
【一】 各2点×20　【二】 問一 各3点×2　問五・問七 各10点×2
他 各5点×4(問三完答)　【三】 問一・問二 各3点×4　問四 各7点×2　問六 10点
問七iii 8点　他 各5点×4　計150点

＜国語解説＞

【一】 (漢字の読み書き，ことわざ・慣用句)

重要 問一 ①は他人の意見などに同意すること。②は取り入れて自分のものとすること。③は規則によって行動などを制限すること。④は考えや気持ち。⑤の「貧」の1～4画目は「分」であることに注意。⑥は物事に動じない心。⑦は見事なこと。⑧の音読みは「ショウ」。熟語は「承知」など。⑨の音読みは「ショウ・ソウ」。熟語は「衣装」「装備」など。⑩は勢いよく外に出ること。⑪は抽象的なものが形となって現れたもの。⑫は心に抱いている決意や望み。⑬はどろが深く，湿気が多い土地。⑭の音読みは「ソウ」。熟語は「演奏」など。⑮の音読みは「ジュク」。熟語は「熟成」など。

基本 問二 ①の「火中の栗を拾う」は自分の利益にならないのに，あえて責任ある立場などを引き受けることのたとえなので正しい。②の「肩で風を切る」は得意げに振る舞っているさまを表すので正しい。③の「まな板の鯉」は相手の意向や運命にまかせるよりほかに方法のない状態のたとえなので正しい。④の「漁夫の(利)」は両者が争っているのに，第三者が利益を横取りすることのたとえなので正しくない。⑤の「腹にすえかねる」は怒りや不満をおさえることができなくなることなので正しい。

【二】 (論説文－要旨・大意・論理展開・細部の読み取り，空欄補充，記述力)

基本 問一 Aの「理屈をこねる」は，あれこれと理屈を言うこと。Bは中心となって周りを引きつける力という意味で，ウが当てはまる。アは相手を思いとどまらせる力。イは他の考えや行動などを規定し束縛する力。エは物事をはっきりと決められる力。

問二 ――線部①前で，南アフリカの先住民たちの家の形は円形であるため，ヨーロッパからきた白人たちを「四角い家に住む人」と呼ぶということを述べているのでエが適切。①前の内容を踏まえていないア，イは不適切。ウの「家として認識することができなかった」も不適切。

問三 X前後も含めて整理すると，ベルベル人の集落は山岳地帯の岩山で穴居生活を続けている→その住居の説明の導入としてオ→最初の入り口の説明としてウ→その続きとしてア→奥の部屋の説明としてエ→家のつくりのまとめとしてイ→この家はすべてが円い，という展開になっている。

重要 問四 「私は建築史の……」から続く2段落で，「一家団欒」の説明として，中国の伝統建築である四合院は「四角い家」であるが，家族の円居の場である中庭を持つのが特徴で，「団欒」とは中庭で和やかなひとときを過ごすことを指すことを述べているので，(　)には「和やかなひとときを過ごす」が当てはまる。

問五 ――線部③は「真四角の住居……の内部」のことで，「そもそも……」で始まる段落で「四角い家という発想は，家族がプライバシーを望んだ結果」で「隔壁……に沿って家が四角くなったのではないのか」と述べていることを踏まえて，③を具体的に説明する。

問六 ――線部④の説明として直前の2段落で，中庭に家族が集まるベルベル人の家のように，円居によって家族の絆が形成されるのに対し，中庭の進化形態であるはずのリビングルームは円居の場としての存在理由を失い，見知らぬ疑似家族が集うインターネット上の円居の場所が出現した，ということを述べているのでエが適切。これらの内容を踏まえていない他の選択肢は不適切。

やや難 問七 「プライバシーの要求……」で始まる段落で「プライバシーの要求……四角い家，という住居の進化過程は……家族意識の退行を意味している」こと，「かくして……」で始まる段落で「四角い家に住む人」は「伝統ある円居の場」を失ったことで，「思想も教養も……親から子に引き継がれるものは何もなくなり……愛情も信頼も怪しくなっ」て，「昨今の奇怪な事件の多くが，この円居のひとときの喪失によって説明がついてしまうのだから，やはりこれは……退行と考えるべき」と述べていることを踏まえ，――線部⑤のような「四角い家」に住むことの問題点を説明する。

【三】 (小説－心情・情景・細部の読み取り，空欄補充，ことばの意味，記述力)

問一 Aは「注意深く言葉を発していた」様子なのでウ，Bはあれこれと，という意味でエ，Cは不足のないように確実にという意味でアがそれぞれ当てはまる。

基本 問二 「直面する問題を見ないようにしよう」という意味の言葉は「目をそらす」なので，Xには「そらそう」が入る。

問三 ――線部①は，不愉快に感じていることを表す表情なのでウが適切。

問四 「『目が可愛く……』『カラコンがあると……』」で始まる玉置さんのセリフから，Ⅰは「目が可愛く見える」，Ⅱは「カラコンがないと不安で人前に出られない」といった言葉が当てはまる。

重要 問五 ――線部③後で，丘本さんが「『見ないを選んじゃ駄目だよ。どうしてそれが分からないの？』」と話しているのは，「だが，彼女の目は……」で始まる段落の「彼女の目は……病気になっている箇所に怪我が重なっている状態だ。その認識が彼女の中に生まれていないのだろうか？」という「僕」の心情と同様のことを思っているからなのでアが適切。これらの描写を踏まえていない他の選択肢は不適切。

問六 ――線部④の「頷かざるを得ない言葉」は直前の「『いまは少なくとも治療に専念すべきだ』」という北見先生の言葉，「呑み下すように」は自分なりにしっかりと理解し，納得しようとしている様子を表しているので，これらの内容を玉置さんの心情として簡潔にまとめる。

やや難 問七 i Ⅰは「全くかみ合っていなかった」様子なので，「その場にいた……」で始まる段落の「お互いの距離を感じている」が当てはまる。 ii Ⅱは「『あなたは……』」で始まる北見先生のセリフからエが適切。このセリフを踏まえていない他の選択肢は不適切。 iii Ⅲは，玉置さんが北見先生の言葉を聞き入れないことで，北見先生は話をするのを諦めかけていたが，丘本さんの言葉をきっかけに心から語ったことで玉置さんの心に届いた，ということを踏まえた⑤のことなので，「寄りそい続けることの大切さ」といった言葉が当てはまる。

★ワンポイントアドバイス★

小説では，表情や動作などからも心情をていねいに読み取っていこう。

MEMO

大切なことはメモしておこうネ！

2023年度

★★★★★★★★★★★★★★★★★★★★★★

入　試　問　題

2023年度

逗子開成中学校入試問題(1次)

【算　数】（50分）〈満点：150点〉

【注意】1. 定規・コンパス・筆記用具以外の使用は認めません.

2. 問題用紙や解答用紙を折ったり切ったりして，問題を解くためのヒントとなる形に変形することを禁止します.
3. 考え方を書く指示がある問題以外は，答えだけを書いてください.
4. 答えに単位が必要な問題は，必ず単位をつけて答えてください.
5. 答えが分数になる場合は，それ以上約分できない一番簡単な分数で答えてください．また，仮分数は帯分数に直してください.
6. 図やグラフをかいて答える問題に対し，定規・コンパスを忘れた場合は手がきでていねいにかいてください.

1　次の $\square$ にあてはまる数を求めなさい.

（1）　$2.75\times5+27.5\times0.7-0.55\times15-0.055\times50=\square$

（2）　$\left(3+1\frac{2}{5}\right)\times\frac{1}{5}\div1\frac{1}{10}-1\frac{13}{20}\div\left(1\frac{5}{9}+2\frac{5}{12}\right)=\square$

（3）　$6.2+2\frac{1}{3}\times\left\{(\square-0.25)\div2\frac{1}{12}\right\}=7\frac{3}{5}$

2　次の各問いに答えなさい.

（1）　A，Bの2つのコップを使って，ある容器に水を入れます．Aのコップ2はいとBのコップ5はいで，この容器は満水になります．また，Aのコップ5はいとBのコップ1ぱいで，この容器は満水になります．このとき，Aのコップの容積とBのコップの容積の比を最も簡単な整数の比で表しなさい.

（2）　赤色と青色のランプがあります．ランプのスイッチを入れると，赤色のランプは1秒間ついて2秒間消えることをくり返し，青色のランプは3秒間ついて，3秒間消えることをくり返します．いま，2つのランプのスイッチを同時に入れました．スイッチを入れてから35秒の間にランプがともに消えている時間は全部で何秒間ですか.

（3）　2つの分数があります．2つの分数の和は$\frac{1}{15}$，差は$\frac{1}{150}$です．小さい方の分数を大きい方の分数で割ったときの値を求めなさい.

（4）　ある仕事を兄だけで行うと16日，弟だけで行うと28日かかります．この仕事を2人で行うときは，兄は弟を手伝いながら作業をするので，1日にできる仕事量は，兄は20％減り，弟は40％増えます．この仕事を兄弟2人で行うと，何日かかりますか.

（5） 右の図のように，密閉された三角柱の容器の中に水が入っています．水面の高さは25.6cmです．辺ACは20cm，辺ADは40cm，辺BCは15cmです．また，三角形ABCは角Cが90°の直角三角形です．
いま，この容器を長方形ADFCが底面になるようにたおしました．このときの水面の高さを求めなさい．

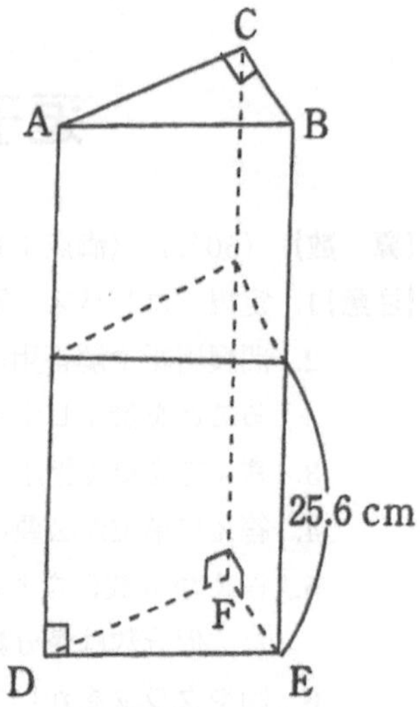

（6） 右の図は，半径12cmの半円です．この半円を直線で区切りました．色のついた部分の面積を求めなさい．ただし，円周率は3.14とします．

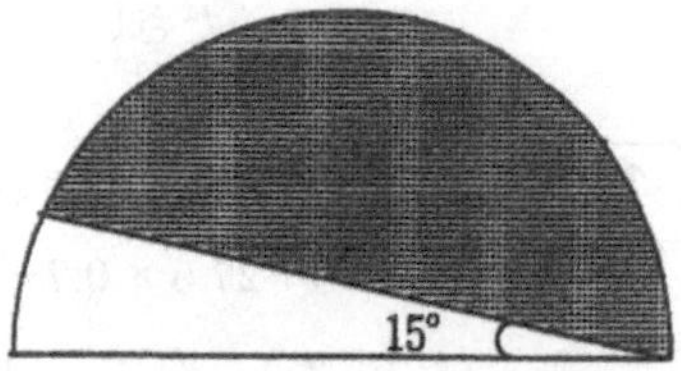

3 下の図のように東西にのびる線路があり，線路と平行に20mの距離を保ちながらAB間に防音壁(ぼうおんへき)があります．防音壁は長さ160m，高さ10mの長方形の形をしています．また，防音壁の南側からは，線路を走る列車は防音壁にかくれて見えなくなります．なお，図において点MはABの真ん中の点で，CM間の距離は80mです．また，列車Xと列車Yはそれぞれ矢印の方向(東から西)に向かって一定の速さで走っています．

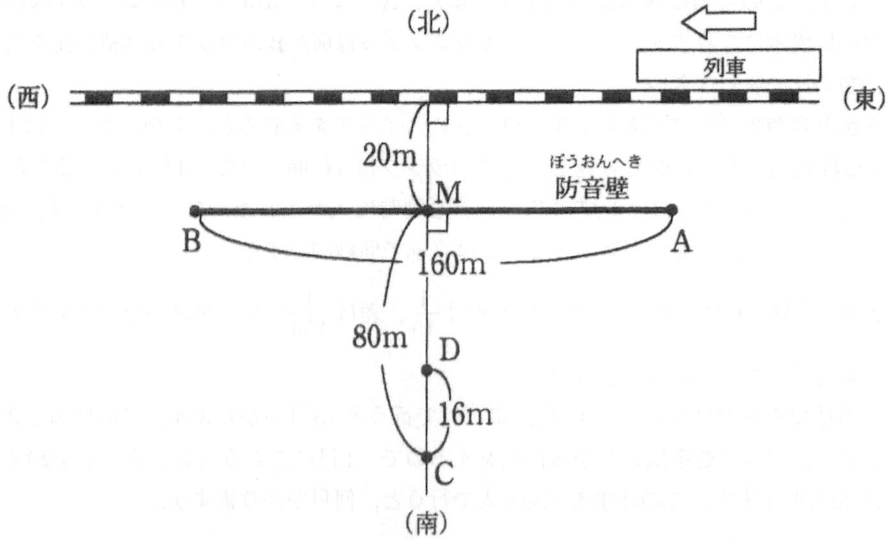

長さ60mの列車Xが160mの区間を走り始めてから走り終わるまで，ちょうど18秒かかりました．このとき，次の各問いに答えなさい．

（1） 列車Xの速さは時速何kmですか．

（2） 太郎さんは，図のC地点に立ち止まって列車Xをながめていました．列車Xが防音壁によって完全に見えない時間は何秒間ですか．

（3） 太郎さんは，図のC地点からD地点に向かって時速7.2kmの速さで進みました．太郎さんがC地点を出発するとき，今まで防音壁のA側に見えていた長さ75mの列車Yが防音壁で完全に見えなくなりました．その後，太郎さんは16m進んだD地点に来たとき，防音壁のB側から列車Yの先頭が見え始めました．列車Yの速さは時速何kmですか．

4 図のような正六角形ABCDEFがあり，その頂点上を動く点Pがあります．今からサイコロを何回か投げ，点Pはサイコロの出た目の数だけ反時計回りに頂点の上を移動していきます．最初，点PはAの位置にいますが，その後はサイコロを投げて止まった位置から動いていきます．このとき，次の各問いに答えなさい．

（1） サイコロを3回投げたときに点Pが止まった点を結ぶと正三角形ができました．このとき，サイコロの目の出方は全部で何通りありますか．

（2） サイコロを3回投げたときに点Pが止まった点を結ぶと三角形ができました．このとき，サイコロの目の出方は全部で何通りありますか．

（3） サイコロを4回投げたときに点Pが止まった点を結ぶと三角形ができました．このとき，サイコロの目の出方は全部で何通りありますか．

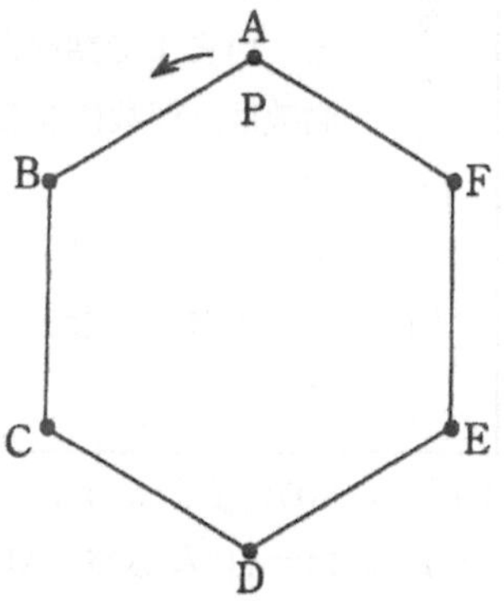

5 太郎さんと花子さんは整数の約数の個数について話し合っています．2人の会話を読んで，次の各問いに答えなさい．ただし，整数Mの約数の個数を《M》という記号で表すことにします．

太郎：花子さん，いろいろな数の約数の個数を調べてみようよ．
花子：じゃあ，7，15，56の3つの数について考えてみましょう．
太郎：7の約数は，「1と7」だから…　《7》＝2になるね．
　　　15の約数は「1，3，5，15」だから…　《15》＝4になるね．
　　　56の約数は，「1，2，4，7，8，28，56」だから…　《56》＝7かな？
花子：太郎さん，56の約数を1つ見落としてるよ！
　　　わたしは見落としがないように，求めた約数どうしでペアを組んでかけ算をして，56になることを確認しているんだ！
　　　1×56，2×28，4×？，7×8
　　　4の相手がいないから，14を見落としているよ．
　　　だから，《56》＝8だよ．
太郎：そうか！約数を見つけるには，約数どうしペアを組んでいけばわかりやすいね！そうすると，いままで調べた整数の約数には必ずペアができているから，どんな整数でも約数の個数は，偶数になるね．
花子：本当にそうかな…
　　　例えば，《36》は…　《36》＝9になるよ！
太郎：なんで偶数にならないんだろう．(ア)約数の個数が奇数になるのはどのようなときなんだろう…

（1）《180》の値を求めなさい．

（2）《M》＝4になる整数Mのうち，6番目に小さい整数Mを求めなさい．

（3）文中の下線部(ア)を参考にして，《M》＝7になる900未満の整数Mのうち，最も大きい整数を求めなさい．ただし，答えだけでなく途中の考え方も書きなさい．

【理　科】（40分）〈満点：100点〉

【1】 地層を調べることは，地球の過去のようすを知る手がかりになります。地層について，下の問いに答えなさい。

（1） 少し離《はな》れた場所から2カ所の崖《がけ》を観察しました。それぞれの崖には，2種類の地層A，Bが観察でき，図1，2は2種類の地層A，Bの接し方を示しています。2カ所とも地層の逆転は見られませんでした。

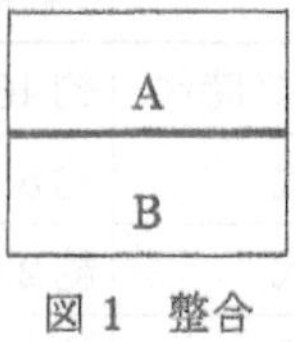

図1　整合

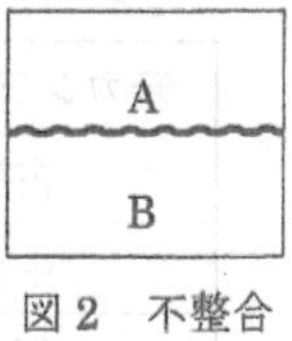

図2　不整合

① 図1の地層A，Bの接し方から必ず言えることは何ですか。下のア～カから1つ選び，記号で答えなさい。

② 図2の地層A，Bの接し方から必ず言えることは何ですか。下のア～カから2つ選び，記号で答えなさい。

ア．AよりBの方が古い。

イ．BよりAの方が古い。

ウ．AとBは海でできた地層である。

エ．AとBは陸でできた地層である。

オ．AとBとの境界は，雨や風などによって侵《しん》食されたあとがある。

カ．AとBとの境界は，A，B両方の地層がたい積した後にできた。

（2） 図3のような地形を観察しました。西側の一部がくずれていて，図4のようにC，D，Eの3種類からなる地層が観察できました。

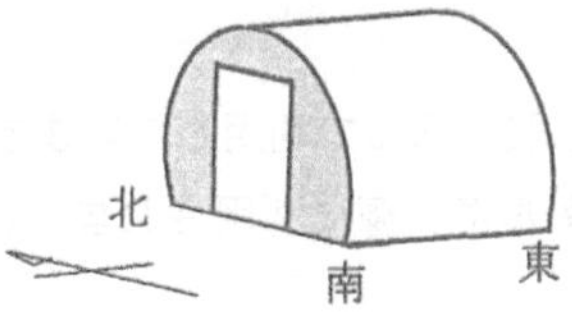

図3

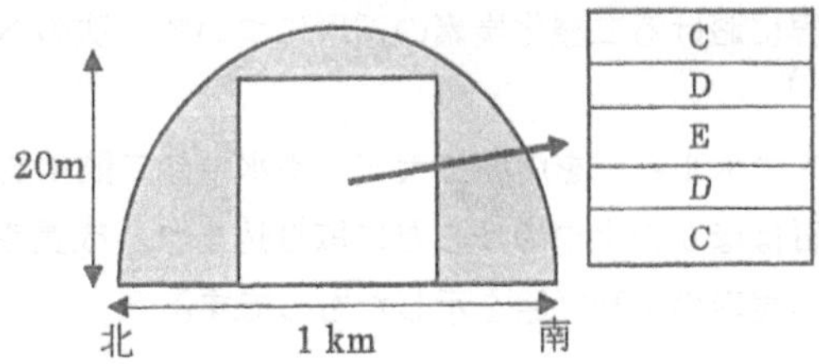

図4　西側の面

[観察の結果]

・地層Cには，アサリの仲間の化石が含《ふく》まれていた。

・地層Dには，ナウマンゾウの化石が含まれていた。

・地層Eには，三葉虫(サンヨウチュウ)の化石が含まれていた。

① 地層Cにアサリの仲間の化石が含まれていることで，たい積した当時の環《かん》境が浅い海だったことがわかります。たい積した当時の環境がわかる理由を次のア～オから2つ選び，記号で答えなさい。

ア．生きられる環境が限られているから。

イ．生きていた時代が限られているから。

ウ．似ている生物が現在も生きていて，生活のようすがわかるから。

エ．生きていた環境が様々であるから。

オ．世界中の広い範《はん》囲で生活していたから。

② 地球の歴史は，生物の進化の歴史にもとづいて時代区分が行われています。下の表は，その時代を代表する生物の一部をのせてあります。この表から考えて，地層Dと地層Eの重なり方を，次のア～エから1つ選び，記号で答えなさい。

先カンブリア時代	約46億年前～約5.4億年前	シアノバクテリア
古生代	約5.4億年前～約2.5億年前	三葉虫，フズリナ
中生代	約2.5億年前～約6600万年前	アンモナイト，キョウリュウ
新生代	約6600万年前～現在	ナウマンゾウ，マンモス

ア．隆《りゅう》起　　イ．沈《ちん》降　　ウ．整合　　エ．不整合

③ 図4の地層C，D，Eの重なり方から考えて，実際には見えていない次の図の太い点線内の地層のようすをかきなさい。ただし，東側の面は，地層Cだけが観察できました。作図するときには，地層C，D，Eがわかるようにかきなさい。

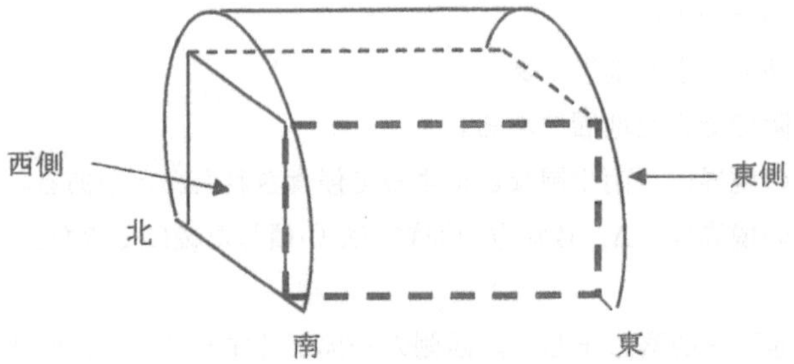

【2】 自然界における二酸化炭素の循環《じゅんかん》について，次のページの問いに答えなさい。

植物は光エネルギーを用いて大気中や水中の二酸化炭素を取り込《こ》んで利用しています。植物がつくった物質はほかの生物のからだに取り込まれ，成長やエネルギー源に利用されます。図1は自然界における炭素の移動経路を示したものです。

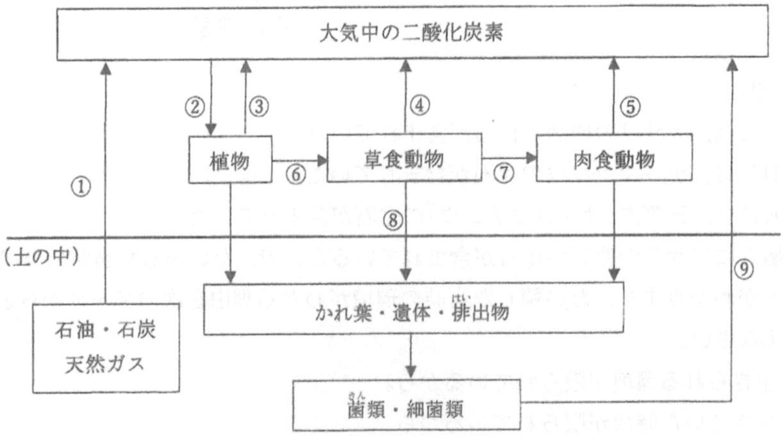

図1

（1） 現在の大気における二酸化炭素の割合は何％ですか。次のア～エから1つ選び，記号で答えなさい。

ア．0.04％　　イ．0.4％　　ウ．4％　　エ．40％

（2） 図1の矢印②は何とよばれるはたらきによるものですか。

（3） 図1の矢印⑨と同じはたらきを表している矢印はどれですか。図1の①～⑧からすべて選び，記号で答えなさい。

（4） 大気中の二酸化炭素が増えたことによって直接引き起こされる問題を次のア～エからすべて選び，記号で答えなさい。

ア．山に吹《ふ》きつけた風がふもとの地域に吹き下ろすフェーン現象がおこる。
イ．気温が高くなる地球温暖化がおこる。
ウ．オゾン層が破壊《かい》される。
エ．都市部でヒートアイランド現象がおこる。

（5） ある植物を用いて，二酸化炭素濃《のう》度が一定の状態で光の強さと温度を変えながら1時間あたりの二酸化炭素の吸収量・排出量を測定したところ図2のようになりました。次のア～エのうち，誤った説明をしているものを1つ選び，記号で答えなさい。

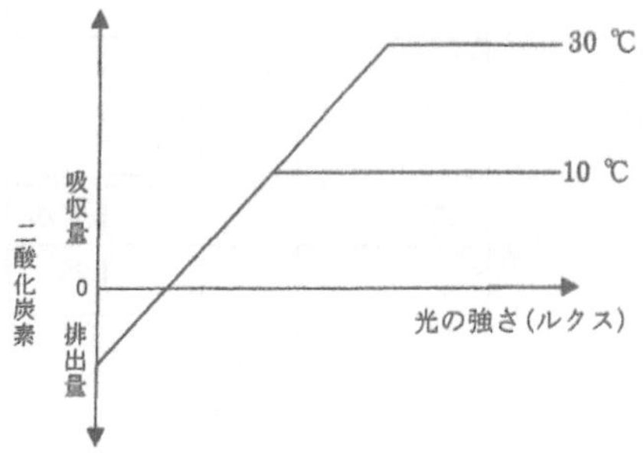

図2

ア．光を強くすればするほど二酸化炭素の吸収量は大きくなる。
イ．二酸化炭素の最大吸収量は温度が高い方が大きくなる。
ウ．光の強さが0ルクスのとき，植物は二酸化炭素を排出している。
エ．二酸化炭素の吸収量と排出量が等しくなる光の強さがある。

（6） 図3は日本のある地点で測定した二酸化炭素濃度の変化を表したグラフです。なぜ直線ではなく折れ線のようなグラフになるのか，理由を推測し答えなさい。

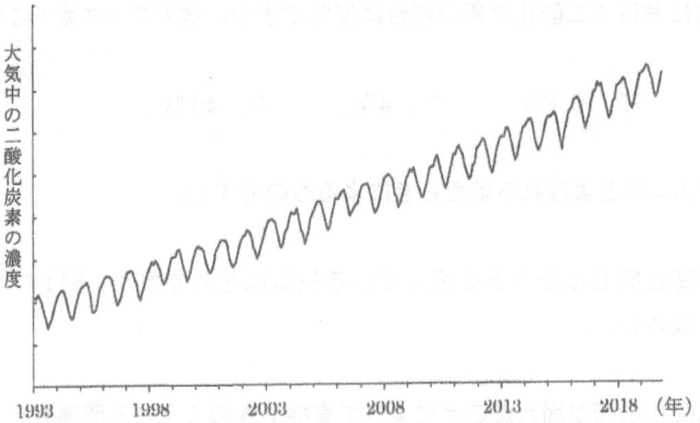

図3

【3】 次の図は，物質A～Cと食塩について，水100gに溶《と》ける最大の重さと，水の温度の関係を表したものです。下の問いに答えなさい。

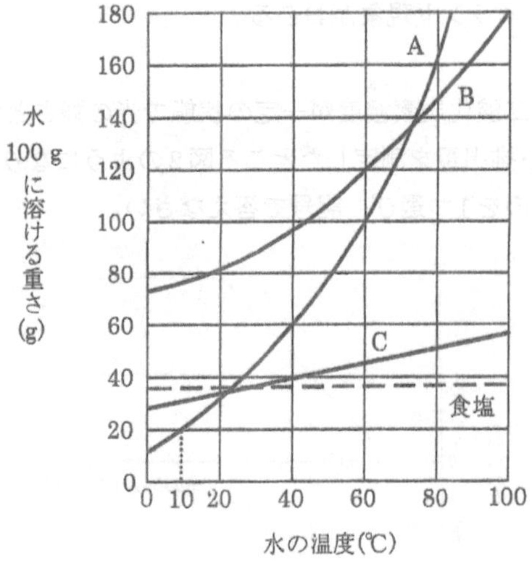

(1) 物質A～Cを20gずつとって50gの水に溶かすとき，最も低い温度ですべて溶ける物質はA～Cのうちどれですか。

(2) 食塩の水溶《よう》液を冷やしても，溶けている食塩をほとんど取り出すことはできません。その理由を答えなさい。

(3) 60℃の水40gに物質B50gを加えてよくかき混ぜました。この水溶液の濃《のう》度は何%ですか。答えが割り切れないときは，小数第1位を四捨五入して整数で答えなさい。

(4) 物質Aを飽《ほう》和させた60℃の水溶液が150gあります。

① この水溶液に溶けている物質Aの重さは何gですか。答えが割り切れないときは，小数第1位を四捨五入して整数で答えなさい。

② この水溶液を加熱して水を蒸発させました。その後，10℃に冷やすと溶けきれなくなった物質Aが62g得られました。蒸発した水の重さは何gですか。答えが割り切れないときは，小数第1位を四捨五入して整数で答えなさい。

（5） 40℃の水10gに，物質Cを1gずつ10gまで加えていきました。加えた物質Cの重さ(g)と，水溶液の濃度(%)の関係をグラフに書きなさい。

【4】 音の伝わり方を調べた次の[実験1]～[実験3]について，下の問いに答えなさい。ただし，音の速さは気温などの条件で日によって変わり，風が吹《ふ》いても変わります。また光の速さはとても速く，発せられてすぐ見えるとします。

[実験1]

図1のように地点Aの船に乗った人が懐《かい》中電灯をつけると同時に船のスピーカーから音を出します。地点Aから700m離《はな》れた地点Bで，懐中電灯の光が見えてから音が聞こえるまでの時間を測定しました。このとき風は吹いておらず，地点Bでは懐中電灯の光が見えてから2.1秒後に最初の音が聞こえ，その2.4秒後に後方の建物Kで反射したと考えられる音が聞こえました。

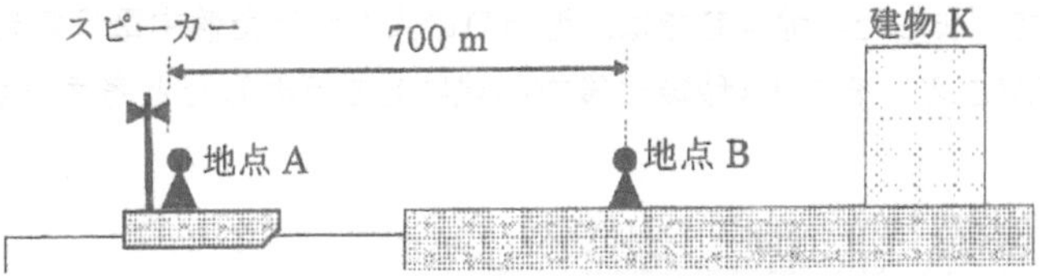

図1

（1） [実験1]より，この日の音の速さは毎秒何mですか。答えが割り切れないときは，小数第1位を四捨五入して整数で答えなさい。

（2） 地点Bから後方の建物Kまでの距離《きょり》は何mですか。答えが割り切れないときは，小数第1位を四捨五入して整数で答えなさい。

[実験2]

[実験1]とは別の日に，図2のように地点Aの船から地点Bと反対の方向に700m離れた地点Cの船に乗った人も，地点Aの人がつけた懐中電灯の光が見えてから音が聞こえるまでの時間を測定しました。この実験をしたときは，地点Cから地点Bの向きに毎秒7.0mの速さの風が吹いていました。地点Bでは懐中電灯の光が見えてから2.0秒後に音が聞こえました。

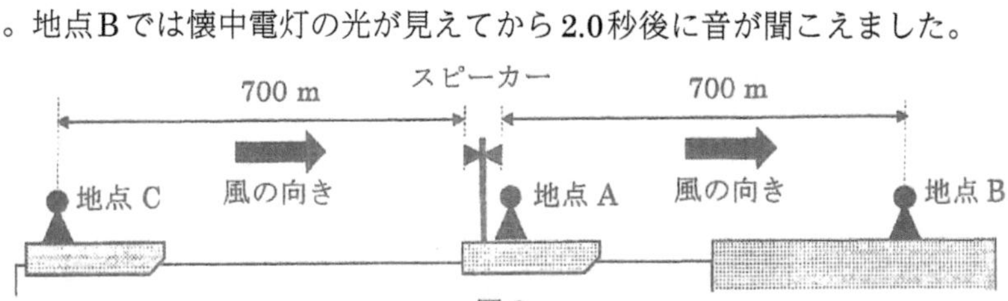

図2

(3) [実験2]について説明した次の文章中の空欄《らん》(ア)にあてはまる語句と(イ)と(ウ)にあてはまる数値をそれぞれ答えなさい。

風があるときの音の速さは，風がないときの音の速さに風の速さを足したり，引いたりすることで求めることができます。スピーカーから出た音が地点Bに向かうとき，音が進む向きと風の向きは(ア)になるので，音の速さは風の速さが足されて速くなっています。この速くなった音は，2.0秒で地点Bに届いたので，その速さは毎秒(イ)mとわかります。また，この日の風がないときの音の速さは毎秒(ウ)mだと考えられます。

(4) 地点Cで音が聞こえたのは，懐中電灯の光が見えてから何秒後ですか。次のア～エからもっとも近い値を1つ選び，記号で答えなさい。

ア．1.9秒後　　イ．2.0秒後　　ウ．2.1秒後　　エ．2.2秒後

[実験3]

次に[実験1]と同じ実験を別の日に違う場所で行いました。図3のように，地点Dの船のスピーカーから地点Eまでの距離は360mで，この実験のときは毎秒15mの風が地点Dから建物Lに向かって吹いていました。地点Eでは，地点Dの人がつけた懐中電灯の光が見えてから1.0秒後に最初の音が聞こえ，その2.3秒後に後方の建物Lで反射したと考えられる音が聞こえました。

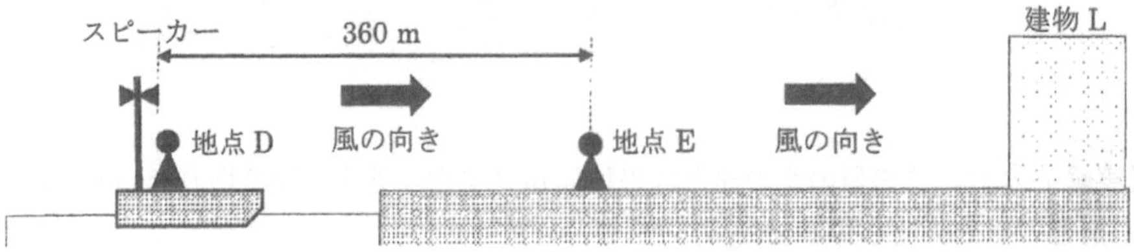

図3

(5) [実験3]より，この日の風がないときの音の速さは毎秒何mですか。答えが割り切れないときは，小数第1位を四捨五入して整数で答えなさい。

(6) 地点Eから建物Lまでの距離は何mですか。答えが割り切れないときは，小数第1位を四捨五入して整数で答えなさい。

【社　会】(40分)〈満点:100点〉

次の文章を読んで，各問いに答えなさい。

「命《ぬち》どぅ宝」という言葉を知っていますか。「命《いのち》こそ宝」という意味をもつこの言葉は，沖縄で大切にされている言葉です。沖縄戦最後の地につくられた平和祈念《きねん》公園内の石碑《せきひ》には，「命《ぬち》どぅ宝　命《いのち》こそ最高の宝である」と刻まれており，この地を訪れる人たちに命の尊さや平和への願いを発信しています。2022年は，沖縄県が日本復帰50年を迎《むか》えた節目の年でした。沖縄は，きれいな青い①海，白い砂《すな》浜《はま》，温暖な気候により，国内外問わず多くの②旅行者が訪れます。一方，戦争での悲さんなできごと，戦後のアメリカによる占領《せんりょう》，そして復帰後もかかえる課題など，沖縄独自の苦しみがあることも忘れてはいけません。今日はさまざまな角度から沖縄について考えてみましょう。

まずは沖縄の地理的特色からみていきましょう。沖縄県は日本の南西部に位置し，③九州地方にふくまれます。南北約400kmの海域に点在する160の島々から成立しており，そのうちの1つである日本最西端《たん》の(　1　)島も沖縄県に属します。年間を通して温暖な気候で，④降水量は年間約2000mmと多いですが，⑤沖縄ではしばしば水不足になり，これは沖縄の地形や気候が影響《えいきょう》しています。沖縄の農林水産業は，気候や環境《かんきょう》に適したかたちで営まれています。農業は，温暖な気候を利用した作物が栽培《さいばい》されており，水産業は，特に⑥海面養殖《ようしょく》業が盛《さか》んです。

沖縄では，⑦全国的に少子高齢化《こうれいか》で人口減少が進む中，人口が増加しています。2022年1月1日付けの⑧住民基本台帳によると，日本人住民について人口が増えた唯一《ゆいいつ》の都道府県が沖縄県です。

沖縄は⑨自動車が重要な交通手段となっています。戦争で壊滅《かいめつ》した鉄道が復旧しなかった影響で，陸上交通はもっぱら自動車中心です。⑩沖縄をささえる主産業である「観光」にも欠かせないレンタカーの普及《ふきゅう》の影響もあり，沖縄県の県庁所在地である那覇市周辺では，深刻な渋滞《じゅうたい》問題が起こっています。

沖縄にはかつて琉球王国という日本とは別の国が存在していました。その国の王宮であった首里城は，⑪世界遺産に登録されています。2019年，首里城が火災により焼失しました。このできごとは，沖縄の人のみならず日本全体に衝撃《しょうげき》をあたえました。琉球王国はどのように成立し，日本とどのような関わりを持ってきたか，沖縄の歴史を振り返ってみましょう。

およそ1万年前まで続いた氷河時代は，現在よりも海水面が低く，沖縄は日本列島と地続きでした。⑫沖縄では，国内最古の化石人骨とされる「山下洞人《どうじん》」が発掘《はっくつ》されており，約3万2000年前にはすでに沖縄に人が住んでいたと考えられています。

⑬弥生時代になると，日本列島には稲作が広まりましたが，沖縄では漁を中心とした食料採取をおこなう文化が育《はぐく》まれていました。この文化は⑭12世紀頃まで続いたとされます。その後，農耕中心の生産経済へと移行し，有力な指導者たちが勢力争いをくり返すグスク(城)時代が始まります。グスクとは，指導者たちが地域を治めるための拠点《きょてん》として築いた沖縄独特の石積みの建築物です。世界遺産に登録された今帰仁城《なきじんぐすく》は有名な観光名所です。⑮日本の戦国大名たちが建てた城は石垣《いしがき》が直線的であるのに対し，グスクはなめらかなカーブをえがいているのが特徴《とくちょう》的です。15世紀になると尚巴志がはじめて沖縄を統一し，琉球王国が誕生しました。⑯琉球王国は周辺諸国と盛んに交易をおこない，さまざまな影響を受けながら⑰特色ある文化を生み出し，繁栄《はんえい》しました。

江戸時代になると，琉球王国は島津氏の武力侵攻《しんこう》により(　2　)藩の支配下におかれ日本に従属していましたが，⑱「異国」としての位置づけは残りました。幕府に対しては⑲将軍の代替《が》わりごとに使節を派遣《はけん》しました。

⑳明治時代になると，政府は琉球を沖縄県とし，これにより約450年間続いた琉球王国は解体されました。沖縄では，制度や風習が本土と大きく異なっていたため，改革が進みませんでした。例えば，はじめて㉑衆議院議員選挙が実施《じっし》されたのが㉒1912年になるなど，沖縄の近代化は他府県より遅《おく》れました。㉓太平洋戦争では，沖縄は本土防衛最後の拠点でした。1945年には，沖縄本島に上陸したアメリカ軍との地上戦がおこなわれ，沖縄での戦闘《せんとう》で亡くなった日本兵及《およ》び一般《いっぱん》住民の方々は，約20万人といわれています。

戦後，沖縄では㉔冷戦の影響により，アジアにおけるアメリカの重要拠点として基地建設がおこなわれました。㉕サンフランシスコ平和条約で日本の主権が回復したのちも，沖縄はアメリカの占領下だったため，㉖日本国憲法が適用されていませんでした。こうした状況《じょうきょう》の中，日本への復帰を求める声が高まりました。政府による沖縄返還交渉《へんかんこうしょう》がおこなわれましたが，アメリカは(　3　)戦争で沖縄の基地を使用していたため，交渉は思うように進みませんでした。しかし，日本側のねばり強い交渉の末，1969年，当時の首相であった(　4　)とニクソン大統領との会談で沖縄返還に合意，そして1972年5月15日，沖縄は日本に返還されました。返還後の沖縄では，㉗高度経済成長期を経《へ》た本土との間にある経済的な格差をうめるため，政府から財政的支援を受け，生活環境の整備が進みました。その一方で，㉘沖縄には多くのアメリカ軍基地が集中しています。基地をめぐる問題は，いまもなお，沖縄の大きな問題として残っているのです。

このように，美しい自然や独特な文化から沖縄の魅力《みりょく》を知ることができた一方で，歴史をひもとくことで沖縄が抱える問題もみえてきました。日本国民全体がこの問題を他人ごとにせず正面から向き合うことが大切ではないでしょうか。皆さんにもぜひ，考えてみてほしいと思います。

問1　文中の空らん(　1　)〜(　4　)にあてはまる語句を答えなさい。空らんの(　3　)はカタカナで，それ以外は漢字で答えなさい。なお，人名が入る場合は，姓名で答えること。

問2　下線部①に関連する以下の各問いに答えなさい。

Ⅰ．右の表は，日本の都道府県の中で海岸線の長い上位5都道府県をしめしたものです。表中の空らん(　a　)・(　b　)に入る道府県として適切なものを，次のア〜オからそれぞれ選び，記号で答えなさい。

ア．千葉県　　　イ．京都府

ウ．岩手県　　　エ．長崎県

オ．北海道(北方領土を含む)

(2019年度)
都道府県別海岸線延長(海岸線の長さ)

都道府県	海岸線延長(km)
(　a　)	4,445
(　b　)	4,170
鹿児島県	2,643
沖縄県	2,029
愛媛県	1,704

(『日本国勢図会2022／23』より作成)

Ⅱ．右の地図中c・dは海流を表しており，矢印の方向に向かって流れていることをしめしています。c・dの海流名の組み合わせとして正しいものを，次のア〜エから一つ選び，記号で答えなさい。

ア．c—リマン海流　　d—日本海流

イ．c—リマン海流　　d—対馬海流

ウ．c—千島海流　　d—日本海流

エ．c—千島海流　　d—対馬海流

問3　下線部②に関連する次の文章を読み，以下の各問いに答えなさい。

逗子開成の修学旅行は，中学ではニュージーランド研修旅行，高校では研究旅行というかたちで実施されます。研究旅行では，i.韓国《かんこく》・マレーシア・ベトナム・ii.オーストラリア・沖縄から選択《せんたく》し，現地でのホームステイや現地校との交流をおこなっています。

Ⅰ．文章中の下線部 i について，韓国について述べた説明として正しいものを，次のア〜エから一つ選び，記号で答えなさい。

ア．ASEAN諸国の1つで，外国企業《きぎょう》が多数進出してきており，日本との貿易も盛んである。

イ．現在は憲法で禁止されているものの，カーストにもとづく身分差別がいまだに残っている。

ウ．工業では自動車や鉄鋼の生産が盛んで，かつてアパルトヘイトといわれた人種隔離政策《かくりせいさく》をおこなっていた。

エ．アジアNIESの1つで，造船・電子部品などの工業が発達しており，中国・アメリカに次ぐ日本の貿易相手国である。

Ⅱ．文章中の下線部ⅱについて，次の雨温図はそれぞれキャンベラ(オーストラリア)・モスクワ(ロシア)・東京(日本)・パリ(フランス)のものです。キャンベラの雨温図として適切なものを，以下のア～エから一つ選び，記号で答えなさい。

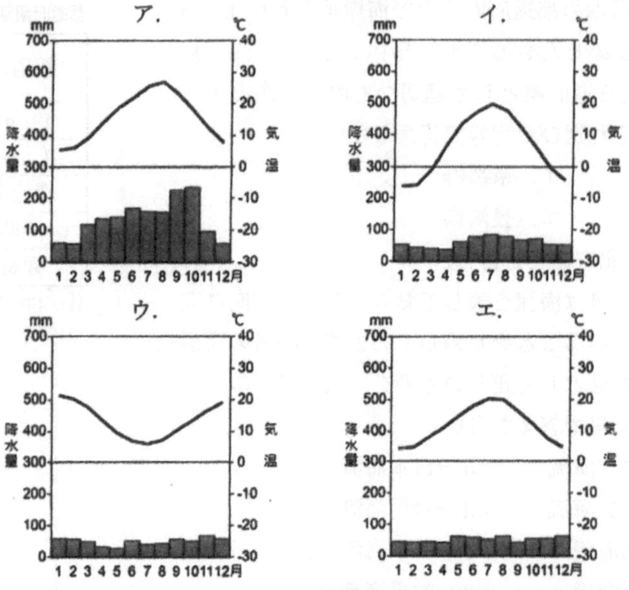

(『気象庁ホームページ』より作成)

問4　下線部③に関連する次の文章を読み，以下の各問いに答えなさい。

山がちな地形が特徴のこの県は，道路トンネルが日本一多い県です。その地形的な特徴はこの県の農林水産業にも影響しており，県北西部の都市は日本有数の林業地のひとつとして知られ，すぎの美しい人工林が広がっています。また，この県は日本を代表する温泉があります。火山の地中から取り出した蒸気を利用した発電が盛んにおこなわれています。

Ⅰ．上の文章は九州地方のある県について説明したものです。この県の位置として正しいものを，上の地図中ア～キから一つ選び，記号で答えなさい。

Ⅱ．文章中の下線部について，このような再生可能エネルギーによる発電方法を何とよびますか，漢字で答えなさい。

問5　下線部④に関連して，次の降水に関する新聞記事中の（　　）に入る適切な語句を漢字5字で答えなさい。なお，（　　）にはすべて同じ語句が入ります。

　気象庁は28日，豪雨《ごうう》災害につながりやすい「（　　）」の発生を半日前に予報する取り組みを6月1日から始めると発表した。予報は「九州北部」「四国」「近畿」「関東甲信」など，国内を11の地域に区分して約12時間前に発表する。

　（　　）は，海から入ってきた湿《しめ》った空気で積乱雲が次々と発生し，およそ50 ～ 300キロ・メートルにわたる帯状の範囲《はんい》に短時間で強い雨を降らせる。発生の予報は，熊本県などで88人が犠牲《ぎせい》になった2020年7月の九州豪雨を受けて進めてきた取り組みで，斉藤国土交通相は28日の閣議後記者会見で，「大雨災害から一人でも多くの命を守れるよう取り組む」と述べた。

（読売新聞　2022年4月28日）

問6　下線部⑤について，雨の多い地域である沖縄がしばしば水不足におちいる理由は，山地が少ないことなどが影響していますが，それ以外の要因について，右の表をふまえて説明しなさい。

都道府県別河川延長（河川の長さ）順位

順位	都道府県	河川の長さ（km）
1	北海道	15455.3
2	長野県	7028.7
3	福島県	5443.2
（中略）		
45	大阪府	964.6
46	東京都	862.8
47	沖縄県	392.0

（国土交通省『河川データブック2022』より作成）

問7　下線部⑥について，下の地図中において●のある点線で囲まれた地域では，海面養殖がおこなわれています。これらの地域でおこなわれている養殖として適切なものを，次のア～エから一つ選び，記号で答えなさい。

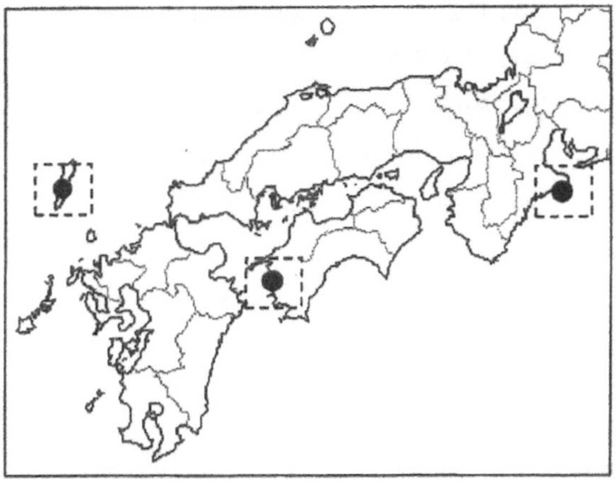

ア．こんぶの養殖　　イ．かきの養殖　　ウ．真珠の養殖　　エ．わかめの養殖

問8　下線部⑦に関連する以下の各問いに答えなさい。

Ⅰ．沖縄県では1人の女性が一生の間に産む子どもの平均数が全国平均よりも高いです。この平均数を何とよびますか，漢字7字で答えなさい。

Ⅱ．日本の少子高齢化にかかわる問題について述べた次の文X・Yについて，その正誤の組み合わせとして正しいものを，以下のア～エから一つ選び，記号で答えなさい。

X：今後，少子化が進行すると労働人口が減少することが考えられるため，高齢者の医療《いりょう》費や年金の費用を，少ない働き手で支えなければならなくなるという心配がある。

Y：日本の現在の人口ピラミッドは，出生率，死亡率がともに低い人口停滞《ていたい》の型であるつりがね型のかたちをしている。

ア．X：正しい　Y：正しい　イ．X：正しい　Y：誤り

ウ．X：誤り　Y：正しい　エ．X：誤り　Y：誤り

問9　下線部⑧に関連して，この発表は国勢調査の実施や行政組織管理などをになう省庁によっておこなわれました。この省庁の名称《めいしょう》を漢字で答えなさい。

問10　下線部⑨に関連して，下のグラフは世界の主な国の自動車生産台数の推移をしめしたものです。グラフ中の(a)～(c)にあたる国の組み合わせとして正しいものを，次のア～カから一つ選び，記号で答えなさい。

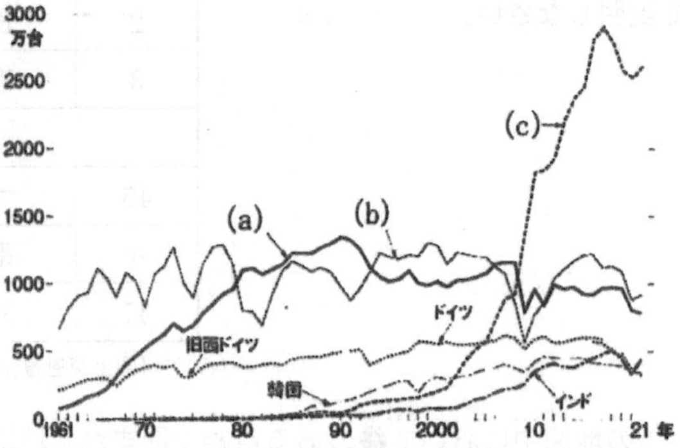

(『日本国勢図会 2022／23』より作成)

ア．(a)：アメリカ　(b)：中国　(c)：日本

イ．(a)：アメリカ　(b)：日本　(c)：中国

ウ．(a)：日本　(b)：アメリカ　(c)：中国

エ．(a)：日本　(b)：中国　(c)：アメリカ

オ．(a)：中国　(b)：アメリカ　(c)：日本

カ．(a)：中国　(b)：日本　(c)：アメリカ

問11　下線部⑩に関連して，下の表は産業別就業者数の都道府県別の割合をしめしたものです。表中の(a)～(c)にあたる都道府県の組み合わせとして正しいものを，次のア～カから一つ選び，記号で答えなさい。

都道府県	就業者数(2015年10月1日現在)			
	総数(千人)	第一次産業(%)	第二次産業(%)	第三次産業(%)
全国	58919	4.0	25.0	71.0
沖縄県	590	4.9	15.1	80.0
(a)	519	11.0	21.1	67.9
(b)	1865	3.9	33.2	62.9
(c)	4122	0.9	22.4	76.7

(『日本国勢図会2022／23』より作成)

ア．(a)：神奈川県　(b)：宮崎県　(c)：静岡県
イ．(a)：神奈川県　(b)：静岡県　(c)：宮崎県
ウ．(a)：宮崎県　(b)：神奈川県　(c)：静岡県
エ．(a)：宮崎県　(b)：静岡県　(c)：神奈川県
オ．(a)：静岡県　(b)：神奈川県　(c)：宮崎県
カ．(a)：静岡県　(b)：宮崎県　(c)：神奈川県

問12　下線部⑪について，次の日本の世界遺産とその所在地の組み合わせのうち正しいものはいくつありますか，数字で答えなさい。

・百舌鳥・古市古墳群―古代日本の墳墓群― … 奈良県
・「神宿る島」宗像・沖ノ島と関連遺産群 … 福岡県
・白川郷・五箇山《ごかやま》の合掌造り集落 … 岐阜県・富山県
・石見銀山遺跡とその文化的景観 … 鳥取県
・富岡製糸場と絹産業遺産群 … 群馬県

問13　下線部⑫に関連して，日本列島では，ある遺跡で見つかった石片が打製石器と認められたことで，1万年以上前から人が住んでいたことがはじめて証明されました。この遺跡名を漢字で答えなさい。また，この遺跡がある位置として正しいものを，右の地図上ア～エから一つ選び，記号で答えなさい。

問14　下線部⑬に関連して，弥生時代から古墳時代の日本の様子は，中国の歴史書から知ることができます。日本の様子について述べた次の文章ア～エを古いものから並べかえ，記号で答えなさい。

ア．興《こう》が亡くなり弟の武が王に即位《そくい》した。武はみずからを安東大将軍，倭国《わこく》王と称した。

イ．光武帝《こうぶてい》は倭の奴国の王に，印章と組みひもをさずけた。

ウ．楽浪郡《らくろう》から海をこえたところに倭人が住んでいる。そこは百あまりの小国に分かれている。

エ．その国では以前は男子を王としていた。七，八十年前に倭国は乱れ，戦いが続いた。そこで一人の女子を王に立てた。その名を卑弥呼という。

問15　下線部⑭について，12世紀におこったできごととして正しいものを，次のア～エから一つ選び，記号で答えなさい。

ア．東北地方の豪族であった清原氏一族の争いを源義家が平定した。

イ．崇徳上皇との勢力争いに勝利したのち，後白河上皇が院政を開始した。

ウ．後鳥羽上皇が，政権奪還《だっかん》を目的に北条義時追討の命令をだした。

エ．最澄と空海が中国にわたり，帰国後，新しい仏教を開いた。

問16　下線部⑮に関連する次の文章を読み，以下の各問いに答えなさい。

戦国大名たちはさまざまな工夫のもとで自身の治める領国を豊かにしようと試みました。甲斐国の戦国大名だった武田信玄も，その一人です。

山梨県にある釜無川《かまなしがわ》と御勅使川《みだいがわ》は，甲府盆地にむかって流れる急流河川で，山腹などを浸食し，大量の土砂を運び何度も氾濫《はんらん》をくり返した結果，土砂が積もってできた日本有数の(　　)を甲府盆地に形成しました。両河川は，古くからあばれ川として有名で，大雨が降ると洪水《こうずい》をおこし，甲府盆地中央部に大きな水害をもたらしていました。この水害に対応するため，武田信玄が治水事業に着手したといわれています。

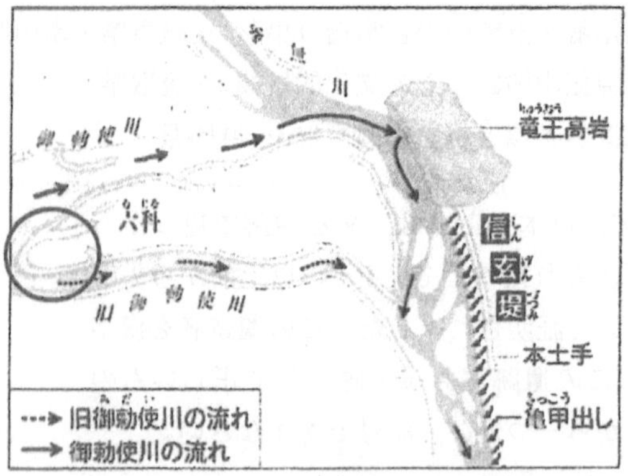

(山川出版社『中学歴史　日本と世界』より作成)

Ⅰ．文章中の(　　)に入る適切な語句を漢字3字で答えなさい。

Ⅱ．上の図は，武田信玄がおこなった治水事業をしめしたものです。武田信玄は，洪水を防ぐために図中の〇でかこまれた付近に石積みの堤防《ていぼう》をつくりました。その理由を，文章と図をふまえて説明しなさい。なお，説明の際は，次の語群の語句を必ず使用して答えなさい。

＜語群＞

御勅使川	釜無川

問17　下線部⑯に関連して，琉球王国は海外貿易を盛んにおこなうことで繁栄しました。この時代の琉球王国がおこなっていた貿易について，その形態を明らかにしたうえで特徴を説明しなさい。

問18　下線部⑰に関連して，この時代，シャム(現在のタイ)との交流の中で，沖縄を代表する酒である「泡盛《あわもり》」がうまれました。泡盛の原料である米は，主にタイ産の米が使用されていますが，タイは世界有数の米の輸出国として知られています。下の表Ⅰは日本の米の輸入先上位3カ国，表Ⅱは世界の米生産量，輸出入量の上位5カ国をしめしたものです。表中の空らん(　A　)～(　C　)に入る国名の組み合わせとして正しいものを，次のア～カから一つ選び，記号で答えなさい。

表Ⅰ：日本の米の輸入先の上位3カ国(2021年)

国名	輸入量(千t)
(　A　)	320
タイ	272
(　B　)	61

表Ⅱ：世界の米生産量，輸出量，輸入量の上位5カ国(2020年)

国名	生産量(千t)
(　B　)	211860
(　C　)	178305
バングラデシュ	54906
インドネシア	54649
ベトナム	42759

国名	輸出量(千t)
(　C　)	14463
ベトナム	5686
タイ	5665
パキスタン	3944
(　A　)	2792

国名	輸入量(千t)
(　B　)	2902
フィリピン	1908
サウジアラビア	1535
コートジボワール	1338
ガーナ	1320

(表はすべて『日本国勢図会 2022／23』より作成)

ア．A：インド　　B：中国　　C：アメリカ
イ．A：インド　　B：アメリカ　　C：中国
ウ．A：中国　　B：インド　　C：アメリカ
エ．A：中国　　B：アメリカ　　C：インド
オ．A：アメリカ　　B：インド　　C：中国
カ．A：アメリカ　　B：中国　　C：インド

問19　下線部⑱に関連して，鎖国体制下において交流のあった国や地域の説明として**誤っているもの**を，次のア～エから一つ選び，記号で答えなさい。

ア．朝鮮との貿易は，朝鮮の商人が長崎にやってきておこなわれた。
イ．日本がオランダとの貿易で輸入した主な品目は中国産の生糸であった。
ウ．松前藩は，幕府からアイヌの人々との交易の独占《どくせん》権を認められていた。
エ．中国との貿易は，長崎に設けられた唐人屋敷《とうじんやしき》でおこなわれた。

問20　下線部⑲について，江戸時代の将軍がおこなった政策について述べた次のア～エの文を古いものから並べかえ，記号で答えなさい。

ア．財政難を切りぬけるため，貨幣《かへい》の質を落とした元禄小判を発行した。

イ．前土佐藩主である山内豊信のすすめで，政権を朝廷に返した。

ウ．在職中に限って石高の不足を足す制度を定めた。

エ．参勤交代を武家諸法度で制度化した。

問21　下線部⑳について，下の文章は明治政府の発展に貢献《こうけん》した人物について述べたものです。文章中で説明されている人物の姓名を漢字で答えなさい。

　この人物は，明治政府の大蔵卿《おおくらきょう》などを歴任しました。1881年には，国会の早期開設を主張したのち，イギリス流のゆるやかな立憲主義を目指す政党の党首となりました。総理大臣を2度経験し，2度目の内閣の時に第一次世界大戦への参戦を決定しました。

問22　下線部㉑に関連する以下の各問いに答えなさい。

Ⅰ．1890年におこなわれた第1回衆議院議員選挙において，有権者として選挙権があたえられた人の資格は，

「直接国税(　　)円以上を納める満(　　)歳以上の男性」

です。(　　)に入る適切な数字を，解答らんに合わせてそれぞれ答えなさい。

Ⅱ．現在の衆議院には「衆議院の優越」といわれる参議院よりも強い権限が認められています。次のうち，衆議院の優越にあたるものはいくつありますか。数字で答えなさい。

・条約締結《ていけつ》の承認　　・憲法改正の発議
・内閣総理大臣の指名　　・予算の先議権
・内閣不信任の決議　　・国政調査権

問23　下線部㉒について，この年に成立した桂太郎内閣に対して，尾崎行雄らが藩閥《はんばつ》政治を批判し，政党による議会政治をもとめる運動をおこしました。この運動を何とよびますか。漢字で答えなさい。

問24　下線部㉓に関連して，太平洋戦争中のできごとについて述べた説明として**誤っているもの**を，次のア～エから一つ選び，記号で答えなさい。

ア．日本は，「大東亜共栄圏《だいとうあきょうえいけん》」の建設を戦争目的にかかげ，占領地の住民に日本を中心とした共存共栄の新しい地域をつくることを説いた。

イ．1944年にサイパン島が陥落《かんらく》すると，そこからやってくる爆撃機《ばくげきき》により日本国内は空襲《くうしゅう》を受けるようになった。

ウ．沖縄戦では中学生や女学生も戦場にかり出され，多くの学生が亡くなった。

エ．1945年8月8日，ソ連は日ソ共同宣言を破って日本に宣戦し，朝鮮や千島に侵攻《しんこう》した。

問25　下線部㉔について，1989年，マルタ会談で冷戦の終結が宣言されました。この会談に参加したソ連の書記長を答えなさい。

問26　下線部㉕について，次の資料は，サンフランシスコ平和条約の内容の一部を記したものです。(　　)に入る適切な語句を漢字2字で答えなさい。

第2条(c)日本国は，千島列島並びに日本国が1905年9月5日のポーツマス条約の結果として主権を獲得《かくとく》した(　)の一部及《およ》びこれに近接する諸島に対するすべての権利，※権原《けんげん》及び請求《せいきゅう》権を放棄《ほうき》する。
※権原…法律上，権利を正当なものとする根拠《こんきょ》のこと

問27　下線部㉖に関連する以下の各問いに答えなさい。

Ⅰ．日本国憲法が公布された年月日を西暦で答えなさい。

Ⅱ．大日本帝国憲法と日本国憲法を比較《ひかく》してみると，

第20条　日本(　a　)ハ法律ノ定ムル所ニ従ヒ兵役ノ義務ヲ有ス　(大日本帝国憲法)

第25条　すべて(　b　)は，健康で文化的な最低限度の生活を営む権利を有する。(日本国憲法)

以上のように，大日本帝国憲法と日本国憲法では，人民に対するとらえ方が異なります。資料中の空らん(　a　)・(　b　)に入る適切な語句を，それぞれ漢字2字で答えなさい。

Ⅲ．日本国憲法で保障されている人権の中に社会権があります。社会権とはあまり関係がないと考えられるものを，次のア～エから一つ選び，記号で答えなさい。

ア．公的扶助　　イ．表現の自由
ウ．学ぶ権利　　エ．団体行動権

問28　下線部㉗に関連して，1950年代後半～1960年代にかけての日本では，経済成長の一方で，公害問題が起こりました。この時代の公害問題について述べた次の文X・Yについて，その正誤の組み合わせとして正しいものを，以下のア～エから一つ選び，記号で答えなさい。

X：四大公害病の1つであるイタイイタイ病の原因は，神通《じんづう》川上流の金属鉱山から流れ出たカドミウムによる川の汚染《おせん》であるとされている。

Y：公害に対する住民運動が高まった結果，政府は1967年に公害対策基本法を制定した。

ア．X：正しい　Y：正しい　　イ．X：正しい　Y：誤り
ウ．X：誤り　Y：正しい　　エ．X：誤り　Y：誤り

問29　下線部㉘に関連して，沖縄県の経済は，ながらくアメリカ軍が駐留《ちゅうりゅう》することで生まれる雇用《こよう》や消費などにたよる「基地経済」への依存《いぞん》度が高いといわれてきました。一方，米軍基地が沖縄の経済に大きく貢献しているとはいえないという意見もあります。後者の意見が出る理由について，次のグラフⅠ・表Ⅱをふまえてあなたの考えを述べなさい。

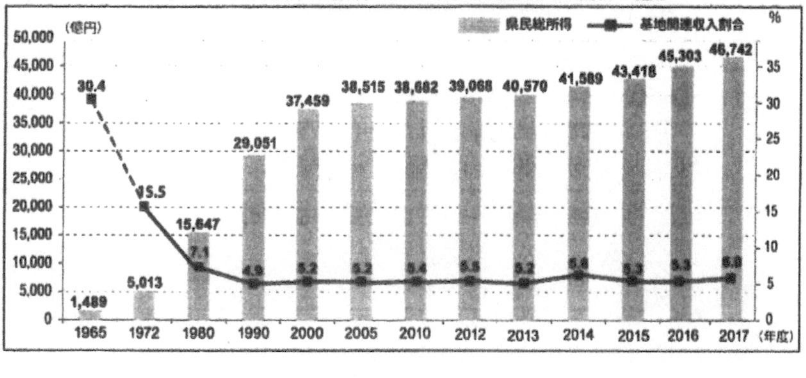

グラフⅠ：沖縄県民総所得に占める基地関連収入の割合の推移

表Ⅱ：基地跡地利用における経済効果と雇用者数の比較

現在は日本に返還されている アメリカ駐留軍用地跡地	沖縄県への経済効果 （億円／年）		雇用者数 （人）	
	返還前	返還後	返還前	返還後
A地区	52	1634	168	15,560
B地区	34	489	159	4,636
C地区	3	336	0	3,368

（グラフⅠ・表Ⅱともに『沖縄から伝えたい。米軍基地の話。Q&A　Book　令和２年版』より引用・作成）

というところも、ご主人が亡くなったというつらい現実から少しでも離れて、「子供を不安にさせないように」するための奥様の「振る舞」いの一つだと考えられます。

（Ｘ）…入るものとして最も適切な語句を漢字二字で考えて答えなさい。

（Ｙ）…入るものとして最も適切な語句を三字で考えて答えなさい。

（Ｚ）…入るものとして最も適切な箇所を問題文中から二十字で抜き出し最初と最後の三字を答えなさい。

問五　═══線部《Ⅰ》「いい子、いい子」と═══線部《Ⅱ》「いい子、いい子」について。

（1）奥様が《Ⅰ》「いい子、いい子」して欲しいと望んだ理由を説明した次の文の（　　）に入る適切な言葉を四十字以内で答えなさい。

心の支えであったご主人に（　　　　）から。

（2）娘さんの《Ⅱ》「いい子、いい子」は何のために行ったと考えられるか、三十字以内で説明しなさい。

問六　本文のテーマとして最も適切なものを次の選択肢ア～エから一つ選び、記号で答えなさい。

ア　家族の絆《きずな》　　イ　亡き夫の娘への思い

ウ　夫を亡くした妻の苦しみ　　エ　親子の支え合い

注
＊1　喪主……葬儀を主催する人。
＊2　怪訝そうな顔……わけがわからなくて納得がいかない表情。
＊3　納棺式……亡くなった人を棺に入れる儀式。ご遺体を清めたり化粧をしたりすることもある。
＊4　安置室……葬儀や火葬が行われるまでの間、遺体を保管しておく場所。

問一　――線部①「今回の喪主さん、旦那さんを突然亡くしたのに、ずっと笑ってるんだよね」とあるが、この時の話し手の様子の説明として最も適切なものを次の選択肢ア～エから一つ選び、記号で答えなさい。

ア　思いがけない出来事に激しく動揺しているんだろうなと喪主さんを哀れんでいる様子。
イ　大切な人を急に失って悲しくないのかなと喪主さんの気持ちをはかりかねている様子。
ウ　大事な人が亡くなっているのでここで笑うべきではないと喪主さんを強く非難している様子。
エ　天国のご主人を心配させないためにあえて笑う喪主さんの気持ちを理解できないでいる様子。

問二　――線部②「行く手を阻んでいるように見えます」とあるが、なぜ「私」はこのように感じてしまうのかをわかりやすく説明しなさい。

問三　――線部③「少しほっとしているような奥様にひとつ提案しました」とあるが、「私」がそうした理由を説明したものとして最も適切なものを次の選択肢ア～エから一つ選び、記号で答えなさい。

ア　お通夜などでいそがしくなる奥様には一人で考える時間が必要だと考えたから。
イ　みんなが抱く奥様の印象を変えなければ、奥様が誤解され続けると考えたから。
ウ　誰にも気を使うことなく自分の心に正直に振る舞うことが必要だと考えたから。
エ　不安な気持ちを抱える子供には、多くの人が関わることが重要だと考えたから。

問四　――線部④「今まで子供を不安にさせないように、無理に明るく振る舞い頑張ってきた」について、次の先生と生徒A、Bの会話文中にある（　X　）～（　Z　）を後の指示にしたがって答えなさい。

先生　ご主人が亡くなり娘さんを育てていかなければならないという親としての（　X　）感から「子供を不安にさせないように」するために「無理に明るく振る舞」っているんだろうね。それじゃあ、「無理に明るく振る舞」っていたというのは、具体的にどういうことをしていたのかな？

生徒A　「笑う」ということですかね。確かに奥様自身が（　Y　）に沈まないように「笑う」こともあったと書いてありますが「子供を不安にさせないように」するためだったとも考えられます。

生徒B　「笑う」こともその理由にあたりますが、「（　Z　）」

た。③少しほっとしているような奥様にひとつ提案しました。

「ご主人とおふたりだけの時間を作りませんか？」

奥様は少し下を向き、考えた後、決心したように顔をあげました。

「納棺師さんも一緒に来てくれますか？」

40名程が座れる式場には、白を基調とした花で作られた祭壇がしつらえられ、部屋中が花の香りでいっぱいです。特に香るのが白百合。中央には笑ったご主人の遺影が掛かり、奥様とストレッチャー（移動式のベッド）の上のご自身を見下ろしています。

ストレッチャーにゆっくりと近づき、冷たくなった手を握りながら決心したように、ご遺体のお顔を見つめてゆっくりと話します。

「頭を撫《な》でて欲しいの……」

「《Ⅰ》いい子、いい子して欲しい……」

奥様の言葉が、ご主人に頭を撫でて欲しいということだと理解をするのに、少し時間がかかりました。

「頭を撫でてもらうことはできますか？」

今度は私への言葉です。

「もちろんできます！」

胸の上で組んでいた左腕の関節をマッサージし、ご主人の手をゆっくり伸ばすと、奥様が自分の頭をご主人の手のひらの下に潜り込ませます。下を向いたまま奥様は、ようやく小さな声を出して泣くことができました。

そして何度も、

「私、頑張ったよね」

とご主人に語りかけます。

今、私の隣にいる小さな背中の女性は、④今まで子供を不安にさせないように、無理に明るく振る舞い頑張ってきたのです。

「主人はいつもこうやって頭を撫でてくれたの」

顔をあげて言ったその言葉に、私はなんて返していいかわかりません。本当に頑張りましたね、と思ったものの口には出せず、うなずくことしかできませんでした。その後、納棺式、通夜と進むと、奥様はまた、あの笑顔に戻り、お子さんやご親戚、ご友人と話をされていました。何となく後ろ髪引かれる思いでその場を後にしました。

それから2週間ほど経ったある日、葬儀会社の担当者さんから電話がありました。朝、式場へ寄ってほしいと言われ、指定の時間に行くと、久しぶりにあの奥様と娘さんにお会いすることができたのです。

娘がどうしても渡したかったものがあると奥様が言います。すると娘さんは、手にもった小さな紙袋から折り紙で作った金メダルを出して言いました。

「パパをきれいにしてくれてありがとう」

私は嬉しくて女の子のもとに走りより、金メダルを首からかけてもらおうと跪《ひざまず》きました。背伸びをして私の首にメダルをかけると、小さな手で私の頭をポンポンと撫でながら、

「ありがとう」

と笑うのです。

あっ、ご主人の《Ⅱ》いい子、いい子だ！

はっとして奥様を見ると目が合い、彼女は「そうそう」と言うようにうなずきながら笑っていました。

（大森あきこ『最後に「ありがとう」と言えたなら』新潮社）

【三】　次の文章は、亡くなった人の体を清めるなど、通夜の準備をする納棺師という仕事をしている「私」が書いたものである。これを読んで、後の各問に答えなさい。なお、設問の都合上、本文は省略されているところがある。

①「今回の＊1喪主さん、旦那さんを突然亡くしたのに、ずっと笑ってるんだよね」

そう言って、葬儀会社の担当者さんは＊2怪訝《けげん》そうな顔のまま、私にドライアイスの入ったバッグを渡しました。

納棺式を行っていると、突然の死別への反応として、なかなか周囲の人に理解してもらえない態度をとる方がいらっしゃいます。この時の喪主さんもそんな誤解を受けたひとりでした。

ご遺族とお会いしたのは季節外れの大雪が降った次の日でした。

葬儀会社からの依頼は、お通夜までの6日間のドライアイスの交換と、通夜の前に行う＊3納棺式です。亡くなったご主人は30代で、バイクの事故で突然帰らぬ人となりました。喪主の奥様も30代で小さなお子さんがいるとお聞きしています。

大きなメイクバッグは心なしか、いつもより重い気がします。

＊4安置室がある式場の敷地は朝早くから社員総出で雪かきをし、駐車場にアスファルトの黒い道ができていました。まるで「こちらです」とご遺族を誘導しているように見えます。

しかし、社員や業者しか使用しない裏の階段は、前日降った雪が固く張り付き、②行く手を阻《はば》んでいるように見えます。メイクバッグを持ったまま、滑らないように恐る恐る歩き、安置室への入口がある階段の一番上に何とか到着しました。

ドアの前に立つと中から女の子の声がしました。会話というより笑い声が聞こえてくることに驚き、開けようと伸ばした手を止めます。しばらく耳を澄まし、笑い声が止んだタイミングで、

「失礼します」

と声をかけて中に入りました。

（中略）

奥様とお子さんに囲まれ、傷を隠し、少し血色も足します。

「パパはおっちょこちょいだね。こんな怪我しちゃって」

奥様はお子さんに、まるでお父さんが生きているように話します。

「パパ、ダメだねー」

後を追うようにお子さんも言います。

それから4日間、奥様はわざわざ、私がドライアイスを交換する時間に合わせて、おにぎり持参でお子さんと一緒に安置室へ通ってこられました。もしかしたら、奥様は誰かと一緒にいることで自分を保っていたのかもしれません。

安置室で何度か会うと、少しずつ気持ちを話してくださるようになりました。

ご主人は転勤族で周りには頼る人がいないこと、子供が不安がっているから泣いていられないこと、それ以上に笑ってないと泣いてしまいそうになること。それを聞いてこちらが涙目になるのを見て、

「何で納棺師さんが泣くのよ」

と笑って私の肩を軽くたたくのです。

通夜になって九州の実家から奥様のお母さんがいらっしゃいまし

＊2　ジェンダーバランス……性別による差。
＊3　リコメンド……すすめる。
＊4　吃音……言葉が正しく発音されなかったり繰り返されたりすること。
＊5　パラメータに還元できない……ここでは「決まった型にはまらない」という意。
＊6　ステレオタイプ……型にはまった画一《かくいつ》的なイメージ。

問一　（ a ）～（ c ）に入る言葉として最も適切なものを次の選択肢ア～カから一つずつ選び、記号で答えなさい。ただし、同じ記号を二度以上用いてはならない。

ア　確かに　　イ　むしろ　　ウ　ところで
エ　たとえば　　オ　すなわち　　カ　ところが

問二　（ i ）、（ ii ）に適切な言葉をそれぞれ漢字二字で答えなさい。

問三　═══線部《X》「米アマゾン社」と《Y》「複数の米大手企業」の「採用試験」はどのような問題点を含む結果となったのか、三十字以内で説明しなさい。

問四　――線部①「重大な罠」について説明した最も適切なものを次の選択肢ア～エから一つ選び、記号で答えなさい。

ア　AIに「人間」のさまざまなデータを学習させれば改善をはかれると思い込んでいること。
イ　AIを作った外国籍の会社に、AIの弱点を修正してもらうという他人任せの考えのこと。
ウ　AIを作った会社が訴えられることで、AIの開発が予定通り進まなくなってしまうこと。
エ　会社の採用試験にAIを用いることで、人間の価値がAIよりも低く見られてしまうこと。

問五　――線部②「横断歩道のない場所で道を渡る人」がいることについて説明した最も適切なものを次の選択肢ア～エから一つ選び、記号で答えなさい。

ア　生死に関わるほどの重要な規則であっても、結局人間は規則を破《やぶ》ってしまうということ。
イ　人間は規則を破ることもあり、どのように行動するかは一人一人によって異なるということ。
ウ　車の自動運転の実現には大きな課題があることを命がけで教えてくれた人がいるということ。
エ　歩行者は車道であっても自分にとって都合よく道路を横断しようとしているということ。

問六　――線部③「いや、他方で違う未来も見える気がする」とあるが、筆者が不安を感じてしまう未来の「人間」のあり方について説明した次の文の（ Ⅰ ）・（ Ⅱ ）に入る適切な言葉をそれぞれの指示にしたがって答えなさい。

「人間」は本来（ Ⅰ 本文中から三字で抜き出し ）があり、その人だけの世界を持っているが、人間が（ Ⅱ 二十字以上三十字以内 ）ことになってしまうという不安。

下すことができるようになる。人間は現実の世界の中で学ぶが、AIにとっては与えられたデータがすべてだ。データに偏《かたよ》りがあれば、偏った判断を下すAIになってしまう。結果として、人間の社会に含まれる偏見が、写し鏡のように、AIに移行してしまうことがある。

たとえば2018年には、《X》米アマゾン社が採用試験を自動化するために開発したAIにバイアスがあったことが明らかになった。このAIは、過去10年間の採用実績にもとづき、応募者の履歴書を1～5個の星の数でランクづけする。（ b ）実際に動かしてみると、「女子大学」「女子チェスクラブ部長」など「Woman」という言葉が入っている履歴書を低く評価する傾向が明らかになったのだ。アマゾンは全社員のうち約6割が（ i ）だ。この＊2ジェンダーバランスに倣《なら》ったために、（ ii ）を差別する採用システムができあがってしまったのである。

採用試験にAIを用いる動きは、アマゾン以外にも広がっている。（ c ）、《Y》複数の米大手企業が、ビデオを用いた面接を導入している。応募者は実際に人事担当者に会うことなく、パソコンのモニター越しに与えられた質問に答えていく。その様子は映像に撮られ、AIがそれを分析する。しゃべり方や声のトーン、表情の変化などから、次の面接に進むべき人物を＊3リコメンドするのだ。このシステムが、まひや＊4吃音《きつおん》の当事者など、流暢《りゅうちょう》な発語が難しい応募者をあらかじめ排除するものであることは言うまでもない。

こうしたバイアスをなくすために、学習に用いるデータに多様性をもたせ、偏りがないようにすることは重要だろう。人種、ジェンダー、障害の有無等、さまざまな人間がいることをAIに知ってもらい、「人間」なるものの定義を精緻《せいち》化していくのだ。アメリカでは、AI製造元の責任を問う動きもある。

しかし、だ。実はここにこそ①重大な罠《わな》があるのではないか。そもそも私たちは、有限個の特徴の束によって記述し尽くせるような存在ではないはずだ。現実とそれについての記述はイコールではない。生きているということは、＊5パラメータに還元できない、その人だけの世界を持っているということだ。そのことを忘れて現実と記述を同一視してしまうと、多様性を目指していたはずが、人間を＊6ステレオタイプに固定してしまうことになる。

18年にアメリカで自動運転テストカーが、歩行者を死亡させる事故が起きた。その車に搭載《とうさい》されていたシステムが、②横断歩道のない場所で道を渡る人がいることを、想定していなかったのである。そう、人間とは、横断歩道がなくたって道を渡るような自由な存在なのだ。

③いや、他方で違う未来も見える気がする。それは、AIが想定する定義に合わせて、人間が横断歩道以外の場所では絶対に道を渡らなくなる未来だ。パソコンしかり、スマホしかり、新しいテクノロジーが登場すると、人間はむしろ自分の方をそれに合わせて作り変えてしまう傾向がある。AIそのものを否定するつもりはない。だがそこに潜むバイアスに、私たちは十分注意する必要がある。なぜならその本当の意味は、AIが人間を機械のようなものだと見下し、そして実際に人間が機械のようになっていくことにあるのだから。

（伊藤亜紗　朝日新聞二〇二〇年一月十五日・夕刊）

注　＊1　バイアス……かたより。

【国　語】〈五〇分〉〈満点：一五〇点〉

【注意】1、字数制限のある問題では、句読点やかっこ、その他の記号も一字として数えます。
2、問題文には、設問の都合で、文字・送りがななど、表現を改めたり、省略したところがあります。

【一】次の各問に答えなさい。

問一　次の①～⑮の各文の――線部のカタカナを漢字で書き、――線部の漢字の読み方をひらがなで書きなさい。

① トランプのエフダを集める。
② 問題のコンテイにあるものを考える。
③ 彼は海外生活の経験がホウフだ。
④ 川のキシベを歩く。
⑤ 地面をスイヘイにならす。
⑥ 話を聞くシセイに気をつける。
⑦ 音楽の授業でカシを覚える。
⑧ 白のキヌイトでほつれを直す。
⑨ 冬は日がクれるのが早い。
⑩ 五輪が終わり役職からシリゾく。
⑪ 領土問題で暗雲が立ちこめる。
⑫ 悲しいことに戦闘が始まった。
⑬ 寒さで樹氷ができた。
⑭ 仲間の応援に奮い立つ。
⑮ お米を俵でもらう。

問二　次の《例》にしたがい、（　）に入る数字の合計を［a］～［c］にそれぞれ漢数字で答えなさい。

《例》
問　［・（　）つに組む。・（　）も（　）もなく。⇒［　］］
答　［・(四)つに組む。・(一)も(二)もなく。⇒［七］］

［・（　）矢を報いる。　・（　）の足を踏む。→［a］］
［・（　）足のわらじをはく。・（　）拍子そろう。→［b］］
［・（　）石を投じる。　・（　）の（　）の言う。→［c］］

問三　［　］の意味を持つ慣用表現となるように（Ⅰ）は漢字一字を、（Ⅱ）は最も適切な二字の語をそれぞれ答えなさい。

・（Ⅰ）も承知……［わざわざ言われなくても十分わかっている様子。］
・うそ八（Ⅰ）……［たくさんのうそ。または全部がうそのこと。］
・顔が（Ⅱ）……［世間に対して名誉が保たれること。］
・角が（Ⅱ）……［理屈っぽい言い方などによって他人との関係が穏やかでなくなること。］

【二】次の文章を読んで、後の各問に答えなさい。

AIの＊1バイアスをめぐる議論が世界的に盛んになりつつある。バイアス、（ａ）偏見や差別のことだ。
周知の通り、AIは膨大なデータを学習することによって、判断を

MEMO

大切なことはメモしておこうネ！

2023年度

逗子開成中学校入試問題(2次)

【算　数】（50分）〈満点：150点〉

【注意】 1. 定規・コンパス・筆記用具以外の使用は認めません.

2. 問題用紙や解答用紙を折ったり切ったりして，問題を解くためのヒントとなる形に変形することを禁止します.
3. 考え方を書く指示がある問題以外は，答えだけを書いてください.
4. 答えに単位が必要な問題は，必ず単位をつけて答えてください.
5. 答えが分数になる場合は，それ以上約分できない一番簡単な分数で答えてください．また，仮分数は帯分数に直してください.
6. 図やグラフをかいて答える問題に対し，定規・コンパスを忘れた場合は手がきでていねいにかいてください.

1 次の $\square$ にあてはまる数を求めなさい.

（1） $5+5\times(5\times5\times5+5)-5\times\{5\div5+5\times(5+5)\}=\square$

（2） $1.2\times1.9+0.48\times13-0.03\times36+17.16\div13=\square$

（3） $2-\left\{\left(\dfrac{3}{5}-\square\right)\div\dfrac{2}{9}+1\dfrac{4}{7}\right\}=\dfrac{1}{35}$

2 次の各問いに答えなさい.

（1） 父は現在41さい，2人の子どもは9さいと6さいです.
2人の子どもの年れいの合計が父の年れいと等しくなるのは何年後ですか.

（2） 119と289の最小公倍数を求めなさい.

（3） ズーくん，シーくん，カイくん，セイくんの4人が1つずつプレゼントを持ち寄り交換することにしました．4人とも自分以外の子が持ってきたプレゼントを受け取りました．このような交換方法は全部で何通りありますか.

（4） Aくん，Bくん，Cくんの3人が2人ずつ200m走で勝負をしました．Aくんがゴールしたとき，Bくんはゴールの手前25mの位置にいました．次の勝負ではCくんが180m走ったときに，Bくんはゴールしました．このとき，AくんとCくんが勝負したとき，どちらが何m差をつけて勝ちますか．ただし，3人はいつも一定の速さで走ります.

（5） 右の図の三角形ABCを，点Cを中心に時計回りに19°回転させた図形が三角形DECです.
このとき，角xの大きさを求めなさい.

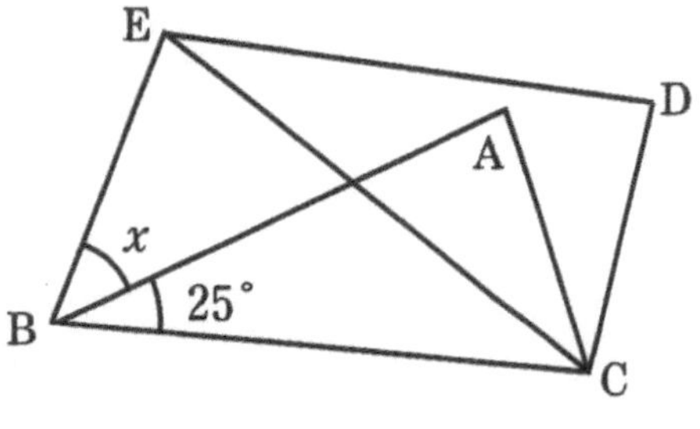

（6） 右の図の直角三角形CEGの面積は25cm^{2}です．点Eは辺ADの真ん中の点，点Fは辺ABの真ん中の点です．このとき正方形ABCDの面積を求めなさい．

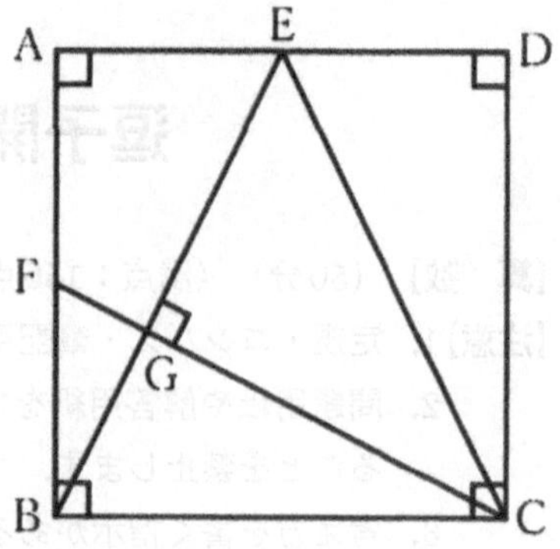

3 ZK社で働いている社員Mさんが，1人で毎日休まず働けば72日で終わる仕事があります．また同じ会社の社員GさんとMさんが2人で毎日休まず働けば，この仕事は18日で終わります．このとき，次の各問いに答えなさい．

（1） 社員Gさんが1人で毎日休まず働くと，この仕事は何日で終わりますか．

実際には毎日休まず働くと大変なので，（2），（3）は次のルールで働くことにします．

・社員Mさんは，5日連続で働き2日連続で休むことをくり返す

・社員Gさんは，1日働き1日休むことをくり返す

（2） ルールにしたがって社員Mさんが1人でこの仕事を終わらせるには，始めてから何日かかりますか．

（3） ルールにしたがって社員Mさんと社員Gさんが協力してこの仕事を終わらせるには，2人で始めてから何日かかりますか．

4 図1のように，1辺が2cmの正方形の中に半径1cmの円の一部を組み合わせて模様を作り，囲まれた部分に斜線を引きました．この模様の付いた正方形を正方形A，正方形Aの斜線部分の図形を分銅Aと呼ぶことにします．次に，正方形Aを図2のように，いろいろな大きさの正方形になるようにしきつめていきます．このとき，次の各問いに答えなさい．ただし円周率は3.14とします．

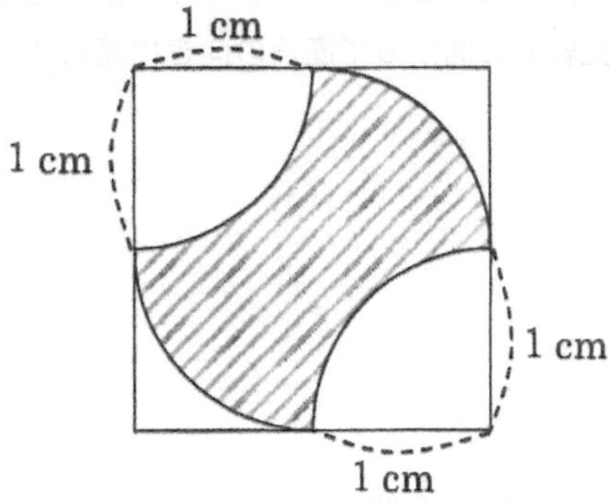

図1

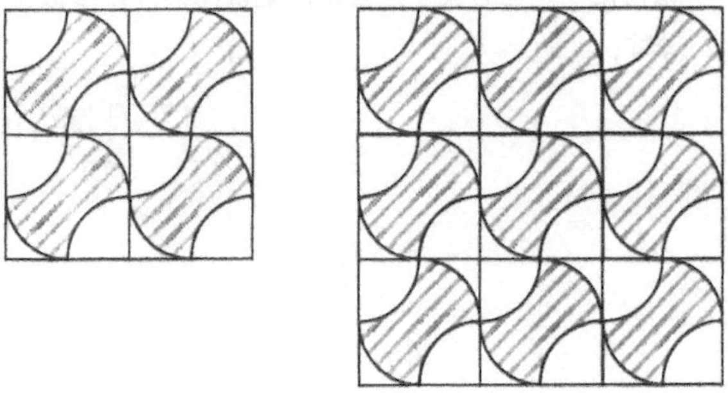

図2

（1） 正方形Aを1辺が12cmの正方形になるようにしきつめたとき，分銅Aの面積の合計を求めなさい．

（2） 正方形Aをしきつめていくと，色の付いていない部分にも分銅Aと合同な図形が現れます．これを分銅Bと呼ぶことにします．1辺が12cmの正方形になるようにしきつめたときに現れる分銅Bの面積の合計を求めなさい．

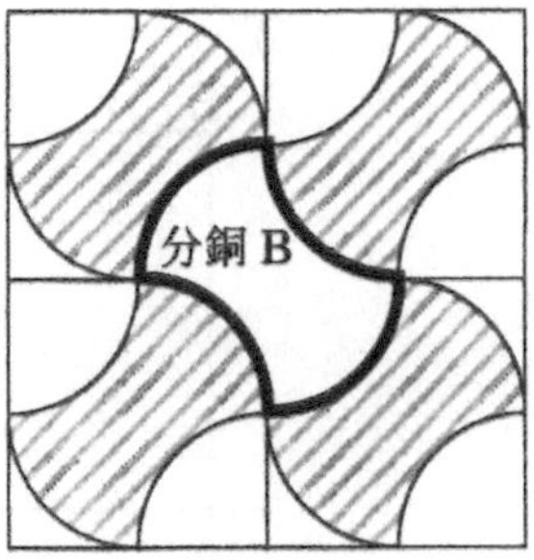

（3） 分銅Aと分銅Bの面積の合計が初めて1000cm^{2}より大きくなるのは，1辺の長さが何cmの正方形に正方形Aをしきつめたときですか．

5 ズトシくんはZ湾で遠泳をしました．下の図はズトシくんが泳いだ経路の一部です．まず点Aから，波打ち際の直線nに直角の向きに泳ぎ始め，沖へ27分泳いで点Bに着きました．次に向きを変え，直線nに平行の向きに泳ぎましたが，実際には潮があって点Cまで流されました．点Cから再び向きを変えABと平行に13分泳ぎ点Dにたどり着きました．泳いだ時間は合計48分で泳いだ距離は合計1858.5mでした．

このとき，次の各問いに答えなさい．ただし，潮の速さ，潮が無いときのズトシくんの泳ぐ速さは常に一定とします．また，潮は海の沖から波打ち際の直線nに向かって直角の向きに流れています．

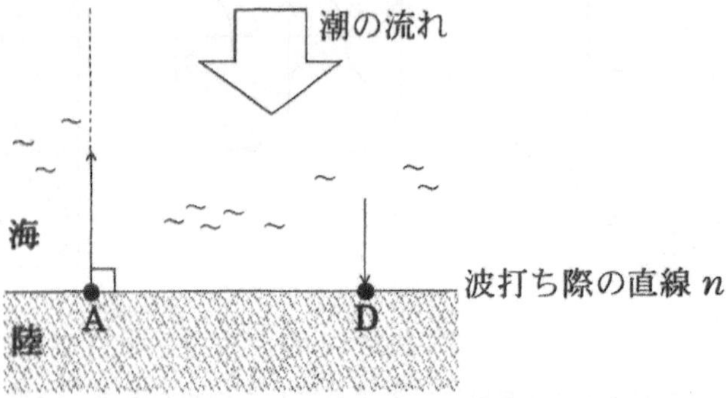

（1） ズトシくんが泳いだA→B→C→Dまでの経路を次の(ア)～(ク)から選びなさい．

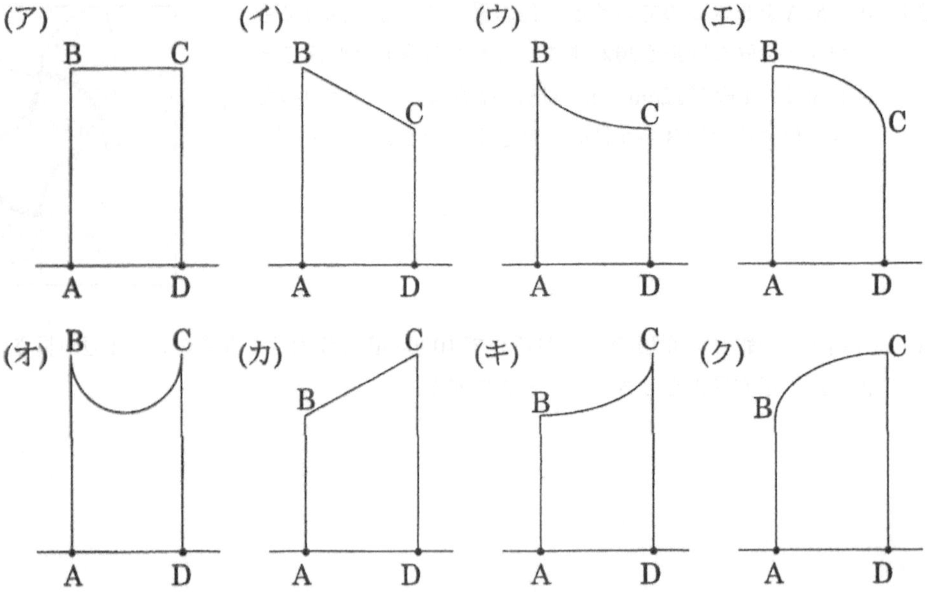

（2） 潮が無いときのズトシくんの泳ぐ速さと潮の速さの比を求めなさい．

（3） BC間の距離は350mでした．潮の速さは分速何mですか．ただし，答えだけではなく，途中の考え方も書きなさい．

【理　科】（40分）〈満点：100点〉

【1】 生態系について，下の問いに答えなさい。

地球上には多くの生物が生息しており，多くのa生物がたがいに深く関わり合って生活をしています。生物と生活している自然環《かん》境をあわせて生態系といいます。

台風や山火事などによって自然状態が大きく変わり，その場所に生息する生物に影響《えいきょう》を与えることを「かく乱」といいます。b大規模なかく乱が生じると生態系のバランスがくずれ，生物の種数に大きな変化が起こります。このような場合はかく乱に強い種だけが存在するような生態系になると考えられます。逆にかく乱がほとんど起こらなければ，生物どうしの競争に強い種だけが存在する生態系になると考えられます。

また，c外来生物によってもかく乱が生じることがあります。池の水を抜くという内容のテレビ番組もありますが，この池の水をくみ出す作業をd「かいぼり」といい，外来生物を駆《く》除することで生態系を守ることや，水質浄《じょう》化などを目的としています。

（1） 下線部aについて，生物が食べる食べられるという関係でつながっていることを何といいますか。

（2） 下線部bについて，かく乱の規模と生物の種数の関係を表したグラフとして適したものを次のア～エから1つ選び，記号で答えなさい。

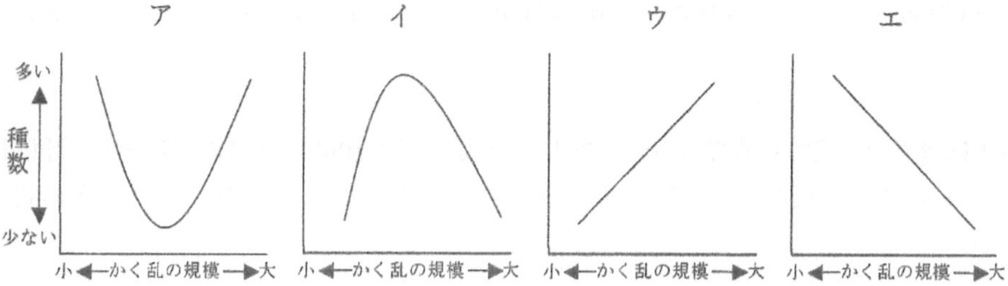

（3） 下線部cの具体例として，誤っているものを次のア～オから1つ選び，記号で答えなさい。

ア．セイヨウタンポポが繁殖《はんしょく》した結果，カントウタンポポの数が減ってしまった。

イ．森林を伐《ばっ》採したことで生物の住みかが減り，生物の種数が減ってしまった。

ウ．アメリカザリガニが水生こん虫や小さな魚類を捕《ほ》食してしまう。

エ．ペットショップで買った亀を近くの川に逃がしてしまう。

オ．日本のワカメがオーストラリアの沿岸で繁殖してしまった。

（4） 下線部dについて，ある池でかいぼりを行い，外来生物であるオオクチバスを除去しました。図1，図2はオオクチバスの除去前と除去後のトンボ類の幼虫の個体数の変化，タナゴ類の個体数の変化をそれぞれ表しています。これらの図から読み取れることとして正しいものを次のア～オから1つ選び，記号で答えなさい。

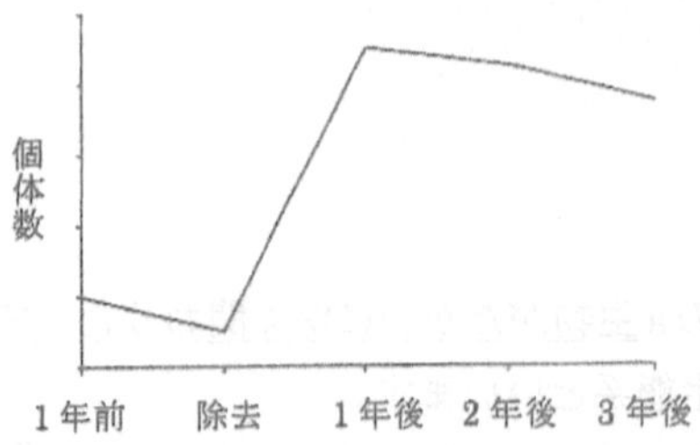

図1　トンボ類の幼虫の個体数変化

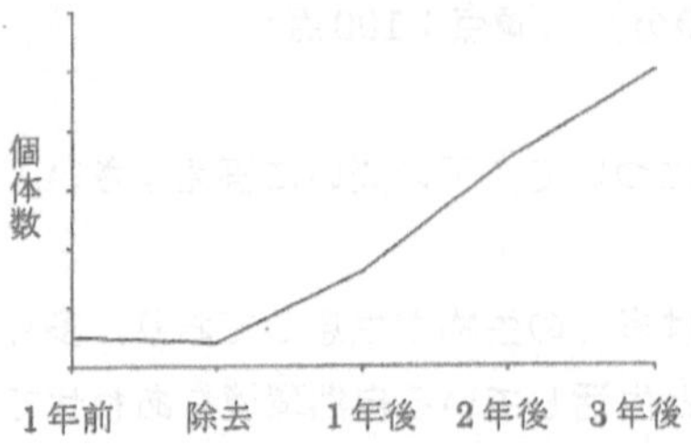

図2　タナゴ類の個体数変化

ア．オオクチバスはトンボ類の幼虫やタナゴ類に捕食されていた。

イ．オオクチバスはトンボ類の幼虫よりもタナゴ類を好み多く捕食する。

ウ．タナゴ類やトンボ類の幼虫の個体数の減少はオオクチバスとは無関係だった。

エ．タナゴ類はトンボ類の幼虫を捕食している。

オ．オオクチバス以外にもトンボ類の幼虫の個体数を減らす要因がある。

（5） 2015年9月に国連サミットで「持続可能な開発目標」というより良い世界を目指すための国際目標が提示されました。全17の目標のうち，目標15は「陸の豊かさも守ろう」となっています。森林の減少を止め，陸の生態系を守るための取り組みを行うことを目標としています。

① 「持続可能な開発目標」をアルファベット4文字で表しなさい。

② 地球の森林の面積は，25年間で約1300000km^{2}減少しています。これと同じだけの量が日本の森林で減少したとすると，日本の森林は何年間で全て失われますか。日本の国土面積を378000km^2，日本の森林の面積は国土の65％とし，小数第1位を四捨五入して整数で答えなさい。

【2】 日本は世界的に見ても地震《しん》が多い国です。それは，厚さ100km程度のプレートと呼ばれる岩石の板が日本付近に4枚あり，となりあって動いているためです。地震について，下の問いに答えなさい。

（1） プレートがとなりあって動いているために，大地には大きな力が加わります。ある崖《がけ》を観察したところ，図1のように地層a，b，cがずれていました。

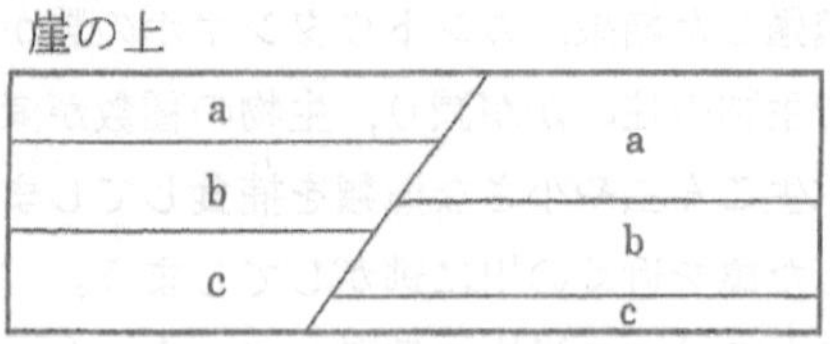

図1

① 崖に見られた地層のずれを何といいますか。漢字2文字で答えなさい。

② この地層のずれは，どの方向から力が加わったためにできましたか。次のア～エから1つ選び，記号で答えなさい。

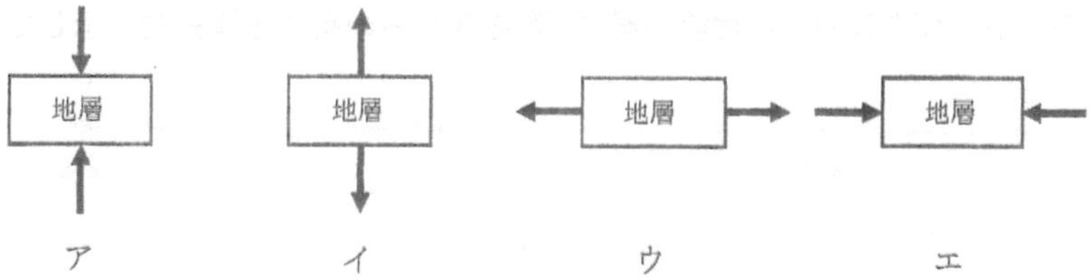

③　地震が発生すると，液状化現象が起こるときがあります。液状化現象についての説明として誤っているものを次のア～エから1つ選び，記号で答えなさい。

ア．うめ立て地や三角州などで起こりやすい。

イ．重い建物がうき上がったりする。

ウ．地震のゆれで地中の土砂と水が分かれる。

エ．地面が液体のようになる。

④　震源が海底にあると，津波が起こるときがあります。津波についての説明として正しいものを次のア～エから1つ選び，記号で答えなさい。

ア．地震のゆれの伝わる速さよりも津波の速さは速い。

イ．津波の速さは水深が深いところほど速い。

ウ．陸地に近づくほど津波の高さは低くなる。

エ．火山のふん火で津波が発生することはない。

(2)　地震の大きさは，震度とマグニチュードで表します。震度は，ある場所での地震によるゆれの強さを表し，マグニチュードは地震そのものの大きさ(規模)を表します。これは，電球の明るさと電球に照らされた周りの明るさとの関係によく似ています。図2に示すように明るさの異なる2種類の電球で，同じ高さから机を照らしています。この実験からわかることを次のア～エから1つ選び，記号で答えなさい。

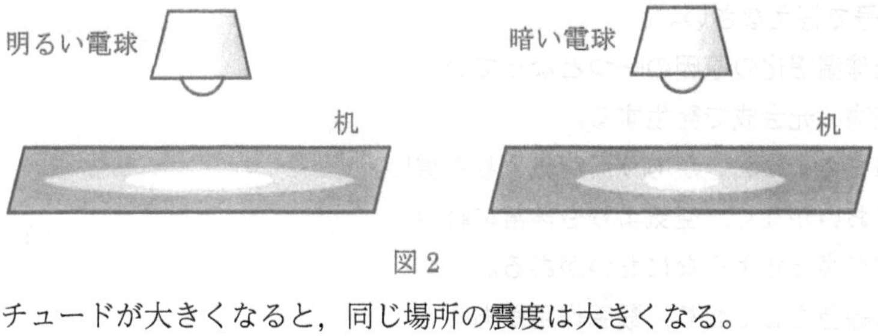

図2

ア．マグニチュードが大きくなると，同じ場所の震度は大きくなる。

イ．マグニチュードは震源に近い場所では大きく，遠い場所では小さくなる。

ウ．マグニチュードが大きいと，ゆれの範《はん》囲はせまくなる。

エ．マグニチュードの大きさに関係なく，震度はどこでも同じになる。

(3)　地震のゆれは地震波によって起こります。地震が起こると，P波とS波という2種類の地震波が震源から同時に発生します。P波は伝わる速さが秒速7kmくらいです。S波は伝わる速さが秒速4kmくらいで強いゆれを起こします。

緊《きん》急地震速報は，先に伝わるP波を機械などで検知した段階で，S波が伝わってくる前に危険が迫《せま》っていることを知らせる仕組みです。

図3は，都市A，都市Bのある地震の震源(震央)Xからの距離を模式的に示しています。

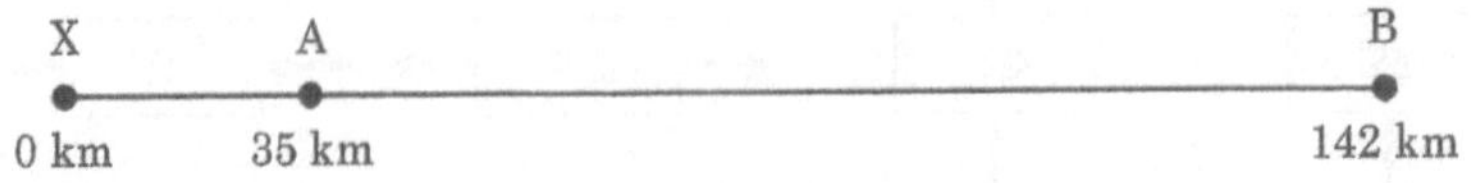

図3

① 都市AにP波が到《とう》着するのは，地震発生から何秒後ですか。

② 都市AにP波が到着してから，0.5秒後に都市Bで緊急地震速報を受信しました。都市BにS波が達するのは，緊急地震速報を受信してから何秒後ですか。

【3】 気体の性質について，下の問いに答えなさい。

(1) 6種類の気体A～Fは，水素，酸素，二酸化炭素，ちっ素，アンモニア，塩化水素のいずれかであることがわかっています。次のような実験を行いました。

[実験1]

気体B，C，Dをそれぞれ試験管にとり，火のついた線香を入れると気体BとDではやがて火が消え，気体Cでは激しく燃えた。

[実験2]

気体Aにしめった赤色リトマス紙を近づけると青色に変化した。

[実験3]

気体Eを水に溶《と》かし，さらに亜鉛《あえん》を加えると気体Fが発生した。

[実験4]

気体Bを石灰水に吹《ふ》き込《こ》むと，白くにごった。

① 気体A～Fについて，気体の性質を正しく述べているものを次のア～クからそれぞれ選び，記号で答えなさい。

ア．地球温暖化の原因の一つとなっている。

イ．植物の光合成で発生する。

ウ．鼻をさすにおいがあり，空気よりも重い。

エ．においがなく，空気よりも非常に軽い。

オ．卵が腐《くさ》ったようなにおいがある。

カ．黄緑色をしており，殺菌《きん》作用がある。

キ．上方置換《かん》法でしか集められない。

ク．空気の約80%を占《し》めている。

② 水に溶かすことができ，その水溶《よう》液にBTB溶液を加えたときに黄色に変化する気体をA～Fからすべて選び，記号で答えなさい。

(2) チョークや大理石の主成分である炭酸カルシウムは，塩酸と反応して二酸化炭素を発生します。ある濃《のう》度の塩酸100mLに炭酸カルシウムを加える実験を行いました。このとき，反応した炭酸カルシウムの重さと発生した二酸化炭素の重さの関係を調べたところ，表1のような結果が得られました。

表1　炭酸カルシウムの重さと発生した二酸化炭素の重さの関係

炭酸カルシウムの重さ(g)	2.0	4.0	6.0	8.0	10.0
発生した二酸化炭素の重さ(g)	0.88	1.76	2.64	3.30	3.30

①　この塩酸100mLとちょうど反応する炭酸カルシウムの重さは何gですか。答えが割り切れないときは，小数第2位を四捨五入しなさい。

次に，大理石3.0gに，異なる濃度の塩酸を加える実験を行いました。このとき，加えた塩酸の体積と発生した二酸化炭素の重さの関係を調べたところ，表2のような結果が得られました。ただし，大理石に含《ふく》まれる炭酸カルシウム以外の成分は，塩酸と反応しないものとします。

表2　加えた塩酸の体積と発生した二酸化炭素の重さの関係

加えた塩酸の体積(mL)	20	40	60	80	100
発生した二酸化炭素の重さ(g)	0.44	0.88	1.10	1.10	1.10

②　この結果より，加えた塩酸の体積(mL)と発生した二酸化炭素の重さ(g)の関係をグラフに書きなさい。

③　用いた大理石3.0gには，炭酸カルシウムが何％含まれていますか。答えが割り切れないときは，小数第2位を四捨五入しなさい。

【4】　ばねを使った[実験1]～[実験3]について，下の問いに答えなさい。ただし，ばねの重さは考えないものとします。

[実験1]

図1のように，ばね1つにおもりAを1つつるすと，ばねが3.0cmのびたところでおもりは止まりました。

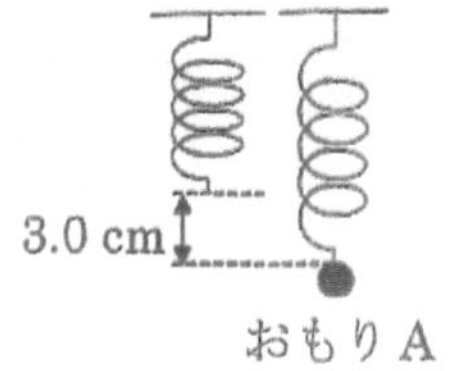

図1

(1)　このばねに，別のおもりBを3つつるすと，ばねは13.5cmのびました。おもりBの重さは，おもりAの重さの何倍ですか。

[実験2]

図2，図3のように，[実験1]で使ったばねと同じ種類のばねを複数組合わせ，軽い棒につなぎました。このときばねはのびませんでした。そこに[実験1]のおもりAを1つつるし，この棒が下がった距離《きょり》を調べたところ，結果は表1のようになりました。表1の「ばねの組合わせ」にある数字は(縦につないだ数，横につないだ数)を表します。図2のつなぎ方は(1,3)，図3は(3,2)になります。

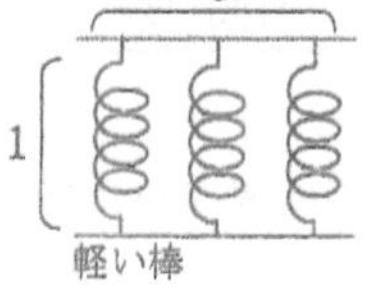

図2　(1,3)

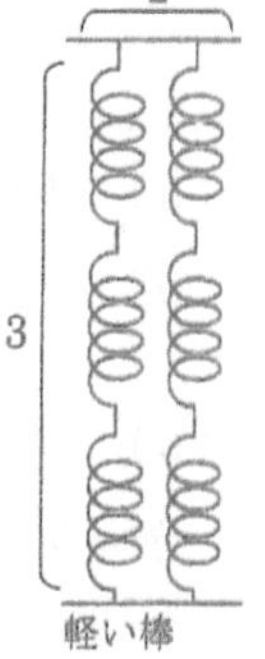

図3　(3,2)

表1　ばねの組合わせと棒が下がった距離の関係

ばねの組合わせ	(1,1)	(1,2)	(1,3)	(1,4)	(2,1)	(2,2)	(2,3)	(2,4)
棒が下がった距離(cm)	3.0	1.5	1.0	0.75	ア	イ	ウ	エ

(2)　表1のアとウにあてはまる数値をそれぞれ答えなさい。答えが割り切れないときは，小数第2位を四捨五入しなさい。

(3)　棒が下がった距離が，表1のイ，エと同じになる組合せをそれぞれ1つずつ答えなさい。答えは表1にない組合せでもかまいません。

(4)　ばねの組合わせが(3,2)のとき，おもりAを1つつるすと棒は何cm下がりますか。答えが割り切れないときは，小数第2位を四捨五入しなさい。

[実験3]

[実験2]のように，ばねを組合わせて軽い棒でつなぎ，図4のように[実験1]と同じおもりAをつるしました。この状態から図5のようにおもりを下に引いてばねを引きのばして手をはなすと，軽い棒とおもりは上下の往復運動をくり返しました。この往復運動5回にかかる時間を，ばねの組合わせを変えながら調べたところ，結果は表2のようになりました。

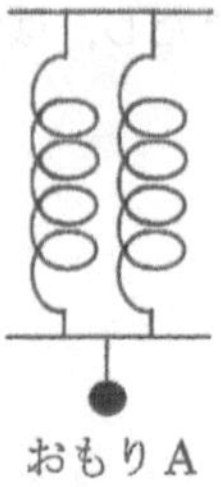

図4

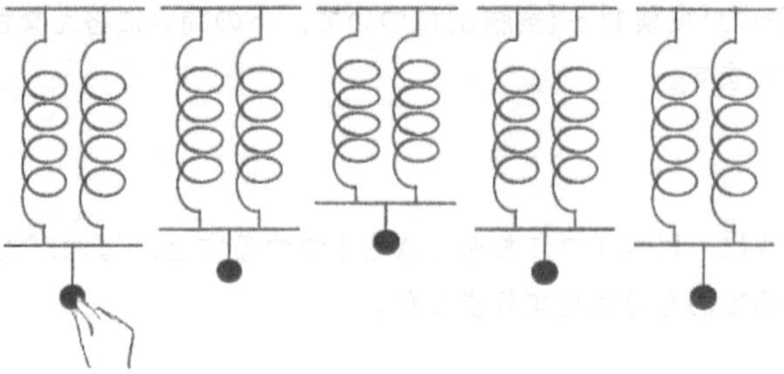

図5　軽い棒とおもりAの往復運動1回の様子

表2　ばねの組合わせと5往復にかかる時間の関係

ばねの組合わせ	(1,1)	(1,2)	(1,3)	(1,4)	(2,1)	(2,2)	(2,3)	(2,4)
時間(秒)	6.36	4.50	3.65	3.18	9.00	6.36	5.20	4.50

(5)　表2の結果から，横につなぐばねの数が4倍になると5往復にかかる時間は何倍になりますか。

(6)　ばねの組合わせが(4,1)のとき，5往復にかかる時間は何秒ですか。表1と表2の結果を使い，小数第1位まで答えなさい。

【社　会】（40分）〈満点：100点〉

【1】 次の文章を読み，以下の各問いに答えなさい。

①三浦半島は，東は東京湾，西は相模湾に面しており，起伏《きふく》にとんだ丘陵《きゅうりょう》が半島中央部から海岸近くまで連続しています。平坦地《へいたんち》は少ないものの，優良な②港湾に恵《めぐ》まれた地域です。

三浦半島北西部に位置する逗子市は面積$17.28km^2$，北は③鎌倉市と横浜市，東は④横須賀市，南は三浦郡葉山町に隣接《りんせつ》しています。主に丘陵と平地からなり，その中をいくつかの⑤川が流れています。三浦半島の相模湾に面した地域は⑥日本海流の影響《えいきょう》で温暖湿潤な⑦気候で，とりわけ逗子の夏は涼《すず》しく，冬は暖かな気候のため古くから保養地として知られていました。鉄道や高速道路の整備によって，東京・横浜への交通の便が良くなると⑧大規模な開発がおこなわれ，逗子の姿は大きく変貌《へんぼう》しました。こうした開発は逗子に限らず，三浦半島の他の地域でもおこなわれ，多くの緑地が失われていきました。一方で，市民による⑨自然環境の保全・保存活動などがおこなわれるようになりました。

問1　下線部①に関連して，三浦半島の平地では1960年代まで稲作が盛《さか》んでした。稲作に関して述べた次の文章を読んで，以下の各問いに答えなさい。

> 主食である米の増産と安定した供給をはかるため，政府は1942年に定められた法律に基づいて米の生産を管理・統制しました。しかし，米の需要《じゅよう》は戦後の食生活の変化にともない縮小しました。1971年より国が米の生産量を調整してきた（　X　）政策は2018年に廃止《はいし》され，農家は自らの判断で米の生産をおこなうことができるようになりました。

Ⅰ．文章中の空らん（　X　）に入る適切な語句を漢字で答えなさい。

Ⅱ．（　X　）政策がおこなわれた秋田県の湖沼《こしょう》を，次のア～エから一つ選び，記号で答えなさい。

ア．霞ヶ浦《かすみがうら》　　イ．満濃池《まんのういけ》　　ウ．八郎潟《はちろうがた》　　エ．印旛沼《いんばぬま》

問2　下線部②に関連して，三浦半島には，日本有数のマグロ水揚港《みずあげこう》である三崎港があります。三崎港は遠洋漁業の基地としても知られています。遠洋漁業について述べた次の文章中の空らん（　X　）～（　Z　）に入る適切な語句の組み合わせとして正しいものを，以下のア～クから一つ選び，記号で答えなさい。

> 遠洋漁業の漁獲量は1973年から1979年までの6年間でおよそ半分にまで減少しています。その要因は1973年の（　X　）により，燃料価格が上がったことや，1970年代後半から世界各国が（　Y　）を設定し，自国の沿岸から（　Z　）海里の水域内において，外国の漁船が魚を捕ることを制限するようになったためです。

ア．X—バブル崩壊	Y—領海	Z—12
イ．X—バブル崩壊	Y—領海	Z—200
ウ．X—バブル崩壊	Y—排他的経済水域	Z—12
エ．X—バブル崩壊	Y—排他的経済水域	Z—200
オ．X—石油危機	Y—領海	Z—12

カ．X—石油危機　　Y—領海　　Z—200
キ．X—石油危機　　Y—排他的経済水域　　Z—12
ク．X—石油危機　　Y—排他的経済水域　　Z—200

問3　下線部③に関連して，鎌倉彫《かまくらぼり》について述べた次の文章を読んで，以下の各問いに答えなさい。

鎌倉市およびその周辺の地域で生産されている鎌倉彫は，（　X　）に指定されています。（　X　）とは，「製造過程の主要部分が手づくりであること」や「一定の地域で産地を形成していること」などの要件を満たした製品のうち，法律に基づいて（　Y　）大臣が指定したものです。

Ⅰ．文章中の空らん（　X　）に入る適切な語句を漢字6字で答えなさい。
Ⅱ．文章中の空らん（　Y　）に入る適切な語句として正しいものを，次のア～エから一つ選び，記号で答えなさい。

ア．国土交通　　イ．文部科学
ウ．経済産業　　エ．農林水産

問4　下線部④に関連して，横須賀市は京浜工業地帯の一部です。現在の京浜工業地帯について述べた次の文X･Yの正誤の組み合わせとして正しいものを，以下のア～エから一つ選び，記号で答えなさい。

X：東京を中心に印刷業が盛んである。
Y：京浜工業地帯の工業生産出荷額は中京工業地帯よりも多い。

ア．X—正しい　　Y—正しい　　イ．X—正しい　　Y—誤り
ウ．X—誤り　　Y—正しい　　エ．X—誤り　　Y—誤り

問5　下線部⑤に関連して，次の【資料1】【資料2】は日本のある川の航空写真です。各資料中の河川A･Bの名称《めいしょう》をそれぞれ漢字で答えなさい。

【資料1】

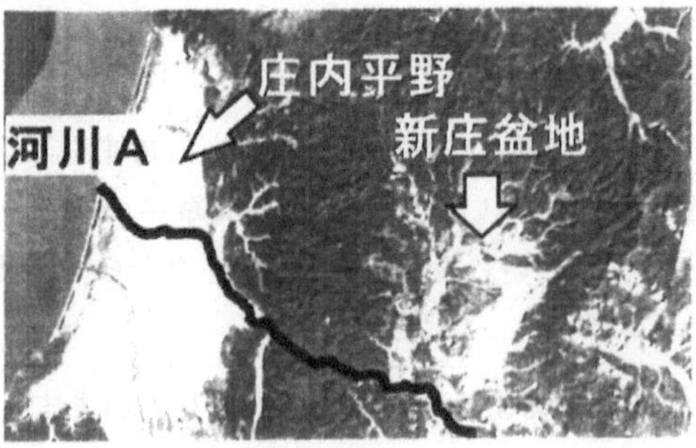

【資料2】

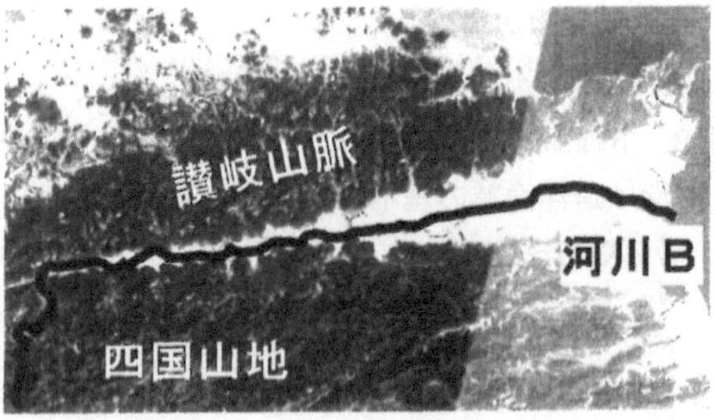

(『国土地理院地図』より作成)

問6　下線部⑥に関連して，寒流と暖流がぶつかるところを何といいますか。漢字2字で答えなさい。

問7　下線部⑦に関連して，本州では，太平洋側と日本海側で気候の違《ちが》いがみられます。要因の一つに季節風があげられます。次の文中の（　X　）･（　Y　）にあてはまる方位として正しいものを，以下のア～エからそれぞれ一つ選び，記号で答えなさい。

太平洋側では夏に（　X　）の季節風などの影響で降水量が多く，日本海側では冬に（　Y　）の季節風などの影響で降水量が多い。

ア．北東　　イ．北西　　ウ．南東　　エ．南西

問8　下線部⑧に関連して，1965年から1975年にかけて逗子の人口は，約1万4000人増加しました。その要因として考えられることを，次の【地図1】・【地図2】と【資料】をふまえて答えなさい。

【地図１】1965 年の逗子周辺

【地図２】1975 年の逗子周辺

(【地図１】・【地図２】ともに『国土地理院地図』より作成)

【資料】

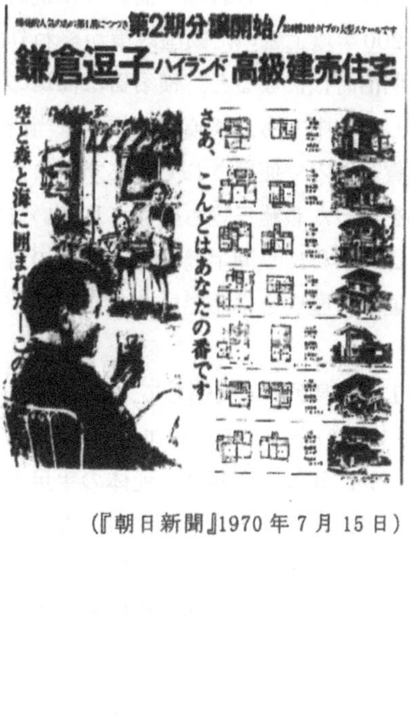

(『朝日新聞』1970 年 7 月 15 日)

問9　下線部⑨に関連して，自然環境を大きく損《そこ》なうおそれのある開発をおこなう際，自然環境にどれほどの影響があるかを事前に調査・予測することを何といいますか。8字で答えなさい。

【2】　次の文章を読み，以下の各問いに答えなさい。

三浦半島では原始・古代の遺跡《いせき》が発見されており，中でも横須賀市にある①夏島《なつしま》貝塚や逗子市の池《いけ》子《ご》遺跡などからは当時の人々の生活の様子を知ることができます。そして，本校の屋上からは，4世紀後半につくられた②長柄《ながえ》桜山《さくらやま》古墳群《こふんぐん》がみられます。

③大宝律令により全国は国・郡・里に分けられ，三浦半島は相模国に含《ふく》まれました。その後，聖武天皇の命令により，④(　A　)が逗子に神武寺《じんむじ》を建て，現在も残っています。また東大寺⑤正倉院の史料には，相模国に⑥天武天皇の血をひく人物の土地が存在していたことが記されています。

⑦平安時代に⑧荘園が広がると，荘園を守るために武力が必要とされるようになり，武士が登場しました。⑨前九年合戦で源氏に従い，その恩賞として三浦の地を与えられた三浦氏が，三浦半島で有力になりました。

鎌倉幕府成立後，三浦氏は北条氏とともに幕府をささえる有力な⑩(　B　)となりました。のちに北条氏と対立を深め，⑪13世紀半《なか》ばには力を失いました。しかし，⑫三浦氏が造営や造仏に関わった寺院は，この地に多く残されました。

1590年，⑬(　C　)は，小田原の北条氏を滅《ほろ》ぼし，功労のあった徳川家康に北条氏の領地であった関東を与えました。これにともなって三浦半島も徳川氏の領地になりました。江戸に幕府が開かれると，江戸湾(現在の東京湾)の出入り口として三浦半島は重要な地域となり，浦賀には全国の物資が集められ，⑭廻船《かいせん》で運ばれた荷物が売買されました。19世紀に入ると，外国船が盛んに来航し，1853年には，ペリーの艦隊《かんたい》が浦賀沖に現れ，開国を要求しました。幕府は翌年に日米和親条約を締結《ていけつ》し，⑮200年以上続いた鎖国政策が終わりました。

明治時代になると，横須賀は海軍の重要拠点《きょてん》になり，三浦半島各地に多くの⑯軍事施設がつくられました。中でも，横須賀造船所は当時日本最大級の造船・修理施設で，その一部は現在も在日米軍横須賀基地内で使用されています。また近くには，連合艦隊司令長官であった⑰東郷平八郎が乗り，指揮をとった戦艦《せんかん》三笠《みかさ》も保存されています。

このように三浦半島には，歴史の舞台《ぶたい》となった場所が多く残されています。みなさんも身近な地域を通して歴史を学んでいきましょう。

問1　下線部①に関連して，夏島貝塚は縄文時代の遺跡です。縄文時代についての説明文として正しいものを，次のア～エから一つ選び，記号で答えなさい。

ア．死者の埋葬《まいそう》は，死体の手足を折り曲げる屈葬《くっそう》でおこなわれた。

イ．祈《いの》りやまじないがおこなわれ，祭祀《さいし》には銅鐸《どうたく》や銅矛《どうほこ》が用いられた。

ウ．各集落が自給的な生活をしており，交易はおこなわれなかった。

エ．代表的な遺跡は佐賀県の吉野ケ里遺跡や静岡県の登呂遺跡である。

問2　下線部②に関連して，この古墳は大阪府にある大仙古墳と同じ形をしています。右の図中の枠《わく》線内を参考にこの古墳の形状を漢字で答えなさい。

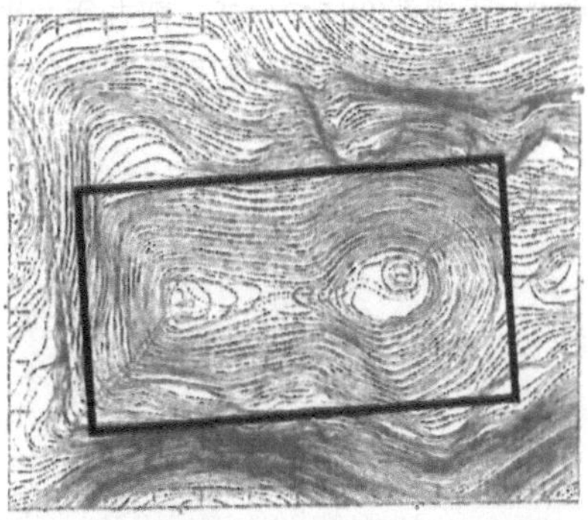

(『三浦半島考古学事典』より作成)

問3　下線部③について，以下の各問いに答えなさい。

Ⅰ．大宝律令が制定されたのは何世紀ですか。数字で答えなさい。

Ⅱ．大宝律令で定められた九州諸国の軍事・行政をまとめ，外交の窓口でもあった役所を何といいますか。漢字で答えなさい。

問4　下線部④について，空らん(　A　)には，東大寺の大仏造立《ぞうりゅう》の際に僧侶《そうりょ》の最高位である大僧正《だいそうじょう》に任命され，物資や人手を集めた人物が入ります。その人物名を漢字で答えなさい。

問5　下線部⑤について，正倉院の建築様式として正しいものを，次のア～エから一つ選び，記号で答えなさい。

ア．書院造　　イ．寝殿造　　ウ．校倉造　　エ．数寄屋造り

問6　下線部⑥について，天武天皇は皇位をめぐる戦いに勝利して即位《そくい》しました。その戦いを何といいますか。解答らんに合うように漢字で答えなさい。

問7　下線部⑦に関連して，平安時代後期に入ると，浄土教《じょうどきょう》が貴族や庶民の間で流行しました。それにともなって，各地で盛んに阿弥陀如来像《あみだにょらいぞう》がつくられるようになりました。その理由について，当時の社会的な状況と浄土教の教えの内容に触れて，答えなさい。

問8　下線部⑧について，荘園について述べた次の文X・Yの正誤の組み合わせとして正しいものを，以下のア～エから一つ選び，記号で答えなさい。

X：荘園への国司の立ち入りを拒否《きょひ》する権利を不輸の権という。

Y：荘園は，江戸時代初期まで存続した。

ア．X—正しい　　Y—正しい　　イ．X—正しい　　Y—誤り

ウ．X—誤り　　Y—正しい　　エ．X—誤り　　Y—誤り

問9　下線部⑨について，前九年合戦がおこった地域はどこですか。下の地図中のア～エから正しいものを一つ選び，記号で答えなさい。(地図中の境界線は現在の県境です。)

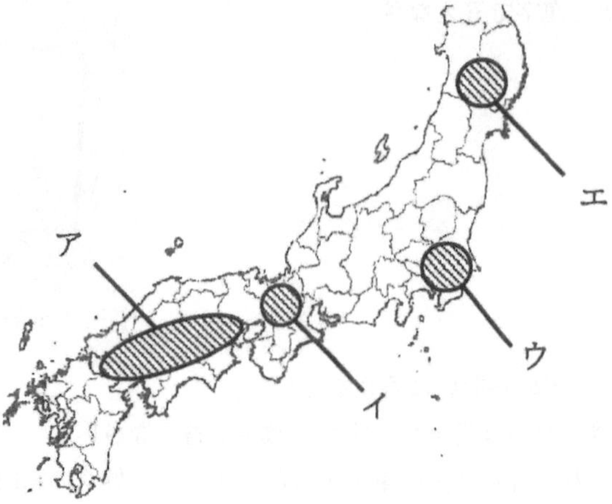

問10　下線部⑩について，空らん(　B　)には，将軍と主従関係を結んだ武士を指す名称が入ります。漢字3字で答えなさい。

問11　下線部⑪に関連して，13世紀のできごとについて述べた次の文章中の波線部ア～エのうち，**誤っているもの**を一つ選び，記号で答えるとともに，正しく直したものを答えなさい。

> 13世紀，モンゴル帝国が建国されました。ア．チンギス＝ハンは都をイ．大都において，国号をウ．元と定めました。朝鮮半島のエ．高麗はモンゴル帝国の属国となりました。

問12　下線部⑫に関連して，次の文章を読んで以下の各問いに答えなさい。

> 右の写真は横須賀市の常楽寺《じょうらくじ》にある不動明王像《ふどうみょうおうぞう》です。これは，i．鎌倉幕府で配下の武士を統率した機関の長官に就いた三浦一族の和田義盛が，ii．運慶一門につくらせたものであるといわれています。

Ⅰ．文章中の下線部 i について，この機関として正しいものを，次のア～エから一つ選び，記号で答えなさい。

ア．公文所　　　イ．政所

ウ．侍所　　　　エ．問注所

Ⅱ．文章中の下線部 ii について，この人物が制作にかかわった作品として正しいものを，次のア～エから一つ選び，記号で答えなさい。

ア．法隆寺釈迦三尊像《しゃかさんぞんぞう》　　　イ．東大寺南大門金剛力士像《なんだいもんこんごうりきしぞう》

ウ．広隆寺弥勒菩薩像《みろくぼさつぞう》　　　エ．東大寺盧舎那仏坐像《るしゃなぶつざぞう》

問13　下線部⑬について，空らん(　C　)に入る人物の姓名を漢字で答えなさい。

問14　下線部⑭に関連して，次の文章中の下線部の語句の読み方を3字で答えなさい。

> 房総《ぼうそう》から常陸《ひたち》にかけての海域はいわしの漁場であり，いわしを加工した干鰯が江戸や浦賀に運ばれました。干鰯は粉末にして水や尿と混ぜて使われる，農業生産に欠かせない肥料でした。

問15　下線部⑮について，江戸幕府による鎖国政策に関連するできごとについて述べた次のア～エを，古いものから順に並べ替えて，記号で答えなさい。

ア．島原・天草一揆がおこった。

イ．スペイン船の来航が禁止された。

ウ．日本人の海外渡航が禁止された。

エ．ポルトガル船の来航が禁止された。

問16　下線部⑯に関連して，かつて逗子市にあった弾薬庫《だんやくこ》についての次の文章を読んで以下の各問いに答えなさい。

> ⅰ．1937年，海軍は逗子市の一部の土地を買い取り，翌年弾薬庫をつくりました。戦後，アメリカ軍に引き継《つ》がれ，ⅱ．朝鮮戦争やベトナム戦争ではここから弾薬が補給されました。弾薬庫だった場所は現在，米軍基地で働く人たちの住宅地となっています。

Ⅰ．文章中の下線部ⅰについて，この年におきた，日中戦争開戦のきっかけとなった事件を漢字で答えなさい。

Ⅱ．文章中の下線部ⅱについて述べた次の文X・Yの正誤の組み合わせとして正しいものを，以下のア～エから一つ選び，記号で答えなさい。

X：朝鮮戦争がはじまると，GHQの指示により警察予備隊がつくられた。

Y：朝鮮戦争は1953年に休戦し，現在も休戦状態が続いている。

ア．X―正しい　Y―正しい　イ．X―正しい　Y―誤り

ウ．X―誤り　Y―正しい　エ．X―誤り　Y―誤り

問17　下線部⑰に関連して，東郷平八郎の率いる艦隊が活躍《かつやく》した日本海海戦がおこなわれた戦争を，次のア～エから一つ選び，記号で答えなさい。

ア．日清戦争　イ．日露戦争　ウ．西南戦争　エ．太平洋戦争

【3】　次の文章を読み，次のページの各問いに答えなさい。なお，憲法の条文は，現代かなづかいに改めています。

憲法は，国民の権利や①国会や内閣のあり方など「国のかたち」を定める基本的な決まりです。日本国憲法の98条には，「この憲法は，国の(　1　)であって，②その条規に反する法律，命令，詔勅《しょうちょく》及《およ》び国務に関するその他の行為の全部又は一部は，その効力を有しない。」と定められています。

日本国憲法には，三つの原則があります。一つ目は，③国の政治のあり方を最終的に決定する権限が国民にあることです。憲法41条では「国会は，(　2　)の最高機関であって，国の唯一《ゆいいつ》の立法機関である。」と④選挙によって国民から選ばれた代表者で構成されている国会を政治の中心に位置づけています。

二つ目は，基本的人権の尊重です。憲法では人権を侵すことのできない永久の権利として保障し，憲法13条では「(　3　)に反しない限り，立法その他国政の上で，最大の尊重を必要とする。」と規定しています。そして憲法14条では，法の下の平等が定められています。このように憲法では，さまざまな人権を保障していますが，社会の変化にともなって憲法に直接規定されていない「⑤新しい人権」が主張されています。

三つ目は，平和主義です。二度と戦争がおこることのないように憲法9条では戦争放棄《ほうき》が定められています。近年，憲法9条の条文内容変更《へんこう》も含めた憲法改正の議論が高まっています。憲法は，国の（　1　）であり，法律よりも厳しい改正条件が設けられていて，改正には，最終的に国民投票で⑥【　A　】の賛成が必要となります。

憲法には，国民の権利だけでなく，国民の義務についても規定されています。納税の義務は，国民全体の人権，特に社会権を守るために必要な政府の財源を確保するためには欠かせません。一方で，私たち納税者は納めた税金がどのように使われているのかを監視《かんし》するため，国会や地方議会の予算審《しん》議《ぎ》に関心を持ち，⑦税制度が公平・公正かについて考えていく必要があります。

問1　文章中の空らん（　1　）～（　3　）に入る適切な語句を答えなさい。ただし，（　3　）は5字で，それ以外は漢字で答えなさい。

問2　下線部①について，国会と内閣との関係について述べた次の文X・Yの正誤の組み合わせとして正しいものを，以下のア～エから一つ選び，記号で答えなさい。

X：内閣総理大臣は必ず衆議院議員でなければならない。

Y：国会が内閣総理大臣を任命する。

ア．X―正しい　　Y―正しい　　イ．X―正しい　　Y―誤り

ウ．X―誤り　　Y―正しい　　エ．X―誤り　　Y―誤り

問3　下線部②に関連して，法律・政令・条例などが憲法に違反《いはん》していないかどうかを判断する裁判所の権限を何といいますか。漢字7字で答えなさい。

問4　下線部③について，この考え方を何といいますか。漢字4字で答えなさい。

問5　下線部④に関連して，比例代表制ではドント式という方法で各政党の当選者数を決めています。ドント式とは，各政党の得票数を1，2，3…と順番に整数で割っていき，その商が大きい順に議席を配分し，定数分を振《ふ》り分ける方法です。

定数が8の選挙区で，A～Cの3つの政党の得票数が下の表のようになった場合，ドント式で振り分けると**B党が獲得する議席数**はいくつになりますか，解答らんに合うように数字で答えなさい。

	A党	B党	C党
得票数	3,000	1,800	1,500

問6　下線部⑤について，国や地方公共団体に情報公開を求める権利を何といいますか，答えなさい。

問7　下線部⑥について，空らん【　A　】に入る語句として正しいものを，次のア～エから一つ選び，記号で答えなさい。

ア．4分の1以上　　イ．3分の1以上

ウ．過半数　　エ．3分の2以上

問8　下線部⑦に関連して，ふるさと納税という制度があります。この制度は，応援《おうえん》したい自治体に寄付をすると，その金額に応じて，現在住んでいる自治体に納める住民税や国に納める所得税が軽減される仕組みです。そして，多くの自治体から，さまざまな返礼品を受け取れることから，この制度を利用する人が増えています。一方で，この制度には，さまざまな問題が指摘されています。どのような問題が考えられますか。下の【資料1】～【資料3】をふまえて，説明しなさい。

【資料1】東京都世田谷区在住のふるさと納税をした人，しなかった人の例

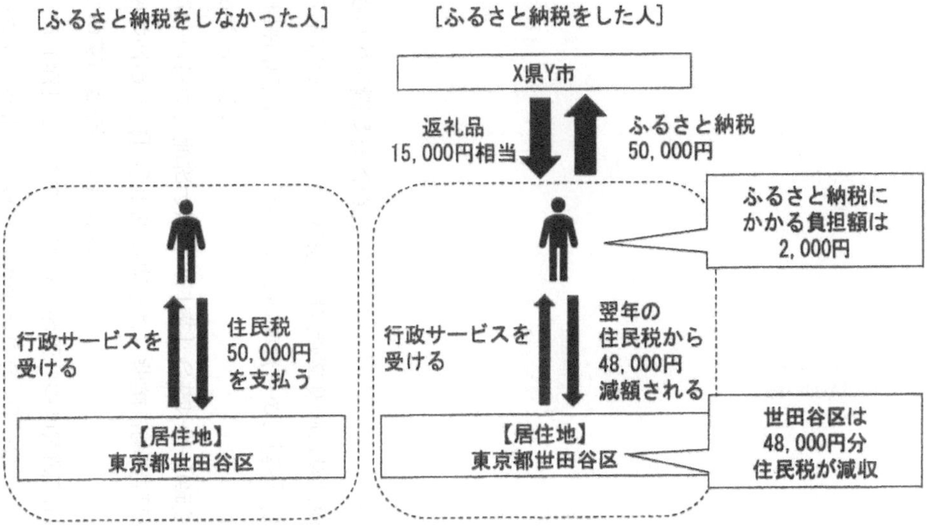

【資料2】　世田谷区への寄付額とふるさと納税による区民税(住民税)の減収額

年度	2015	2016	2017	2018	2019	2020	2021
寄付額	0.2	1.3	0.8	1.1	1.0	4.1	1.5
区民税減収額	2.6	16.5	31	41	54	56	70

(単位：億円)

【資料3】　世田谷区からのお知らせ(2021年10月発行)

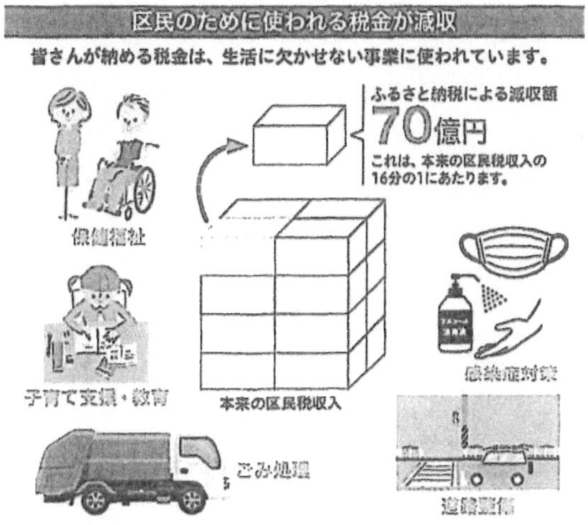

(【資料1】～【資料3】は区のおしらせ「せたがや」より作成)

う言葉で表現されている。

イ　和也から「教授と教え子って似てくるもんなの？」と言われ有頂天になった「僕」が、和也に対して普段よりも積極的に話しかけている様子が描かれている。

ウ　和也に勉強を教える「僕」の視点で描かれ、学習に意欲的ではない和也に手こずり、苦労している「僕」の様子や心情が率直に表現されている。

エ　「籐巻教授の血をひいた息子の頭」という言葉から、「僕」が和也の将来に期待していて、今後彼が立派な科学者になれると感じていることが読み取れる。

③そっと息を吐き、天井へと視線をずらす。科学を志す者の端《はし》くれとして、僕は合理性を重んじる。感情的になってもろくなことはない。ことに、小生意気な中学生を相手にしている場合は。

（瀧羽麻子『博士の長靴』ポプラ社）

注 ＊1 あまねく……広く。
＊2 厳然たる……動かしがたい。
＊3 擾乱……大気の小さな乱れ。
＊4 卑屈……いじけて、自分をいやしめること。

問一 Ⅰ ～ Ⅴ には次のいずれかの会話文が当てはまる。これらを正しい順序に並べ替えて記号で答えなさい。

ア「だめだ。わかんない」
イ「え、そうだっけ？」
ウ「じゃあこれ、問三。解いてみて」
エ「ほら、こことここに補助線をひいて」
オ「どうして。先週やったのと同じだろ」

問二 A ～ C に入る言葉として最も適切なものを、次の選択肢ア～エからそれぞれ一つずつ選び、記号で答えなさい。ただし、同じ記号を二度以上用いてはならない。

ア そもそも　イ ことさら
ウ ますます　エ なかなか

問三 ――線部①「ご子息によけいなことを教えないで下さい」とあるが、「僕」がそのように思う理由について説明した、次の（ Ⅰ ）・（ Ⅱ ）に当てはまる適切な言葉を、それぞれ十五字以内で答えなさい。

> 藤巻先生の話が（ Ⅰ ）ことであっても、それを和也は（ Ⅱ ）から。

問四 ――線部②「珍獣を見るかのような」とあるが、「珍獣」とはどのような人をたとえているのか。次の選択肢ア～エから最も適切なものを一つ選び、記号で答えなさい。

ア 珍しいものに面白さを感じて興味を持つような、好奇心にあふれた人。
イ やっかいな計算を頭の訓練として考えるような、切り替えのはやい人。
ウ 難しく思える計算もすんなりと解いてしまうような、計算が得意な人。
エ 誰もが嫌に思えるものに面白さを感じるような、普通とは変わった人。

問五 ――線部③「そっと息を吐き、天井へと視線をずらす」とあるが、この時の「僕」の心情について説明しなさい。

問六 藤巻家の家庭教師である「僕」は、「和也」を学力的にはどのように評価しているのか、説明しなさい。

問七 本文の表現や内容についての説明として最も適切なものを、次の選択肢ア～エから一つ選び、記号で答えなさい。

ア 尊敬する藤巻先生の息子なので何とか和也の成績をあげたいという「僕」の少しの焦《あせ》りが、「舌打ちしそうになった」とい

「ねえ、こういう計算とかって、コンピュータを使えば、一瞬でできちゃうんでしょ？　こないだ親父が言ってたよ。だったらわざわざ人間が時間かけてやらなくてもよくない？」

藤巻先生、と僕は胸の中でつぶやいた。①ご子息によけいなことを教えないで下さい。

藤巻教授は偉大な科学者であり、偉大な科学者の常として、客観的な事実を尊重する。さらに、その事実は＊1あまねく平等かつ正確に開示されるべきだと信じてもいる。しかし、事実をあえて指摘《してき》しないほうが円滑《えんかつ》に進むような局面も世の中には多々存在するというのもまた、＊2厳然《げんぜん》たる事実だ。

「コツをつかめば、［A］楽しいもんだよ」

これも事実である。難問が解ければすっきりするし、無心で数字と向きあっている間は悩みも気がかりも忘れられる。僕がここのところ気に入っているのは、藤巻先生の講義で習った低気圧の理論計算だ。発達過程での波動や＊3擾乱《じょうらん》といった変数を考えあわせ、数式を組みたてていく。日頃なにげなく目のあたりにしている数々の気象現象は、おおむね数学的に表現できてしまうのだ。

「楽しい？　計算が？」

和也が②珍獣《ちんじゅう》を見るかのような目を僕に向ける。

「じゃあ、頭の訓練と思えばいい。脳みそは使わないと鈍るから、鍛《きた》えるにこしたことはない」

僕自身も、気乗りしない科目については、そう割りきって片づけたものだった。たとえば国語や社会科だ。さらに興味の持てない美術や体育に関しては、思考力より精神力を磨くつもりで乗りきった。

「いいよ別に、どうせおれの脳みそなんてたいしたもんじゃないし。先生や親父とは、［B］出来が違うからさ」

おれは頭が悪いから、と和也はことあるごとに言う。返却されたテストの答案用紙を僕に見せるときも、問題が解けずに投げ出すときも、［C］＊4卑屈《ひくつ》になるでもなく、あっけらかんと開き直ってみせる。でも、それは言い訳にすぎないと僕は思う。和也は頭が悪いわけじゃない。話していればわかる。こうして屁《へ》理屈をこねてみせるのだって、それなりに頭の回転が速いからこそできることだろう。大きな声では言えないが、他の家庭教師先には、もっとぼんやりした生徒も少なくない。さっき母親にも話したとおり、和也はきっと「やればできる」。努力と向上心が足りないだけだ。怠《なま》けずに勉強すれば、順当に成績は上がるに違いない。

だいたい、藤巻教授の血をひいた息子の頭が悪いわけがないじゃないか。

和也に計算の続きをさせておいて、僕は残りのプリントに目を通した。あと三週間で終わらせるには、いくらか急いだほうがよさそうだ。一問も手をつけられていない国語の宿題も発見してしまい、担当外《がい》ながら心配になってくる。

「できたかい？」

「まだ」

ほがらかに答えた和也の手もとをのぞいて、舌打ちしそうになった。中途半端にとぎれた数式のかわりに、高層ビルの絵が描かれている。珍しく真剣に手を動かしていると思ったら、これだ。なまじ巧《うま》いのがかえって腹立たしい。

A君　――線部④では、「話そうとして話しきれないその疼きを聴く」とあるね。

B君　人には、いざ相手に話をしようとしても、なかなか話しきれない部分があると思うよ。やはり、相手に自分の気持ちの全てを伝えるのは難しいことだから、相手の[a]しないと、その人は話をすることもないかもしれない。

A君　なるほど。だから、「聴く」場合には、[b]ということが大切なんだね。

B君　そう。そしてそれは、相手の言っていることやその考えを一緒になって考えたり、相手と同じ気持ちになろうとしたりするのではなくて、相手と[c]ということなんだ。

A君　わかった。それが相手を理解するということなんだね。

i　[a]・[b]に当てはまる最も適切な言葉を、[a]は〈文章Ⅰ〉から七字、[b]は〈文章Ⅱ〉から八字で抜き出してそれぞれ答えなさい。

ii　[c]に当てはまる適切な言葉を、〈文章Ⅰ〉の語句を使って十字以上十五字以内で答えなさい。

問七　――線部⑤「ほんとうのコミュニケーションが生まれる」とあるが、「ほんとうのコミュニケーション」とは、どのようなことを通して生まれるのか、〈文章Ⅰ〉・〈文章Ⅱ〉を踏まえて説明しなさい。

【三】　次の文章を読んで、後の各問に答えなさい。

「うちの親父もそう言ってる。教授と教え子って似てくるもんなの?」

そうだとしたら光栄だ。僕は藤巻教授を尊敬している。願わくは、将来は彼のような一流の研究者になりたい。

「あのさ先生、言っとくけどほめてないよ」

和也が僕の顔をのぞきこみ、あきれたように言い添えた。僕は気を取り直して、プリントを一枚渡した。

[Ⅰ]

つまらなそうに握った鉛筆を、和也はものの三分で放り出した。

[Ⅱ]

[Ⅲ]

[Ⅳ]

[Ⅴ]

僕は和也の鉛筆を拾って、いびつな七角形の内側に線を二本書き足してやった。

「ああ、そっか。それで?」

「あとは公式にあてはめればいい」

鉛筆を返し、「計算してみて」と命じる。危ないところだった。ごく自然な相槌《あいづち》につられて、つい自分で解いてしまいそうになった。

和也がうらめしげにため息をつく。

ため、問題を掲載しておりません。

（出典：河合隼雄・立花隆・谷川俊太郎『読む力　聴く力』岩波書店）

注　＊1　肯う……承知する。
＊2　尽きない……終わることがない。
＊3　調停員……対立する双方の間に入り、争いをやめさせる人。
＊4　観念……あきらめること。
＊5　修羅場……激しい争いの場。
＊6　差異……他のものと異なる点。
＊7　葛藤……互いに譲らず対立すること。

問一　X・Y に当てはまる最も適切な言葉を、次の選択肢ア～エからそれぞれ一つずつ選び、記号で答えなさい。ただし、同じ記号を二度以上用いてはならない。

ア　すなわち　　イ　そして　　ウ　しかし　　エ　たとえば

問二　Z に当てはまる最も適切な言葉を、次の選択肢ア～エから一つ選び、記号で答えなさい。

ア　話さば聴け、話さなくても聴け。
イ　話さば聴け、黙らば聴き出せ。
ウ　話さば黙れ、黙らば聴け。
エ　話さなくとも聴き出せ。

問三　――線部①「このお母さんは素敵だなと思った」とあるが、その理由として最も適切なものを、次の選択肢ア～エから一つ選び、記号で答えなさい。

ア　性が合わなくても、日頃から息子と何度も言葉を交わす中でその人柄の良さを認めているから。
イ　性が合わなくても構わないとでもいうような口ぶりに、親子の強い結びつきが感じられるから。
ウ　性が合わず息子との関係が悪くても、我慢しながら暮らしていこうとする忍耐力を感じたから。
エ　自分と自分以外の人とは、ものの見方や感じ方が違って当然だということを自覚しているから。

問四　――線部②「そんなにかんたんにわかられてたまるか」とあるが、そのように発言する理由を説明した次の（　　）に当てはまる適切な言葉を、二十字以内で答えなさい。

> 「わかる、わかる」とうわべだけの言葉で返されると、むしろ（　　　　　）ように感じられるから。

問五　――線部③「万策尽きた」の言葉の意味として最も適切なものを、次の選択肢ア～エから一つ選び、記号で答えなさい。

ア　様々な方法がすべてだめだったが、それを認めたくない。
イ　すべての手段に効果がなく、別の手立てを考えている。
ウ　まだ考え得るすべての手段を使ったわけではない。
エ　すべての方法を使い果たし、どうしようもない状態だ。

問六　――線部④「聴くというのも、話を聴くというより、話そうとして話しきれないその疼きを聴くということだ」とあるが、この部分に関しての、次の対話文を読んで後のⅰ・ⅱに答えなさい。

るがないことを肌で感じている……。性が合わなくてもいい、いやむしろ合わなくて当然なのだ。

「納得」という言葉がある。「納得」というのは不思議な心持ちで、「あなたの言うことはわかるけど、納得できない」と、わたしたちはしばしば口にする。逆に、「あなたの言っていることはわたしには＊1肯《うべな》うことはできないけれど、でも納得はできる」とか「事はそれで解決したわけではないけれど、納得はした」と口にすることもある。

このように、「納得」にはどうも、事態の理解、事態の解決には＊2尽きないものが含まれているようだ。だから、わかってもらいたいと願って口を開いたひとが、「わかる、わかる」と相手にすらすら言葉を返されると、②「そんなにかんたんにわかられてたまるか」と、逆に頑《かたく》なになるのだろう。

ある家庭裁判所の＊3調停員からおもしろい話を聞いたことがある。離婚の調停で、双方《そうほう》がそれぞれの言い分をぶつけ合った果てに③「万策《ばんさく》尽きた」「もうあきらめた」「いくら言ってももう無駄だ」と＊4観念《かんねん》したとき、そのぎりぎりの決裂のときにこそ、ほんとうの話しあいの途《みち》が微《かす》かに開けることがあるというのだ。訴え合いのプロセス、交渉のプロセスが尽くされてはじめて開けてくる途がある、と。

言葉のぶつけ合いの果てに、相手方のなかにその相手（つまり、このわたし）の心根《こころね》をうかがうような想像力もしくは関心がふと芽生えたことを察知したとき、 Y この＊5修羅場《しゅらば》から降りずに、果てしなく苦しいこの時間を共有してくれたことそのことにふと意識が及んだときに、「納得」ということが起こるというわけだろう。その意味では、「納得」は、事態の解決というより、その事態に自分とは違う立場からかかわるひととの関係のあり方をめぐって生まれる心持ちなのだろう。

④聴《き》くというのも、話を聴くというより、話そうとして話しきれないその疼《うず》きを聴くということだ。そして聴き手の聴く姿勢を察知してはじめてひとは口を開く。そのときはもう、聴いてもらえるだけでいいのであって、理解は起こらなくていい。妙にわかられたら逆に腹が立つというものだ。

こうして一つ、たしかなことが見えてくる。他者の理解とは、他者と一つの考えを共有する、あるいは他者と同じ気持ちになることではないということだ。むしろ、苦しい問題が発生しているまさにその場所にともに居合わせ、そこから逃げないということだ。

こういう交わりにおいて、言葉を果てしなく交わすなかで、同じ気持ちになるどころか、逆に両者の＊6差異《さい》がさまざまの微細《びさい》な点で際立ってくる。「ああ、このひとはこういうときこんなふうに感じ、こんなふうに惑うのか」と、細部において、ますます自分との違いを思い知ることになる。それが他者を理解するということなのである。そして差異を思い知らされつつ、それでも相手をもっと理解しようとしてその場に居つづけること、そこにはじめて⑤ほんとうのコミュニケーションが生まれるのではないかと思う。このことはもっと大きな社会的次元においても、つまり現代社会の多文化化《マルチカルチユラル》のなかで起こるさまざまな＊7葛藤《かっとう》や衝突《しょうとつ》のなかでも、同じように言えるはずだ。

（鷲田清一『わかりやすいはわかりにくい？』ちくま新書）

〈文章Ⅱ〉

※問題に使用された作品の著作権者が二次使用の許可を出していない

【国　語】〈五〇分〉〈満点：一五〇点〉

【注意】1、字数制限のある問題では、句読点やかっこ、その他の記号も一字として数えます。
2、問題文には、設問の都合で、文字・送りがななど、表現を改めたり、はぶいたところがあります。

【一】次の各問に答えなさい。

問一　次の①～⑮の各文の――線部のカタカナを漢字で書き、――線部の漢字の読み方をひらがなで書きなさい。

① ユウソウ料がかかる。
② 警報をカイジョする。
③ 文字をカクダイする。
④ ジュクレンした技。
⑤ 商品のザイコを調べる。
⑥ キチョウな体験をする。
⑦ 田舎にキセイする。
⑧ 犯人がツカまる。
⑨ 閉会式にノゾむ。
⑩ ボタンをトめる。
⑪ 安易な考え。
⑫ 光沢のある服。
⑬ 友の歓迎を受ける。
⑭ 両親を拝みたおす。
⑮ 木が朽ち果てる。

問二　次の①・②の各文の～～線部がかかる言葉をそれぞれ一つずつ抜き出し、記号で答えなさい。

① なかなか　ア話し合って　イ歩み寄れる　ウ状況には　エないと　オ思う。
② 何が　今　ア彼に　イとって　ウ必要なのかを、エ彼の　オ立場で　カ考える。

問三　次の①～③の各文の――線部は、体の一部分を使った慣用句である。それぞれの（　）に当てはまる最も適切な漢字一字を答えなさい。

① 優勝チームに試合を申し込んだが、残念ながら（　）であしらわれて試合を組んでもらえなかった。
② 彼がスピーチに失敗して（　）を落としている様子は、見ていて本当に気の毒だった。
③ 面倒くさがりの父が、ようやく重い（　）を上げて、海外旅行に必要なパスポートの申請に出かけた。

【二】次の〈文章Ⅰ〉・〈文章Ⅱ〉を読んで、後の各問に答えなさい。

〈文章Ⅰ〉

言葉というのは不思議なもので、交わせば交わすほどたがいの違いが際立《きわだ》ってくる。たがいに理解しあうということ、相手のことをわかるということは、相手と同じ気持ちになることだと思っているひとが多い。［X］それは理解ではなく合唱みたいなものであって、同じものを見ていても感じることがこんなにも違うのかというふうに、違いを思い知らされることが、ほんとうの意味での理解ではないかと思う。

以前、友人の家族と会ったとき、母親が自分の息子を指さして、「この子とは性《しょう》が合いませんねん」と言った。①このお母さんは素敵だなと思った。ひとには言ってもわからないことがある。それを知ったうえでそれでもいっしょにいる。わからなくてもたがいの信頼が揺

1次

2023年度

解　答　と　解　説

《2023年度の配点は解答欄に掲載してあります。》

＜算数解答＞《学校からの正答の発表はありません。》

1　(1)　22　　(2)　$\frac{5}{13}$　　(3)　1.5

2　(1)　4：3　　(2)　11秒間　　(3)　$\frac{9}{11}$　　(4)　10日　　(5)　6cm　　(6)　152.4cm^2

3　(1)　44km　　(2)　$\frac{126}{11}$秒　　(3)　58.5km

4　(1)　12通り　　(2)　120通り　　(3)　720通り

5　(1)　18　　(2)　21　　(3)　729

○推定配点○

1　各5点×3　　他　各9点×15　　計150点

＜算数解説＞

1　(四則計算)

(1)　$27.5\times1.2-0.55\times20=5.5\times(6-2)=22$

(2)　$\frac{22}{5}\times\frac{1}{5}\times\frac{10}{11}-\frac{33}{20}\times\frac{36}{143}=\frac{4}{5}-\frac{27}{65}=\frac{5}{13}$

(3)　$\square=\frac{7}{5}\times\frac{3}{7}\times\frac{25}{12}+0.25=1.5$

重要　2　(割合と比，数の性質，規則性，和差算，仕事算，平面図形，相似，立体図形)

(1)　それぞれの容積をA，Bで表す。A×2＋B×5＝A×5＋Bより，B×(5－1)＝B×4＝A×(5－2)＝A×3　したがって，容積の比は4：3

(2)　右表より，6秒間のうち2秒間は2つのランプがともに消えている。したがって，35÷6＝5…5より，35秒間のうち2つのランプが消えている時間は2×5＋1＝11(秒間)

赤	○××○××
青	○○○×××

(3)　大きい方の分数…$\left(\frac{1}{15}+\frac{1}{150}\right)\div2=\frac{11}{300}$　小さい方の分数…$\frac{11}{300}-\frac{1}{150}=\frac{3}{100}$　したがって，求める値は$\frac{3}{100}\div\frac{11}{300}=\frac{9}{11}$

(4)　全体の仕事量…16，28の公倍数112とする。兄1日の仕事量…112÷16＝7　弟1日の仕事量…112÷28＝4　したがって，求める日数は112÷(7×0.8＋4×1.4)＝112÷11.2＝10(日)

(5)　容器内の空気の体積…図1より，20×15÷2×(40－25.6)＝150×14.4(cm^3)　ABの長さ…直角三角形ABCの3辺の比5：3：4より，25cm　直角三角形HBGの面積…図2より，150×14.4÷40＝54(cm^2)　直角三角形ABCとHBGの面積比…150：54＝25：9＝(5×5)：(3×3)　BGの長さ…15÷5×3＝9(cm)　したがって，水面の高さは15－9＝6(cm)

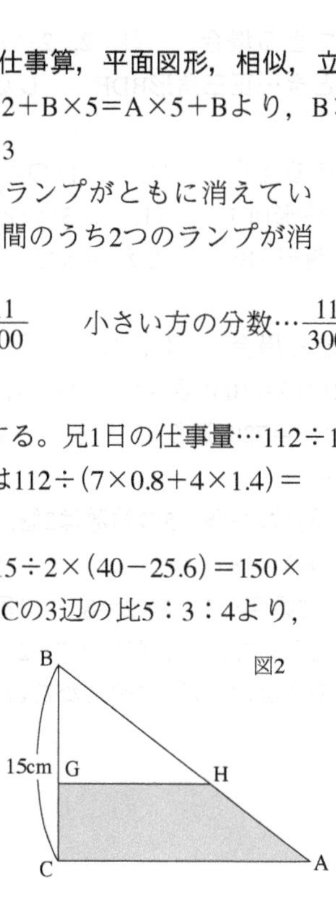

図2

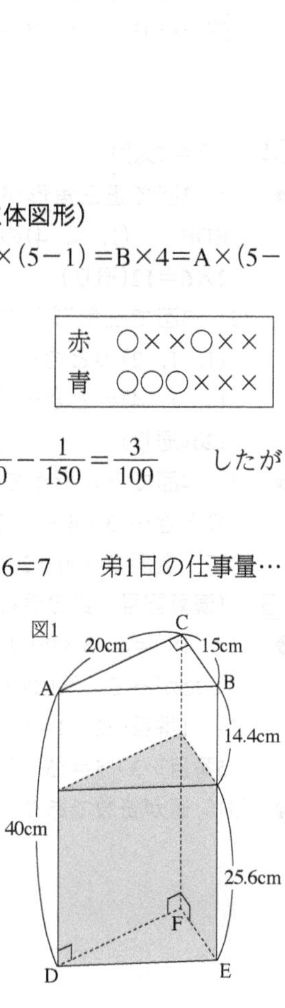

図1

(6)　右図より，12×12×3.14÷360×150－12×6÷2＝188.4－36＝152.4(cm^2)

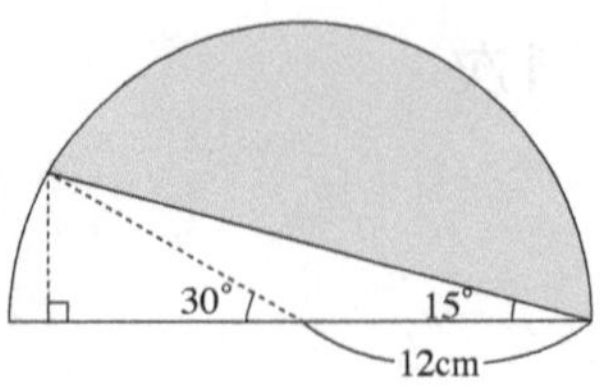

3 (速さの三公式と比，通過算，平面図形，相似，割合と比，単位の換算)

重要 (1)　列車Xの時速…図アより，(160＋60)÷18×3.6＝$\frac{110}{9}$×3.6＝44(km/時)

図ア

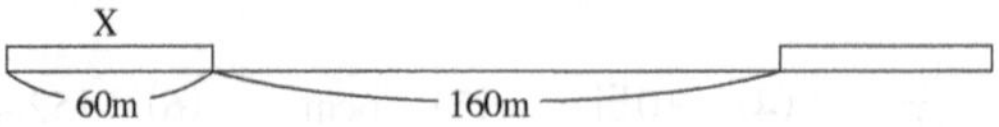

図イ

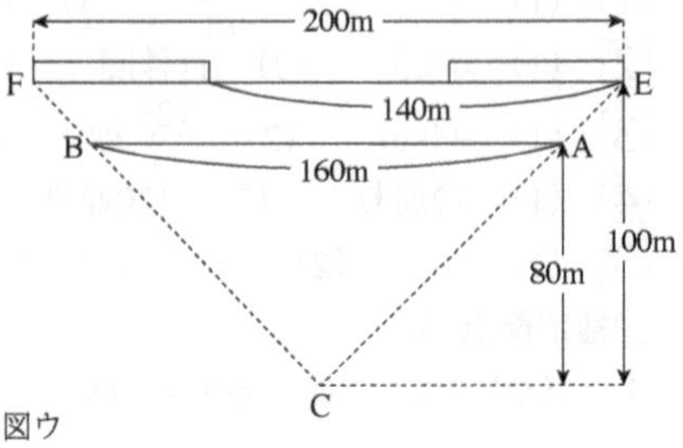

(2)　EFの長さ…図イより，三角形CABとCEFの相似比は80：100＝4：5であり，160÷4×5＝200(m)　列車Xが見えない時間…(1)より，(200－60)÷$\frac{110}{9}$＝$\frac{126}{11}$(秒)

やや難 (3)　太郎さんの秒速…7.2÷3.6＝2(m/秒)　太郎さんがCD間を進んだ時間…16÷2＝8(秒)　NGの長さ…図ウより，三角形DMBとDNGの相似比は64：84＝16：21であり，80÷16×21＝105(m)　列車Yの時速…(105＋100－75)÷8×3.6＝58.5(km/時)

図ウ

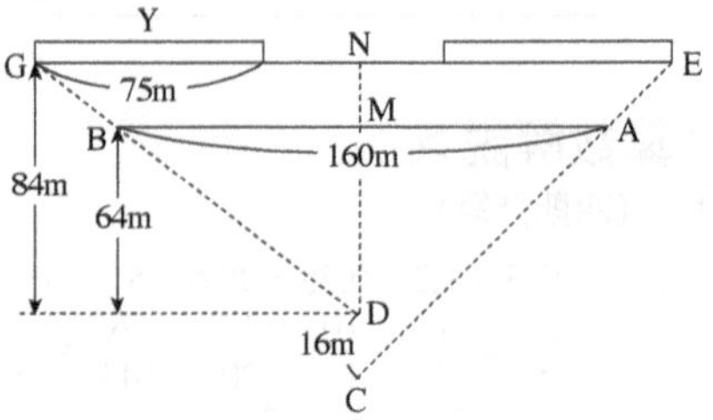

4 (場合の数)

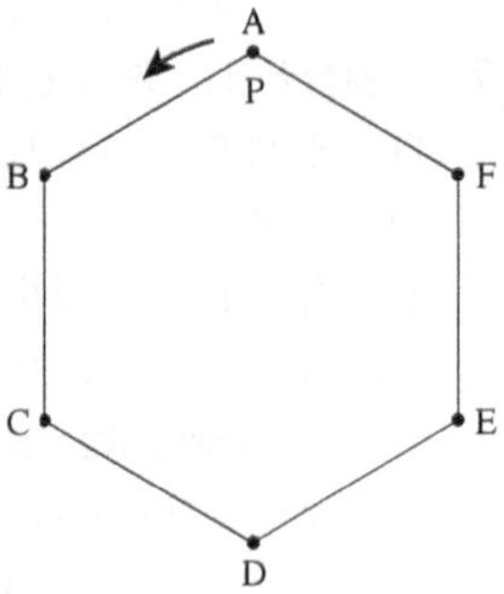

重要 (1)　3回で正三角形ができる場合　(1，2，2)のとき…正三角形BDF　(1，4，4)のとき…正三角形BDF　したがって，全部で2×6＝12(通り)

(2)　3回で三角形ができる場合　(1，1，1)のとき…三角形BCD　(1，1，2)のとき…三角形BCE　(1，1，3)のとき…三角形BCF　(1，1，4)のとき…三角形ABC　したがって，全部で4×5×6＝120(通り)

やや難 (3)　4回で三角形ができる場合　(1，1，1，□)～(1，1，5，□)のとき…(3×4＋4×2)×5＝100(通り)　(1，1，6，□)のとき…4×5＝20(通り)　したがって，全部で(100＋20)×6＝720(通り)

5 (演算記号，数の性質)

重要 (1)　180＝4×5×9…4の約数は3個，5の約数は2個，9の約数は3個　したがって，値は3×2×3＝18

(2)　1番目…2×3＝6　2番目…2×2×2＝8　3番目…2×5＝10　4番目…2×7＝14　5番目…3×5＝15　したがって，6番目は3×7＝21

やや難 (3)　値が奇数であり，平方数の約数が7個になる数は3×3×3×3×3×3＝729

★ワンポイントアドバイス★

③(3)は，問題文のポイントをしっかり読み取り，状況を的確につかむ必要がある。④(3)「サイコロを4回投げたとき」は，難しく，⑤(2)「約数が4個の整数」，(3)「900未満の約数が7個の整数」も簡単ではない。

＜理科解答＞《学校からの正答の発表はありません。》

【1】 (1) ① ウ　② ウ，オ

(2) ① ア，ウ　② エ　③ 右図

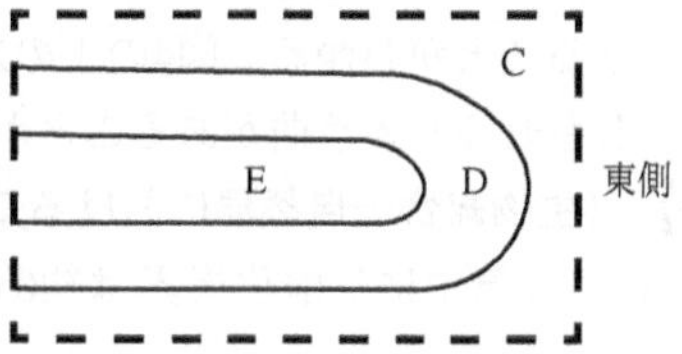

【2】 (1) ア　(2) 光合成　(3) ③，④，⑤

(4) イ，エ　(5) ア　(6) (例) 季節によって植物の活動による二酸化炭素の吸収量が変化するから。

【3】 (1) B　(2) (例) 水の温度が変わっても溶ける重さがほとんど変わらないから。

(3) 55(%)

(4) ① 75(g)

② 10(g)

(5) 右図

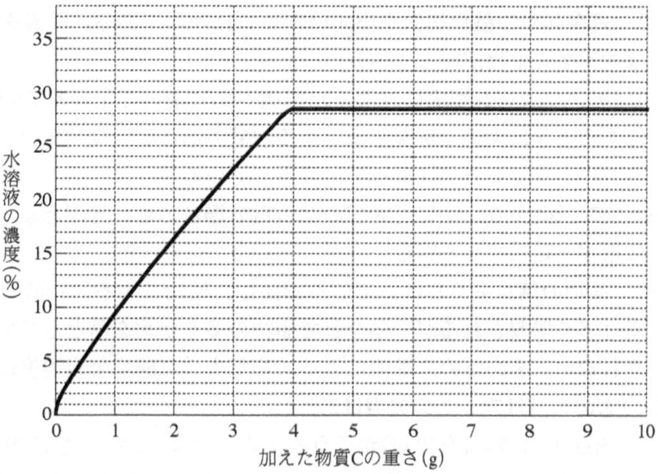

【4】 (1) (毎秒)333(m)

(2) 400(m)

(3) (ア) 同じ

(イ) 350

(ウ) 343

(4) ウ

(5) (毎秒)345(m)

(6) (毎秒)396(m)

○推定配点○

【1】 (2)③ 5点　他 各4点×4　【2】 各4点×6　【3】 (5) 5点　他 各4点×5

【4】 各5点×6((3)完答)　計100点

＜理科解説＞

【1】 (流水・地層・岩石—地層のでき方，化石)

(1) 地層の逆転が見られない場合，地層は下にあるものほど古いものとなる。よって，図1，図2ともに，AよりもBのほうが古いことがわかる。また，図2に見られるA層とB層の間の不整合面は，B層ができた後，地上で雨や風などによって表面が侵食されてからA層が堆積したことによってできたものである。なお，A，Bがどのような岩石による層であるかが不明であるため，それぞれの地層が海で堆積したものか陸で堆積したものかは判断できない(多くの地層は海でできるが，火山から噴出されたものが堆積してできた地層の場合，陸でできることもある)。

重要 (2) ① アサリの化石のように，たい積した当時の環境が推定できる化石を示相化石という。示相化石には，限られた環境下で生息し，現在生きている似た生物の生息域から生息環境が推定で

やや難 きる生物の化石が利用される。　② 地層Dで化石が見つかったナウマンゾウは中生代，地層Eで化石が見つかった三葉虫は古生代にそれぞれ栄えた生物である。表から，中生代と古生代の間には，少なくとも約1.8億年の差があるため，地層Dと地層Eが連続して堆積したとは考えられない。このことから，地層Dと地層Eの間の重なり方は，不連続な重なり方である不整合だと考え

やや難 られる。　③ 図4では，地層Eの上下に地層Dが見られ，5つの層の一番上と一番下に地層Cが見られる。地層ができるとき，新しい層は古い層の上にたい積していき，地層の逆転がない場合，地層は下の層ほど古くなる。発見された化石から，地層Eより地層Dのほうが新しいことがわかり，一番上に地層Cがあることから，古いものから新しいものの順に，地層E→地層D→地層Cとなることがわかる。図4の下の2つの層ではこの順序が逆になっていることから，地層の逆転を生じさせるしゅう曲があることが考えられる。

【2】（生物総合―自然界における二酸化炭素の循環）

(1) 大気中に二酸化炭素は約0.04％含まれていて，ちっ素，酸素，アルゴンに次いで4番目に多い。

基本 (2) 日光が当たった植物は，二酸化炭素と水を使って光合成を行い，養分と酸素をつくり出している。

基本 (3) 細菌類が二酸化炭素を出すはたらきは呼吸である。酸素をとり入れて二酸化炭素を出す呼吸はすべての生物が行っている。

重要 (4) ア フェーン現象は，湿った空気が山に沿って上昇する間に水を失っていき，山を越えて下降するときに大きく気温が上昇する現象である。　ウ オゾン層は，かつてエアコンなどに使われていたフロンガスによって破壊されている。

(5) ア 図2より，10℃，30℃のどちらの場合でも，光がある一定の強さ以上では二酸化炭素の吸収量が一定になっている。

重要 (6) 植物の葉が多くしげっている季節は，植物による光合成のはたらきが活発になって二酸化炭素は多く吸収されるが，冬などで植物の多くが葉を落としている季節は二酸化炭素はあまり吸収されない。そのため，季節によって空気中の二酸化炭素濃度に変化が見られる。

【3】（ものの溶け方―ものの溶け方）

(1) 50gの水に物質を20g溶かそうとすることは，100gの水に$20(\mathrm{g}) \times \frac{100(\mathrm{g})}{50(\mathrm{g})} = 40(\mathrm{g})$溶かそうとすることと同じである。図から，水100gに対して物質40gがすべて溶けるのは，物質Aは約23℃以上，物質Bは0℃以上，物質Cは約40℃以上であることがわかるので，最も低い温度ですべて溶ける物質はBである。

重要 (2) 図から，食塩は水の温度が変化しても，溶ける重さがほとんど変化しないことがわかる。そのため，食塩の水溶液を冷やしても溶けている食塩はほとんどとり出すことはできない。

重要 (3) 水40gに物質Bを50g溶かそうとすることは，100gの水に$50(\mathrm{g}) \times \frac{100(\mathrm{g})}{40(\mathrm{g})} = 125(\mathrm{g})$溶かそうとすることと同じである。図より，物質Bは，100gの水に120gまでしか溶けず，飽和水溶液の濃度は同じ温度であれば一定なので，水溶液の濃度は$\frac{120(\mathrm{g})}{100+120(\mathrm{g})} \times 100 = 54.5\cdots$より，55％

やや難 (4) ① 図から，物質Aは60℃の水100gに100gまで溶けるので，60℃の飽和水溶液では，水と物質Aの重さの比は1：1であることがわかる。よって，物質Aの飽和水溶液150gは，水75gに物質Aが75g溶けている。　② ①より，水溶液にとけていた物質Aは75gなので，10℃に冷やしたときに溶けていた物質Aは75－62＝13(g)である。物質Aは10℃の水100gに20gまで溶けるので，物質Aを13gとかしている水の重さをxgとすると，100(g)：20(g)＝x(g)：13(g)　x＝65(g)となる。よって，蒸発させた水の重さは75－65＝10(g)である。

やや難 (5) 図から，物質Cは40℃の水100gに40gまでしか溶けないので，40℃の水10gには4gまでしか溶

けない。よって，物質Cを4g加えるまでは水溶液の濃度は変化するが，それ以上では濃度は一定になる。加えた物質Cの重さと水溶液の濃度をまとめると次のようになる。

加えた物質Cの重さ(g)	0	1	2	3	4	5	6	7	8	9	10
水溶液の濃度(%)	0	9.1	16.7	23.1	28.6	28.6	28.6	28.6	28.6	28.6	28.6

【4】 (音の性質―音の速さ)

基本 (1) 地点Aから地点Bまでの700mを伝わるのに2.1秒かかっているので，音の速さは700(m)÷2.1(秒)＝333.3…より，毎秒333mである。

(2) 最初の音を聞いてから建物Kではね返った音を聞くまでの時間の差は2.4秒なので，地点Bと建物Kの間を音が伝わるのにかかる時間は2.4(秒)÷2＝1.2(秒)とわかる。よって，地点Bと建物Kの間の距離は333(m/秒)×1.2(秒)＝399.6(m)より，400mである。

(3) ア スピーカーから出た音が地点Bに向かうとき，音の進む向きは「地点A→地点B」となり，風の向きと同じになる。 イ 音は700mを伝わるのに2.0秒かかるときの速さは700(m)÷2.0(秒)＝350(m/秒)である。 ウ 風と同じ向きに音が進むときの速さは，風がないときの音の速さと風の速さの和となるので，風の速さが毎秒7.0mだから，風がないときの速さは350－7.0＝343(m/秒)

(4) 音が地点Cから地点Bまで伝わるとき，音は風に逆らって伝わるので，速さは343－7.0＝336(m/秒)となり，伝わるのにかかる時間は700(m)÷336(m/秒)＝2.083…より，約2.1秒である。

(5) 風がある状態で，地点Dから地点Eまでの360mを伝わるのに1.0秒かかっているので，このときの速さは360(m)÷1.0(秒)＝360(m/秒)である。風の速さが毎秒15mなので，風がないときの速さは360－15＝345(m/秒)である。

やや難 (6) 最初の音を聞いてから建物Lではね返った音を聞くまでの時間の差が2.3秒なので，地点Eと建物Lの間を往復するのにかかる時間は2.3秒とわかる。また，地点Eから建物Lまで進むときの速さは360m/秒，建物Lから地点Eまで進むときの速さは345－15＝330(m/秒)で，速さの比は360(m/秒)：330(m/秒)＝12：11より，進むのにかかる時間の比は11：12とわかる。これらのことから，地点Eから建物Lまで進むのにかかった時間は2.3(秒)×$\frac{11}{11+12}$＝1.1(秒)とわかり，地点Eから建物Lまでの距離は360(m/秒)×1.1(秒)＝396(m)とわかる。

★ワンポイントアドバイス★

実験や観察，調査などを題材にして，与えられた条件や結果を考察するような問題が多く出題されるので，題材にとらわれず，いろいろと思考力を必要とするような問題に多く取り組んで慣れておこう。

＜社会解答＞《学校からの正答の発表はありません。》

問1 1 与那国 2 薩摩 3 ベトナム 4 佐藤栄作 問2 Ⅰ a オ b エ Ⅱ ア 問3 Ⅰ エ Ⅱ ウ 問4 Ⅰ エ Ⅱ 地熱(発電) 問5 線状降水帯 問6 (例) 本土の川と比べて長さが短く，水の流れも急なので，雨として降った水が早く海へ流れ出てしまうから。 問7 ウ 問8 Ⅰ 合計特殊出生率 Ⅱ イ 問9 総務省 問10 ウ 問11 エ 問12 3 問13 (遺跡名) 岩宿(遺跡) (位置) イ 問14 ウ→イ→エ→ア 問15 イ 問16 Ⅰ 扇状地 Ⅱ (例) 「将棋頭」と呼ばれた石積みの堤防を築いて御勅使川の水流を二つに分け，その水流を変えることで水の勢いを弱めて，釜無川に合流させるようにした。　問17　(例)　中継貿易を行って中国との貿易で入手した商品を日本や朝鮮，東南アジアに輸出し，琉球の産物や日本・朝鮮からの物資を中国へ輸出した。　問18　カ　　問19　ア　　問20　エ→ア→ウ→イ　　問21　大隈重信

問22　Ⅰ　「(直接国税)15(円以上を納める満)25(歳以上の男性)」　　Ⅱ　3

問23　第一次護憲(運動)　　問24　エ　　問25　ゴルバチョフ(書記長)　　問26　樺太

問27　Ⅰ　1946(年)11(月)3(日)　　Ⅱ　a　臣民　　b　国民　Ⅲ　イ　　問28　ア

問29　(例)　沖縄県民総所得は返還前から一貫して増加傾向にあるが，基地関連収入割合は返還前から減少し，1990年以降はその割合は5％程度でほぼ変化していない。またアメリカ駐留軍用地跡地についても沖縄県への経済効果も雇用者数ともに返還前より返還後の方が増えており，米軍基地が沖縄の経済に大きく貢献しているとはいえない。

○推定配点○

問6　3点　　問16Ⅱ・問17　各6点×2　　問29　7点

他　各2点×39(問14，問20，問22Ⅰ，問27Ⅰ各完答)　　　計100点

＜社会解説＞

(総合―沖縄に関する諸問題)

重要　問1　1　与那国島は沖縄県西端，那覇市の南西約510kmに位置する日本最西端の島である。その面積は28.84km^{2}で，周囲はサンゴ礁が発達し，主産業はサトウキビと米作，漁業である。　2　1605年に薩摩藩は江戸幕府に琉球への出兵の許可を願い出て，翌年にその許可が出た。薩摩藩は1609年に琉球に武力侵攻して支配下に置いたが，その後も薩摩藩は財政の立て直しのために琉球王国による中継貿易の利益を利用することを考え，琉球王国に中国との関係を続けさせた。　3　ベトナム戦争は，1965年にアメリカ合衆国が大規模に介入し，1973年のパリ和平協定を経て，1975年にベトナム民主共和国と南ベトナム解放民族戦線の勝利で終わった戦争である。　4　佐藤栄作は1964～1972年にかけて首相を務め，その在任中に小笠原諸島の返還，沖縄返還を実現した。また首相在任中に非核三原則を表明したことで，1974年にノーベル平和賞を受賞した。

問2　Ⅰ　都道府県別の海岸線延長(2019年度)は，北方領土を含んだ4445kmで北海道(選択肢オ)が全国1位であり，次いでリアス海岸が続く複雑な海岸線を持ち，また県内の島の数は全国一である，長崎県(選択肢エ)が4170kmで全国2位である。　Ⅱ　c　日本海を間宮海峡付近からユーラシア大陸に沿って南下している寒流なので，リマン海流である。なお，千島海流(親潮)は，千島列島に沿って南下して日本の東まで到達する寒流である。　d　東シナ海から太平洋を日本列島に沿って北上している暖流なので，日本海流(黒潮)である。なお，対馬海流は沖縄島の北で日本海流から分流して対馬海峡を通って，日本海を北上する暖流である。

問3　Ⅰ　韓国は朝鮮半島の南部に位置し，その北部は冷帯，南部は温帯に属している。独立後に造船・電子部品などの工業化が進んだことでアジアNIESの1つに数えられ，日本も中国，アメリカ合衆国に次ぐ貿易相手国となっている。なお，アはタイ，イはインド，ウは南アフリカの説明である。　Ⅱ　キャンベラのあるオーストラリアは南半球に位置しているが，モスクワ・東京・パリはいずれも北半球に位置している。したがって，キャンベラはこれらの都市とは季節が逆になり，12～2月が夏，6～8月が冬となるため，他の3つの地域とは特に雨温図の中の折れ線グラフで示された気温の変化が他の都市のものと比べて正反対になり，12～2月の気温が高く，6～8月の気温は低くなる。なお，雨温図のアは東京，イはモスクワ，エはパリである。

基本 問4　Ⅰ　県北西部の都市は日本有数の林業地の一つとして知られ，すぎの人工林が広がっており，日本を代表する温泉があることから，大分県(地図中のエ)である。なお，地図中のアは長崎県，イは佐賀県，ウは福岡県，オは熊本県，カは宮城県，キは鹿児島県である。　Ⅱ　地熱発電は火山活動によるマグマだまりの地熱によって地下で高温になった水から作られた蒸気を用いて発電機を動かすことで発電する。

問5　線状降水帯とは，次々に発生した積乱雲(雨雲)が列をなして，まとまった積乱雲群となって数時間にわたってほぼ同じ場所に停滞することで，強い局地的な降水をともなう雨域のことである。その状態は，線状に伸びる長さが50～300km程，幅20～50km程に及ぶことが一般的である。

やや難 問6　沖縄の川は本土の川と比べて長さが短く，水の流れも急であることが特徴である。そのため雨水として降った水が海に流れ出てしまう時間が早く，地上に溜まりにくい。また川の流域面積も小さいため，普段流れている水量も少なく，さらに降雨の季節変動もある。これらの諸要因が重なって，沖縄ではしばしば水不足になることがある。

問7　地図中に三重県の英虞湾，愛媛県の宇和海，長崎県の対馬が示されているので，これらの地域で盛んな海面養殖は真珠の養殖(選択肢ウ)である。なお，アのこんぶの養殖は北海道・青森県・岩手県・宮城県，イのかきの養殖は広島県・宮城県・岡山県，エのわかめの養殖は岩手県・宮城県・徳島県で盛んである。

問8　Ⅰ　合計特殊出生率は1人の女性が一生に産む子どもの数の平均を表したものであり，15歳から49歳までの女性が産んだ子どもの数をもとに算出されている。2021年の日本の合計特殊出生率は1.30である。　Ⅱ　X　この文は正しい。少子化がすすむことは，15～64歳の労働人口が減少することを意味する。高齢者の医療費や年金をこれらの人々の負担に頼っている日本では，今後は少ない働き手で高齢者を支えていかなければならないことになる。　Y　この文は誤っている。日本の人口ピラミッドは，多産多死の富士山型(1935年)→少産少死で人口停滞のつりがね型(1960年)→少産少死で人口減少のつぼ型(2020年)のように変化した。したがって，現在の日本の人口ピラミッドはつりがね型ではなく，つぼ型のかたちをしている。

問9　総務省は，行政組織や公務員制度・地方行政・選挙・消防・情報通信などの監督・指導を行う国の行政機関で，郵便や電話などの通信事業を監督し，国勢調査も実施している。その管轄の下には，消防庁や公害等調整委員会がある。

基本 問10　現在の自動車生産台数の順位は，第1位が中国(グラフ中の(c))，第2位がアメリカ合衆国(グラフ中の(b))，第3位が日本(グラフ中の(a))である。中国は2009年以降，自動車生産台数で世界一である。その理由は中国では国民の収入が増えたことで自動車の需要が増え，また先進国のメーカーが中国に製造拠点を設けたことによる生産台数の増加，さらに現地メーカーによる生産も拡大したことなどがある。アメリカ合衆国は1990年代に生産台数が1000万台を超え，2000年代に一時1000万台を下ったが，現在では再び，1000万台を超えている。日本の自動車生産台数は1980年代から1990年代前半には世界一となっていたが，その後はアメリカ合衆国の生産回復や中国の急速な成長などにより，現在では中国，アメリカ合衆国に次いで，世界3位となっている。

問11　(a)　表中の3県の中で就業者数が最も少なく，かつ第一次産業の就業者数の割合が一番高いので，宮崎県である。　(b)　表中の3県の中で就業者数が真ん中で，第三次産業の就業者数の割合が約3分の2になっているので静岡県である。　(c)　表中の3県の中で就業者数が最も多く，かつ第一次産業の就業者数の割合が一番低いので，神奈川県である。

問12　設問中に示された5つの世界遺産とその所在地の組み合わせの中で，百舌鳥・古市古墳群―古代日本の墳墓群―の所在地は奈良県ではなく大阪府，石見銀山遺跡とその文化的景観の所在地は鳥取県ではなく島根県である。したがって，世界遺産とその所在地の組み合わせが正しいものは，残りの3つということになる。

基本 問13　岩宿遺跡は縄文時代(約1万2000年前～紀元前4世紀頃)ではなく，それ以前の旧石器時代の遺跡である。岩宿遺跡は現在の群馬県みどり市(地図中のイ)にあり，ここから発見された打製石器は縄文時代以前のものであることが確認された。なお，地図中のアは三内丸山遺跡(青森市)，ウは登呂遺跡(静岡市)，エは板付遺跡(福岡市)である。

問14　アの武が王に即位し，みずからを安東大将軍，倭国王と称したのは5世紀末ごろのこと，イの光武帝が倭の奴国の王に印章と組みひもをさずけたのは57年のこと，ウの楽浪郡から海をこえたところに倭人が住んでいて，百あまりの小国に分かれているのは紀元前1世紀ごろのこと，エの卑弥呼という名の一人の女子を王に立てたのは2世紀後半のことである。したがって，これらのことを古いものから並べかえると，ウ→イ→エ→アとなる。

問15　崇徳上皇との勢力争いに勝利したのは1156年の保元の乱，その後に後白河上皇が院政を開始したのは1158年のことで，いずれも12世紀半ばのできごとである。なお，アの清原氏一族の争いを源義家が平定した後三年合戦(1083～1087年)は11世紀，ウの後鳥羽上皇が北条義時追討の命令を出した承久の乱(1221年)は13世紀，エの最澄と空海が中国にわたり，帰国後に新しい仏教を開いたのは9世紀初頭のできごとである。

やや難 問16　Ⅰ　扇状地は山地を流れる川が運んできた砂や小石などが，川が山地から平野・盆地になる場所で扇状に堆積した地形である。この堆積物は大小さまざまな小石などが含まれているので，大変水分を通しやすい。したがって，水を得ることが難しいので水田には利用しにくい地形となっている。　Ⅱ　信玄堤は山梨県甲斐市にある堤防であるが，堤防だけではなくその他の治水構造物を含めた総合的な治水システムを指している場合もある。戦国時代に甲斐の戦国大名である武田信玄によって築かれたとされ，「信玄堤」の名称は近代以降に広まった。図中の○でかこまれた部分には「将棋頭」と呼ばれた石積みの堤防を築かれ，それによって御勅使川の水流を旧御勅使川と御勅使川の二つに分けた。それにより，それまでは直接釜無川に合流していた御勅使川の水の勢いを弱めてから釜無川に合流させるようにして，山腹などの浸食を弱めることに成功した。

やや難 問17　中国から特別に貿易することを認められた琉球王国は，自らの国には特産物がないので，日本からは刀剣などの武具や漆器，朝鮮からは木綿，中国からは陶磁器や絹織物，東南アジアからは香料や薬類などの各地の特産物を得た。琉球王国は中国との貿易で入手した商品を日本や朝鮮，東南アジアに輸出し，琉球の産物や日本・朝鮮からの物資を中国へ輸出する中継貿易を行うことで多くの利益を得ていた。

問18　表Ⅰの日本の米の輸入先の上位3ヵ国(2021年)は，アメリカ(空らんA)・タイ・中国(空らんB)，表Ⅱの世界の米生産量(2020年)の1位は中国，2位はインド(空らんC)，輸出量(2020年)の1位はインド，5位はアメリカ，輸入量(2020年)の1位は中国である。したがって，表中の空らんAはアメリカ，Bは中国，Cはインドとなる。

問19　鎖国体制下において，朝鮮との貿易は朝鮮の商人が長崎にやってきておこなわれたのではなく，対馬藩を通して行われた。対馬藩は江戸時代の鎖国下で朝鮮との交流の窓口であるとともに，朝鮮との貿易を認められていた藩である。藩主は宗氏であり，朝鮮の釜山に倭館を設けて家臣を常駐させていた。この貿易で日本が朝鮮から主に輸入したものは木綿・朝鮮にんじん・絹織物，朝鮮へ主に輸出したものは銀・銅であった。

重要 問20　アの貨幣の質を落とした元禄小判を発行した(1695年)のは第5代将軍徳川綱吉の時代，イの山内豊信のすすめで政権を朝廷に返した(1867年)のは第15代将軍徳川慶喜の時代，ウの在職中に限って石高の不足を足す制度を定めた(1723年)のは第8代将軍徳川吉宗の時代，エの参勤交代を武家諸法度で制度化した(1635年)のは第3代将軍徳川家光の時代である。したがって，これらの政策を古いものから並べかえると，エ→ア→ウ→イとなる。

基本 問21　大隈重信(1838～1922年)は，佐賀県出身の政治家である。彼は佐賀藩の武士の家に生まれ，幕末には幕府を倒す運動に参加した。明治維新の時期に外交などで活躍したことで中央政府に抜擢されて大蔵卿などの政府の要職を歴任した。1881年には国会の早期開設を主張し，明治14年の政変(1881年)で一時失脚した。その後，1882年に立憲改進党を設立するなどの政党の活動に関与しながらも，たびたび大臣の要職も務めた。1898年には初めて内閣総理大臣となり，さらに1914年には再び内閣総理大臣となって第一次世界大戦に参戦した。

問22　Ⅰ　第1回衆議院議員選挙は1890年に行われたが，その時の選挙において有権者として選挙権が与えられた人の資格は，「直接国税15円以上を納める満25歳以上の男性」であった。Ⅱ　衆議院にいくつかの点で強い権限を与えていることを，衆議院の優越という。衆議院の優越は予算の先議権，予算の議決，条約締結の承認，内閣総理大臣の指名，法律案の再議決などで認められている。衆議院の優越が認められている理由は，衆議院には解散があり，また参議院と比べて衆議院の方が任期が短いので，参議院よりも国民の意思をより反映していると考えられているからである。したがって，設問中に示されていることで，衆議院の優越にあたるものは，条約締結の承認・内閣総理大臣の指名・予算の先議権の3つである。なお，内閣不信任の決議は衆議院しかその権限がなく，憲法改正の発議と国政調査権は衆議院と参議院が同等の権利があるので，いずれも衆議院の優越にはあたらない。

問23　護憲運動(1912～1913年，1924年)とは，立憲政治の擁護や政党内閣の確立などを求めた運動である。1912～1913年の第一次護憲運動では，尾崎行雄や犬養毅などが「憲政擁護・閥族打破」を掲げて立憲政治を守る運動を展開し，当時の第3次桂内閣は53日で崩壊した。

基本 問24　1945年8月8日にソ連は日ソ共同宣言ではなく，日ソ中立条約を破って日本に宣戦し，朝鮮や千島に侵攻した。日ソ共同宣言は，1956年に出された日本とソ連間の戦争終結宣言である。これにより日本とソ連の国交が回復し，同年に日本は国際連合に加盟した。

問25　ゴルバチョフ(1931～2022年)はソビエト連邦及びロシアの政治家で，1985年から1991年までソビエト連邦共産党書記長を務めた。彼は1985年からペレストロイカ(政治・経済改革)，グラスノスチ(情報公開)の標語のもと，政治や経済を改革した。また1989年にはアメリカ大統領とマルタ島で会談し，冷戦の終結を宣言した。

問26　サンフランシスコ平和条約の第2条(c)には，「日本国は，千島列島並びに日本国が1905年9月5日のポーツマス条約の結果として主権を獲得した樺太の一部及びこれに接近する諸島に対するすべての権利，権原及び請求権を放棄する。」とある。サンフランシスコ平和条約で，日本は朝鮮の独立を認め，台湾や澎湖諸島，千島列島や樺太南部の領有を放棄した。

重要 問27　Ⅰ　日本国憲法は1946年11月3日に公布され，1947年5月3日に施行されたが，その施行日が「憲法記念日」とされている。　Ⅱ　大日本帝国憲法の第20条には「日本臣民ハ法律ノ定ムル所ニ従ヒ兵役ノ義務ヲ有ス」とあり，日本国憲法の第25条1項には，「すべての国民は，健康で文化的な最低限度の生活を営む権利を有する。」とある。そのため空らんaには臣民，空らんbには国民が入る。「臣民」とは「天皇に仕える者」という意味であり，大日本帝国憲法で国民は天皇に仕える者で，その権利は天皇の恩恵による臣民の権利とされていた。　Ⅲ　表現の自由は，自由権の中の精神の自由の1つで，個人の考えや思想などを外部に発表できる自由である。したがって，表現の自由は社会権ではない。なお，アの公的扶助は生存権，ウの学ぶ権利は教育を受ける権利，エの団体行動権は労働基本権でいずれも社会権の一部である。

問28　X　この文は正しい。イタイイタイ病は，岐阜県の三井金属鉱業神岡事業所(神岡鉱山)による鉱山の精錬の際に出る廃水に含まれたカドミウムによって，神通川下流域の富山県で発生した日本最初の公害病である。 Y この文は正しい。公害対策基本法は1967年に制定され，公害の定義や国・企業・地方公共団体の責務などが明記されたものである。

やや難 問29 グラフⅠの沖縄県民総所得に占める基地関連収入の割合の推移から県民総所得は，沖縄返還前の1965年から返還時の1972年に約3倍，続いて返還後の1980年にはさらに1972年の約3倍となり，その後も増加の程度は下がるものの，2017年まで一貫して増加している。また基地関連収入割合は沖縄返還前の1965年にはその割合が30.4％であったものが，返還時の1972年には15.5％に減少し，その後も減少が続いて1990年には4.9％となった。その後は2017年まで5％前後で推移している。このことからこの30年余り基地関連収入割合は，県民総所得の中でそれ程高い割合を示しているとは言えない状況にあることがわかる。他方，表Ⅱの基地跡地利用における経済効果と雇用者数の比較から，返還されたアメリカ駐留軍用地跡地のA～C地区の全ての地区で経済効果，雇用者数ともに返還前より返還後の方が増えており，特にA地区ではその割合が大きくなっている。そのように沖縄県民総所得に占める基地関連収入の割合は決して高いものではなく，基地跡地利用における経済効果と雇用者数も返還後の方が増えていることから，現在の沖縄では米軍基地が沖縄の経済に大きく貢献しているとはいえないという意見も出てくることになる。

★ワンポイントアドバイス★

例年どおり地理・歴史・政治の各分野からの総合問題の形式を取っているが，図版・表・グラフを利用した設問の他に1行～4行の短文説明問題も4題含まれているので，要領よく解いていくようにしよう。

＜国語解答＞《学校からの正答の発表はありません。》

【一】 問一 ① 絵札 ② 根底 ③ 豊富 ④ 岸辺 ⑤ 水平 ⑥ 姿勢
⑦ 歌詞 ⑧ 絹糸 ⑨ 暮(れる) ⑩ 退(く) ⑪ あんうん
⑫ せんとう ⑬ じゅひょう ⑭ ふる(い) ⑮ たわら
問二 a 三 b 五 c 十 問三 Ⅰ 百 Ⅱ たつ

【二】 問一 a オ b カ c エ 問二 i 男性 ii 女性
問三 (例) バイアスがあることで，AIが偏った判断を下す結果となった。 問四 ア
問五 イ 問六 Ⅰ 多様性 Ⅱ (例) AIによってステレオタイプに固定され，機械のようになっていく

【三】 問一 イ 問二 (例) 突然の事故で奥様と娘さんを残して若くして亡くなったご主人の遺族の気持ちを思うとやりきれない気持ちになり，足取りも重くなっているから。
問三 ウ 問四 X (例) 責任 Y (例) 悲しみ Z まるで ～ します
問五 (例) (1) 子供を不安にさせないように，明るく振る舞って泣かなかったことをほめてほしい (2) パパをきれいにしてくれたことのお礼の気持ちを伝えるため。
問六 ア

○推定配点○

【一】 各2点×20
【二】 問一・問六Ⅰ 各3点×4 問三・問六Ⅱ 各10点×2 他 各5点×4
【三】 問二・問五 各10点×3 問四Z 3点 他 各5点×5 計150点

＜国語解説＞

【一】（漢字の読み書き，ことわざ・慣用句）

重要 問一　①はトランプで，ジャック・クイーン・キングの描かれた12枚の札。②は物事や考え方のおもととなるところ。③はゆたかにあること。④は陸地が川などの水に接した所。⑤は静かな水面のように平らなこと。⑥は心構えや態度。⑦は曲にのせる言葉。⑧は蚕のまゆから取った糸。⑨の音読みは「ボ」。熟語は「暮色」など。⑩の音読みは「タイ」。熟語は「進退」など。⑪は何か悪いことの起こりそうな気配。⑫は兵力を用いて敵に対して攻撃などの行動をとること。⑬は樹木の枝に吹きつけられた空気中の水分が凍結し，氷の木のような見た目になる現象。⑭の音読みは「フン」。熟語は「奮発」など。⑮は米などを入れるためにわらなどを編んで作った袋。

基本 問二　aの「一矢を報いる」は相手の攻撃などに対して少しでも反撃や反論をすること。「二の足を踏む」はためらうこと。bの「二足のわらじをはく」は全く違う2つの仕事を1人で行うこと。「三拍子そろう」はすべての条件が備わっていること。cの「一石を投じる」は反響を呼ぶような問題を投げかけること。「四の五の言う」はあれこれと不平を言うこと。

やや難 問三　Ⅰの「百」はいずれも数が多いことを表す。Ⅱの「顔がたつ」の「たつ」は保たれるという意味，「角がたつ」の「たつ」は目立つという意味。

【二】（論説文－要旨・大意・細部の読み取り，接続語，空欄補充，記述力）

問一　aは直前の言葉を言いかえた言葉が続いているのでオ，bは直前の内容の予想とは異なる内容が続いているのでカ，cは直前の内容の具体例が続いているのでエがそれぞれ入る。

基本 問二　〈i〉・〈ii〉のある段落では，アマゾン社が採用試験を自動化するために開発したAIに「Woman」という言葉が入っている履歴書を低く評価するというバイアスがあったことが明らかになったのは，アマゾン全社員の約6割が「男性」(＝i)というジェンダーバランスに倣ったために，「女性」(＝ii)を差別する採用システムができあがってしまった，ということを述べている。

やや難 問三　「たとえば……」から続く3段落の内容をふまえ，「バイアスがあることで，AIが偏った判断を下す結果となった」というような内容で，═══線部《X》・《Y》の「採用試験」の問題点を含む結果を説明する。

問四　――線部①は，AIのバイアスをなくすためにデータに多様性をもたせ，さまざまな人間がいることを知ってもらうということに対するものなのでアが適切。①直前の段落内容をふまえていない他の選択肢は不適切。

問五　AIが想定していなかった――線部②のような人を，「人間とは，横断歩道がなくたって道を渡るような自由な存在」と述べているのでイが適切。②後の内容をふまえ，人によって行動が異なることを説明していない他の選択肢は不適切。

重要 問六　「しかし，だ。……」で始まる段落内容から，Ⅰには「多様性(3字)」が入る。Ⅱは筆者が感じている不安なので，「しかし，だ。……」から続く3段落の内容から「AIによってステレオタイプに固定され，機械のようになっていく(29字)」というような内容が入る。

【三】（記録文－主題・心情・細部の読み取り，空欄補充，記述力）

基本 問一　――線部①直後で，①のように話す「葬儀会社の担当者さんは怪訝そうな顔」をしていることを述べているのでイが適切。「怪訝そうな顔」であることをふまえていない他の選択肢は不適切。

問二　――線部②の「行く手」は，バイクの事故で突然亡くなった30代のご主人の納棺式を行う安置室であることから，「突然の事故で奥様と娘さんを残して若くして亡くなったご主人の遺族の悲しみを思うとやりきれない気持ちになり，足取りも重くなっているから」というような内容で，この時の「私」の心情を説明する。

問三　――線部③前後で「子供が不安がっているから泣いていられない」と話す奥様に,「ご主人とおふたりだけの時間を作りませんか？」と「私」が提案していることからウが適切。子供や周りの人に気を使うことなく，自分の心のままに振る舞うことが必要だと考えたことを説明していない他の選択肢は不適切。

問四　Xには責任を果たそうとする気持ちを表す「責任(2字)」といった語句が入る。Yは「泣いてしまいそうになること」なので「悲しみ(3字)」といった語句が入る。Zは「奥様はお子さんに……」で始まる段落の「まるでお父さんが生きているように話します(20字)」が入る。

やや難　問五　(1)　══線部《Ⅰ》後で「今まで子供を不安にさせないように，無理に明るく振る舞い頑張ってきた」ことを「私，頑張ったよね」と奥様がご主人に語りかけていることから,「子供を不安にさせないように，明るく振る舞って泣かなかったことをほめてほしい(37字)」といった内容が入る。　(2)　══線部《Ⅱ》前で「『パパをきれいにしてくれてありがとう』と言って「私」にメダルをかけ,「私」の頭をポンポンと撫でながら『ありがとう』」と娘さんが笑っていることから，パパをきれいにしてくれたことのお礼の気持ちを伝えるために行ったことを説明する。

重要　問六　本文では，ご主人を亡くした奥様のご主人に対する思いや，娘さんに対する思いといったことを述べているのでアが適切。夫と妻だけ，親子だけとしている他の選択肢は不適切。

★ワンポイントアドバイス★

ことわざや慣用句は，由来や語源も確認することで理解が深まる。

2次

2023年度

解　答　と　解　説

《2023年度の配点は解答欄に掲載してあります。》

＜算数解答＞《学校からの正答の発表はありません。》

1　(1)　400　　(2)　8.76　　(3)　$\frac{23}{45}$

2　(1)　26年後　　(2)　2023　　(3)　9通り　　(4)　A・42.5m　　(5)　55.5度

　(6)　$\frac{250}{3}$cm^2

3　(1)　24日　　(2)　100日　　(3)　32日

4　(1)　72cm^2　　(2)　50cm^2　　(3)　34cm

5　(1)　(イ)　　(2)　24：7　　(3)　12.25m

○推定配点○

4，5　各9点×6　　他　各8点×12(2(4)完答)　　計150点

＜算数解説＞

1　(四則計算)

(1)　5＋5×130－5×51＝5×80＝400

(2)　1.2×1.9＋4.8×1.3－1.2×0.9＋1.32＝1.2＋1.2×5.2＋1.2×1.1＝1.2×7.3＝8.76

(3)　$\square=\frac{3}{5}-\left(\frac{69}{35}-\frac{11}{7}\right)\times\frac{2}{9}=\frac{3}{5}-\frac{4}{45}=\frac{23}{45}$

2　(年令算，数の性質，場合の数，割合と比，平面図形，相似)

重要　(1)　現在の「父の年令」－「子供の年令の和」…41－15＝26(才)　したがって，「父の年令」と「子供の年令の和」が等しくなるのは26÷(2－1)＝26(年後)

(2)　119…17×7　289＝17×17　したがって，最小公倍数は17×119＝2023

(3)　「ズくん」が「シーくん」のプレゼントを受け取る場合…あてはまる場合は3通り　したがって，全部で3×(4－1)＝9(通り)

(4)　AくんとBくんの速さの比…200：175＝8：7　BくんとCくんの速さの比…200：180＝10：9　3人の速さの比…80：70：63　したがって，AくんがCくんとの競走に勝つ　差は200÷80×(80－63)＝42.5(m)

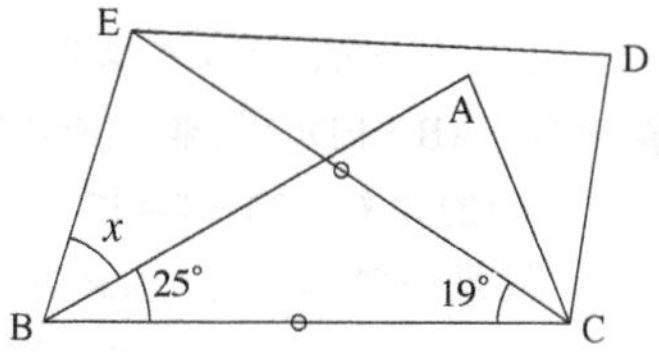

(5)　右図より，二等辺三角形CEBにおいて角xは(180－19)÷2－25＝55.5(度)

やや難　(6)　直角三角形FBC…右図より，FB：BC＝1：2　直角三角形FGB…FG：GB＝②：④　直角三角形BGC…BG：GC＝④：⑧　MG…(②＋⑧)÷2－②＝③　GE：BE…(③×2)：(④＋③×2)＝3：5　したがって，正方形は25÷3×5×2＝$\frac{250}{3}$(cm^2)

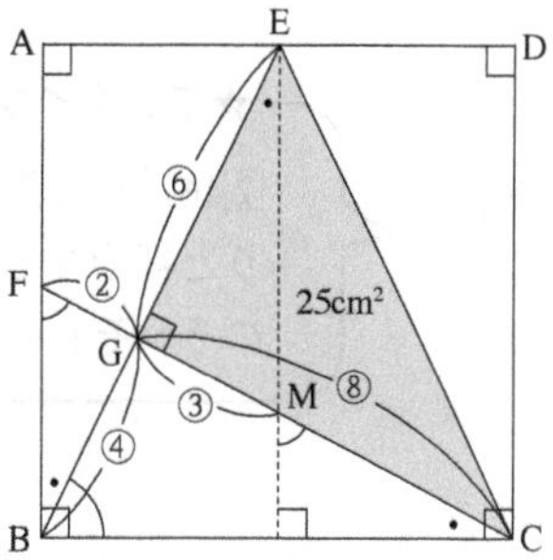

3 (割合と比，仕事算)

仕事全体の量…72とする。

Mさん1日の仕事量…72÷72＝1

Gさん1日の仕事量…72÷18－1＝3

Mさん	1	1	1	1	1	×	×	1	1	1	1	1	×	×
Gさん	3	×	3	×	3	×	3	×	3	×	3	×	3	×

(1) 72÷3＝24(日)

(2) 72÷5＝14あまり2　したがって，Mさんの日数は7×14＋2＝100(日)

(3) 2人の14日の仕事量…右表より5×2＋3×7＝31　2人の28日の仕事量…31×2＝62　残りの仕事量…72－62＝10　したがって，求める日数は28＋4＝32(日)

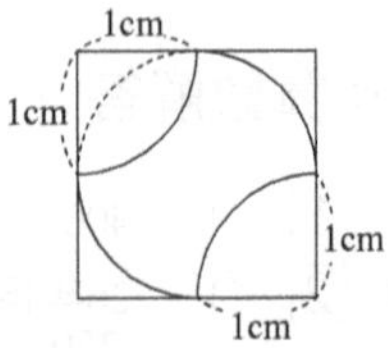

4 (平面図形，規則性)

重要 (1) 分銅Aの面積…2×2－{1×1×3.14÷2＋(2×2－1×1×3.14)÷2}＝4－(1.57＋0.43)＝2(cm^2)　したがって，右図より，求める面積は2×6×6＝72(cm^2)

(2) 右図より，分銅Bの面積の和は2×5×5＝50(cm^2)

やや難 (3) 1辺が14cmの正方形の場合…(1)・(2)より，面積の和は2×(7×7＋6×6)＝2×85(cm^2)　1辺が34cmの正方形の場合…面積の和は2×(17×17＋16×16)＝2×545(cm^2)　したがって，求める長さは34cm

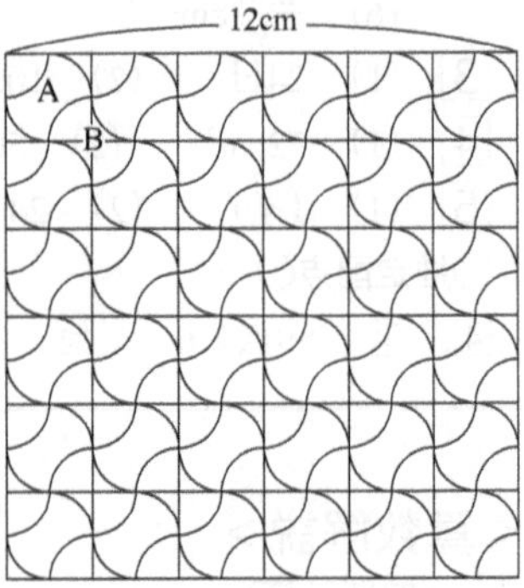

5 (速さの三公式と比，流水算，割合と比，グラフ)

やや難 (1) Bから直線nに平行に泳ぎ始めたところ，潮の流れでCまで流されたのでグラフは(イ)になる。

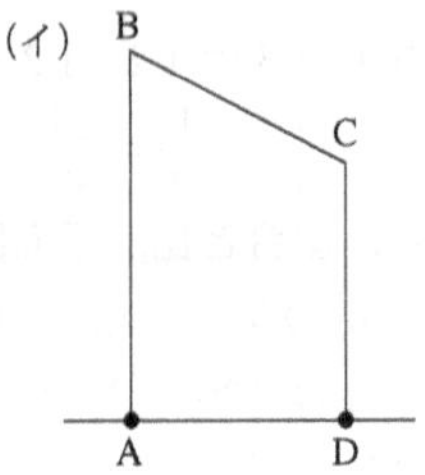

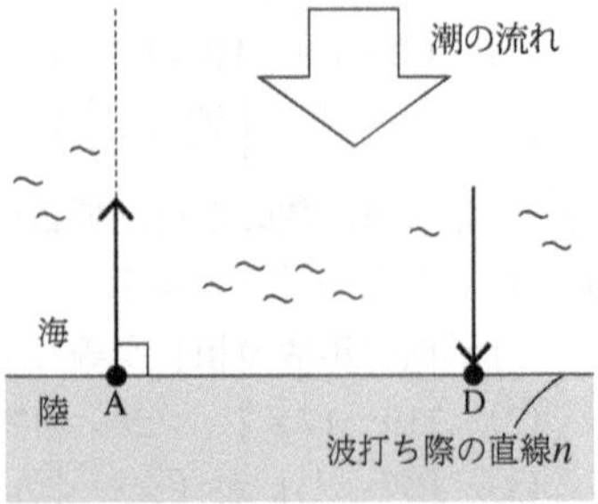

重要 (2) ア…ズトシくんが静水上を泳ぐ分速　イ…流れの分速　AB…ア×27－イ×27　ED…ア×13＋イ×(13＋8)＝ア×13＋イ×21　AB＝ED…ア×27－イ×27＝ア×13＋イ×21より，ア×(27－13)＝ア×14＝イ×(21＋27)＝イ×48　したがって，ア：イは48：14＝24：7

やや難 (3) AB＋EDの距離…1858.5－350＝1508.5(m)　ア－イ…(2)より，24－7＝17　ア＋イ…24＋7＝31　ECの距離…(2)より，1508.5÷(17×27＋31×13)×(7×8)＝98(m)　したがって，流れの分速は98÷8＝12.25(m)

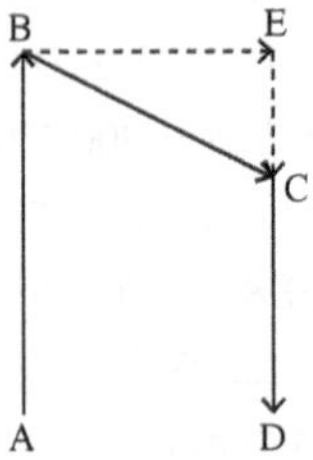

★ワンポイントアドバイス★

2(6)「正方形と直角三角形」の問題は簡単ではないが，2(5)までの問題でしっかりと得点することがポイントになる。また，3「仕事算」，4(1)・(2)「分銅A・Bのそれぞれの面積の和」も，それほど難しくはない。

＜理科解答＞《学校からの正答の発表はありません。》

【1】 (1) 食物連鎖 (2) イ (3) イ (4) オ (5) ① SDGs ② 5(年)
【2】 (1) ① 断層 ② エ ③ エ ④ イ (2) ア (3) ① 5(秒後)
② 30(秒後)
【3】 (1) ① A キ B ア C イ D ク E ウ F エ ② B, E
(2) ① 7.5(g)
② 右図
③ 83.3(%)

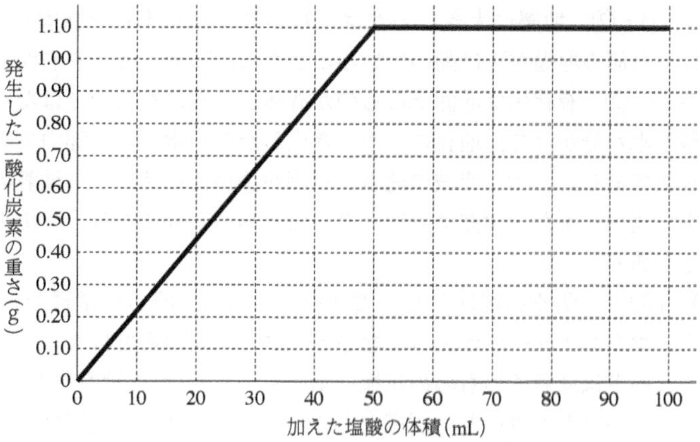

【4】 (1) 1.5倍
(2) ア 6.0
ウ 2.0
(3) イ (例)(3, 3)
エ (例)(3, 6)
(4) 4.5(cm)
(5) 0.5倍[$\frac{1}{2}$倍]
(6) 12.7(秒)

○推定配点○
【1】 各3点×6 【2】 各3点×7 【3】 各3点×10 【4】 (1) 3点 他 各4点×7
計100点

＜理科解説＞

【1】 (生物総合―生態系)

基本 (1) 生物どうしの「食べる・食べられる」というひとつながりの関係を食物連鎖という。

やや難 (2) 「大規模なかく乱が起こると，かく乱に強い種だけが存在するような生態系になる」とあることから，かく乱が大きくなると種数は少なくなると考えられる。また，「かく乱がほとんど起こらなければ，生物どうしの競争に強い種だけが存在するような生態系になる」とあることから，かく乱が小さくなっての種数は少なくなると考えられる。これらのことから，かく乱の規模と生物の種数の関係は，かく乱の規模が大きくなっても小さくなっても種数が少なくなる，「イ」のようなグラフになると考えられる。

(3) 外来生物はもともとその地域に生息していなかった生物で，何らかの要因で外来生物が入りこむと，その地域の生態系に影響を与える。イは，人間の活動が生態系に影響を与えたもので，外来生物とは関係のないできごとである。

やや難 (4) ア オオクチバスの除去後，トンボ類の幼虫とタナゴ類が増加していることから，オオクチバスが捕食していたと考えられる。 イ オオクチバス除去後の個体数の増加の割合は，タナゴ類よりもトンボ類の幼虫のほうが大きいことから，オオクチバスはトンボ類の幼虫のほうを好んで多く捕食していたと考えられる。 ウ オオクチバスの除去によって，トンボ類の幼虫もタナゴ類も個体数が増加に転じていることから，それぞれの個体数の減少はオオクチバスと関係があったと考えられる。 エ 1年後以降で，トンボ類の幼虫が減少して，それにともなってタナゴ類の増加の割合がやや大きくなっていることから，トンボ類の幼虫がタナゴ類を捕食していると考えられる。

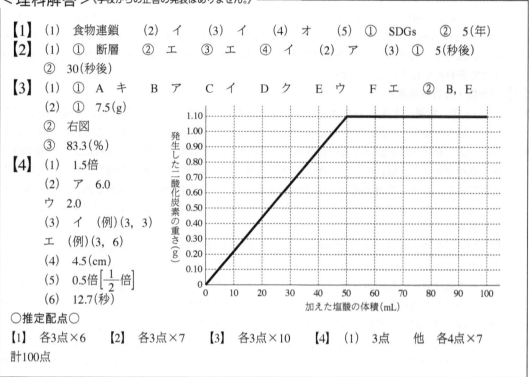

基本 (5) ① 「持続可能な開発目標」は，英語では「SustainableDevelopmentGoals」となり，アルファベット4文字でSDGsと表現される。 ② 地球の森林の面積は，1年間で1300000(km^2)÷25(年)＝52000(km^2)減少している。また，日本の森林面積は378000(km^2)×0.65＝245700(km^2)である。これらのことから，日本の森林で考えると245700(km^2)÷52000(km^2)＝4.725より，約5年ですべて失われてしまうことになる。

【2】 (地層・岩石―地震)

基本 (1) ①・② 地層に大きな力がはたらいて生じたずれを断層という。図1では，左側の地層が上に，右側の地層が下に動いていることから，エのように左右から押す力がはたらいたことがわかる。 重要 ③ 液状化は地面そのものが液体のようになるのではなく，地震のゆれによって地中の土砂と水が分かれて，地表に水がふき出したり，水による浮力で重いものが持ち上げられたりする現象である。 ④ 津波の速さは水深が深いほど速いが，地震のゆれの伝わる速さに比べると非常に遅い。また，津波は陸地に近いほど高さが高くなり，火山の噴火によって津波が発生することもある。

(2) 図2で，明るい電球と暗い電球を比べると，明るい電球のほうが同じ位置では明るいことから，マグニチュードが大きくなると，同じ場所の震度は大きくなると考えられる。 イ マグニチュードは地震そのものの規模を示すもので，1つの地震において1つの値しかない。 ウ マグニチュードが大きいと，規模が大きくなるためゆれの範囲は広くなる。 エ マグニチュードが大きいほど震源が同じ場所でも震度は大きくなり，震度は震源から遠いほど小さくなる。

重要 (3) ① 35(km)÷7(km/s)＝5(s)より，都市AにP波が到着するのは地震発生の5秒後である。

やや難 ② 緊急地震速報を都市Bで受信するのは，都市AにP波が到着してから0.5秒後，つまり，地震発生の5＋0.5＝5.5(秒)後である。142(km)÷4(km/s)＝35.5(s)より，都市BにS波が到着するのは地震発生の35.5秒後である。これらのことから，都市BにS波が到着するのは，緊急地震速報を受信した35.5－5.5＝30(秒)後である。

【3】 (気体―いろいろな気体の性質，二酸化炭素の発生)

(1) 実験1で，火のついた線香を入れると，線香が激しく燃えたことから，気体Cは酸素であることがわかる。実験2で，赤色リトマス紙を青色に変化させるのはアルカリ性の水溶液なので，気体Aは水溶液がアルカリ性を示すアンモニアだとがわかる。実験3で，6種類の気体のいずれかの水溶液に亜鉛を加えて気体が発生するのは，塩酸(塩化水素の水溶液)に亜鉛を加えると水素が発生するときであることから，気体Eは塩化水素，気体Fは水素だとわかる。実験4で，石灰水を白くにごらせる気体Bは二酸化炭素だとわかる。残った気体Dはちっ素である。 重要 ① 気体A(アンモニア)…無色で，鼻をさすにおいがある。また，水にとけやすく，空気よりも軽いので上方置換法でしか集められない。 気体B(二酸化炭素)…無色で，においがない。また，水に少ししかとけず，空気よりも重い。光合成で使われる気体で，地球温暖化の原因とも考えられている。 気体C(酸素)…無色で，においがない。また，水にほとんどとけず，空気より少し重い。光合成で発生する気体で，空気中の約20％を占める。 気体D(ちっ素)…無色で，においがない。また，水にほとんどとけず，空気よりわずかに軽い。空気中の約80％を占める。 気体E(塩化水素)…無色で，鼻をさすにおいがある。また，水にとけやすく，空気よりも重い。 気体F(水素)…無色で，においがない。また，水にほとんどとけず，気体の中で最も軽い。 基本 ② BTB溶液は，酸性の水溶液で黄色，中性の水溶液で緑色，アルカリ性の水溶液で青色を示す。水溶液が酸性を示す気体は，二酸化炭素(気体B)と塩酸(気体E)である。

重要 (2) ① 表1から，二酸化炭素は最大で3.30gまでしか発生しないことから，塩酸100mLが炭酸カルシウムと過不足なく反応すると，3.30gの二酸化炭素が発生することがわかる。また，炭酸カルシウム2.0gが塩酸と反応すると，0.88gの二酸化炭素が発生しているので，炭酸カルシウムxgが塩酸100mLとちょうど反応したときに発生する二酸化炭素が3.30gだとすると，2.0(g)：0.88(g)＝x(g)：3.30(g)　x＝7.5(g)　②　表2をもとにグラフをかく。また，表2から，加えた塩酸が20mLのとき，0.44gの二酸化炭素が発生していることから，発生した二酸化炭素がはじめて1.10gになるときの塩酸の体積をymLとすると，20(mL)：0.44(g)＝y(mL)：1.10(g)　y＝50(mL)となることがわかる。よって，塩酸の体積が50mLまでは，塩酸の体積と発生した二酸化炭素の

やや難　重さは比例し，50mL以上では二酸化炭素の重さは一定のグラフとなる。　③　大理石3.0gがすべて塩酸と反応すると二酸化炭素が1.10g発生する。①より，炭酸カルシウム7.5gがすべて塩酸と反応すると二酸化炭素が3.30g発生することがわかるので，二酸化炭素1.10gが発生するときに反応する炭酸カルシウムの重さは7.5(g)×$\frac{1.10(g)}{3.30(g)}$＝2.5(g)とわかる。よって，大理石にふくまれている炭酸カルシウムは2.5gとなり，ふくまれている割合は2.5(g)÷3.0(g)×100＝83.33…より，83.3％である。

【4】（ばねーばねのつなぎ方とばねののび）

基本　(1)　おもりB3つでばねが13.5cmのびたことから，おもりB1つでは13.5(cm)÷3＝4.5(cm)のびると考えることができる。おもりA1つでののびは3.0cmなので，おもりB1つのときののびは，おもりA1つのときの4.5(cm)÷3.0(cm)＝1.5(倍)である。ばねののびとおもりの重さは比例するので，おもりBの重さはおもりAの重さの1.5倍である。

(2)　ばねを直列につなぐと，ばねののびの合計はつないだばねの数に比例する。また，表1から，ばねを並列につなぐと，ばねののびの合計はつないだばねの数に反比例することがわかる。ばね1つだけのとき(1, 1)のときの棒が下がった距離が3.0cmなので，(2, 1)のときは，3.0(cm)×2×$\frac{1}{1}$＝6.0(cm)，(2, 3)のときは，3.0(cm)×2×$\frac{1}{3}$＝2.0(cm)

(3)　(2, 2)のときは，3.0(cm)×2×$\frac{1}{2}$＝3.0(cm)，(2, 4)のときは，3.0(cm)×2×$\frac{1}{4}$＝1.5(cm)である。ばねの組み合わせを(x, y)と表すとすると，イと同じになるのは，x：y＝1：1のとき，エと同じになるのは，x：y＝1：2のときであることがわかる。

よって，イと同じになるのは，(1, 1)，(3, 3)，(4, 4)，(5, 5)，(6, 6)…など，エと同じになるのは，(1, 2)，(3, 6)，(4, 8)，(5, 10)，(6, 12)…などとなる。

(4)　ばねが直列に3つ，並列に2つつながれているので，3.0(cm)×3×$\frac{1}{2}$＝4.5(cm)

(5)　(2, 1)と(2, 4)の結果を比べると，横につなぐばねの数が4倍になると，5往復にかかる時間は4.50(秒)÷9.00(秒)＝0.5(倍)になることがわかる。

やや難　(6)　表1，表2の結果より，棒が下がった距離が6.0cmの(2, 1)のときの5往復にかかる時間が9.00秒，棒が下がった距離が1.5cmの(1, 2)と(2, 4)のときの5往復にかかる時間が4.50秒であること，棒が下がった距離が0.75cmの(1, 4)のときの5往復にかかる時間が3.18秒，棒が下がった距離が3.0cmの(1, 1)と(2, 2)のときの5往復にかかる時間が6.36秒であることから，棒が下がった距離が4倍になると5往復にかかる時間は2倍になることがわかる。ばねの組み合わせが(4, 1)のとき，棒が下がった距離は3.0(cm)×4×$\frac{1}{1}$＝12.0(cm)＝3.0(cm)×4だから，5往復にかかる時間は，棒が下がった距離が3.0cmのときの2倍とわかり，6.36×2＝12.72より12.7秒

★ワンポイントアドバイス★

全体的にしっかりと問題文を読んで理解し，思考力を要求するような問題が多い。そのため，やや複雑な条件などが与えられているような問題を使って，読解力や思考力を養っていこう。

＜社会解答＞《学校からの正答の発表はありません。》

【1】 問1 Ⅰ 減反 Ⅱ ウ 問2 ク 問3 Ⅰ 伝統的工芸品 Ⅱ ウ 問4 イ
問5 (河川A) 最上(川) (河川B) 吉野(川) 問6 潮目 問7 X ウ Y イ
問8 (例) 山間部の開発によって住宅地がつくられて，そこに建売住宅を建てて売り出すことで，人々が移り住むことをすすめてきたから。 問9 環境アセスメント

【2】 問1 ア 問2 前方後円墳 問3 Ⅰ 8(世紀) Ⅱ 大宰府 問4 行基
問5 ウ 問6 壬申(の乱) 問7 (例) 1052年から末法の世に入るという仏教の教えが全国に広がる中で，人々は阿弥陀如来に願いをたくして，死後に極楽浄土に生まれ変わることを願ったから。 問8 エ 問9 エ 問10 御家人
問11 (記号) ア (正しく直したもの) フビライ=ハン 問12 Ⅰ ウ Ⅱ イ
問13 豊臣秀吉 問14 ほしか 問15 イ→ウ→ア→エ 問16 Ⅰ 盧溝橋(事件)
Ⅱ ア 問17 イ

【3】 問1 1 最高法規 2 国権 3 公共の福祉 問2 エ 問3 違憲立法審査権
問4 国民主権 問5 2(議席) 問6 知る権利 問7 ウ 問8 (例) ふるさと納税を行った人は，その額に応じた住民税が減収になるのでふるさと納税を行う人が増えると，そのような人々が住んでいる地域の住民税も減収になる。そのためその地域の住民に対する行政サービスが十分にできなくなる可能性がある。

○推定配点○
【1】 問8 6点 他 各2点×12 【2】 問7 6点 他 各2点×20(問15完答)
【3】 問8 6点 他 各2点×9 計100点

＜社会解説＞

【1】 (日本の地理―三浦半島から見た日本)

基本 問1 Ⅰ 減反政策とは水田を休ませて休耕田にすることで稲の作付面積を制限する，1971年以降に行われた政策である。その理由は米の生産量が増えたにもかかわらず，米の消費量はしだいに減り，毎年多くの米が余って古米と呼ばれる状態になったため，そのような状態をなくすことを目的とした。 Ⅱ 八郎潟は男鹿半島に位置する湖で，干拓される前は琵琶湖に次いで日本で2番目の広さであった。1957年以降に国によって干拓事業が行われ，大規模な機械化農業による米作りが進められた。しかし米が余るようになったため，米の減反政策(生産調整)が行われ，転作による畑作地が増加した。なお，アの霞ヶ浦は茨城県にある湖，イの満濃池は香川県にあるため池，エの印旛沼は千葉県にある湖沼である。

問2 X 1960年代の日本では，それまでの燃料の主役であった石炭から石油・天然ガスへ転換された「エネルギー革命」が進んでいた。その一方で，1973年10月に発生した第四次中東戦争(イスラエルとその周辺のアラブ諸国間の戦争)の際にアラブ石油輸出国機構(OAPEC)のアラブ諸国に敵対的な国に対する石油の輸出制限をする「石油戦略」の実施，石油輸出国機構(OPEC)による石油価格の引き上げによって発生した一連の世界経済の混乱である(第一次)石油危機が発生した。当時から石油輸入の大部分を西アジア(中東)のアラブ諸国に頼っていた日本経済は深刻な打撃を受け，石油不足や異常な物価高に苦しめられた。この時には人々がトイレットペーパーを求めて，スーパーに殺到するなどの混乱も生じた。これによって日本の実質経済成長率は大幅に下落し，高度経済成長が終了した。 Y・Z 排他的経済水域は，干潮時の海岸線から200海里(約

370.4km)までの範囲で，領海の部分を除いた海域のことである。この水域の水産資源や鉱産資源はその沿岸国が優先的に利用できるので，他国はその国の許可なくそれらの資源を採取することはできない。

重要 問3 Ⅰ 伝統的工芸品はその地域で生産される材料と昔から伝わる技術をもとに作られて，現在まで受け継がれて発展してきた工芸品のことで，漆器・陶磁器・織物・木工細工などに多い。伝統的工芸品に指定されるためには，「製造過程の主要部分が手作りであること」や「一定の地域で産地を形成していること」などの要件を満たすことが必要である。 Ⅱ 必要な要件を満たした工芸品の中には経済産業(選択肢ウ)大臣によって伝統的工芸品に指定されるものもあり，その地域の特産品になっている場合も多い。なお，アの国土交通大臣は国土の開発や社会資本の整備など，イの文部科学大臣は教育・文化・科学技術など，エの農林水産大臣は農業・林業・水産業の振興などを統括する大臣である

問4 X この文は正しい。京浜工業地帯は重化学工業の割合が高いが，その一方で東京を中心に印刷・出版業も盛んであり，日本最大の印刷工場が東京にある。 Y この文は誤っている。2020年の京浜工業地帯(23兆1190億円)の工業生産出荷額は，中京工業地帯(54兆6299億円)，阪神工業地帯(32兆4505億円)，関東内陸工業地域(29兆1499億円)，瀬戸内工業地域(27兆9905億円)に次いで全国で5番目である。したがって，京浜工業地帯の工業生産出荷額が中京工業地帯より多いことはない。

問5 河川A 最上川は，山形県をほぼ南北に貫流する全長約229kmの川である。この川は「母なる川」と呼ばれ，福島・山形両県の県境である西吾妻山に発した後は山形県内を流れ，米沢盆地を北上し，山形盆地で寒河江川などと合流し，新庄盆地を流れ，江戸時代には港町として栄えた庄内平野の酒田市で日本海に注いでいる。 河川B 吉野川は「四国三郎」とも呼ばれ，四国山地の中央部に源流を持ち，四国の中央部の四国山地と讃岐山脈の間を東に流れて徳島県の徳島市で紀伊水道に注いでいる全長約194kmの川である。

基本 問6 潮目とは，暖流と寒流などの性質が異なる海水が接する境目のことである。暖流と寒流の両方の魚が集まりやすく，栄養分が豊かなのでプランクトンが繁殖して好漁場となる。日本近海では房総半島から三陸海岸に至る太平洋海域が，寒流の千島海流(親潮)と暖流の日本海流(黒潮)がぶつかる潮目になっている。

基本 問7 季節風は，夏と冬で吹く方向が異なる風のことである。日本の太平洋側では夏に南東(空欄X)から高温でしめった季節風が吹いて降水量が多い。また日本海側では冬に北西(空欄Y)から冷たい季節風が吹いて，降水量が多くなる。

やや難 問8 【地図1】(1965年の逗子周辺)と【地図2】(1975年の逗子周辺)を比べると，1975年に「鎌倉逗子ハイランド」となった部分は1965年の時点では山間部だったことがわかる。したがって，この山間部が開発されて住宅地が造られたことが確認できる。次いで【資料】の「第2期分譲開始」，「鎌倉逗子ハイランド高級建売住宅」の部分から開発された住宅地に建売住宅が建設されて，売り出されたことで，人々の市外からの転入が多かったと考えられる。そのため逗子市では，この10年で少なくとも約1万4000人が逗子市に移り住んだと考えられる。

問9 環境アセスメントとは，ダム・発電所・高速道路などの大規模な開発を行う際に，開発によって周囲の自然環境が大きく損なわれる可能性がある場合に自然環境への影響を事前に調査・評価することである。これは1999年に施行された環境アセスメント法によって，結果を公表することが義務とされた。

【2】 (日本の歴史―三浦半島の歴史に関する問題)

問1 屈葬は主に縄文時代に行われていた，死者の身体の手足を折り曲げた形で埋葬する方法であ

る。身体の向きに決まりはなく，埋葬場所は住居近くが多かった。屈葬にした理由としては，死者が再び生まれ変わることを願ったとする説や死者が安らかに眠ることを願ったという説がある。また遺体の中に重しとして石を抱いているものがあることから，死者の魂が浮遊することを防いだという説もある。 イ 祭祀に銅鐸や銅矛が用いられたのは弥生時代である。 ウ 縄文時代にも交易が行われたことが，黒曜石やヒスイの分布などから確認できる。 エ 佐賀県の吉野ケ里遺跡や静岡県の登呂遺跡は，弥生時代の遺跡である。

問2 前方後円墳は，円形と方形を組み合わせた形をしている古墳である。日本列島で3世紀半ばから7世紀初めにかけて築造され，大阪府にある大仙古墳などの規模の大きな古墳がこのような形態をしている。

問3 Ⅰ 大宝律令は，701年に文武天皇(位697～707年)の命令によって刑部親王や中臣(藤原)鎌足の子である藤原不比等ら19名で編集した，日本で最初の律令である。この大宝律令は中国(唐)の律令を参考にしながらも，主な部分は日本の実情に合わせて作られたものであった。したがって，大宝律令が制定されたのは8世紀のことである。 Ⅱ 大宰府は九州北部に設置された「遠の朝廷」と呼ばれた朝廷の出先機関で，九州地方の軍事・行政や大陸・朝鮮半島との外交などを担っていた。

問4 行基(668～749年)は奈良時代の僧侶で，諸国を巡って布教に努めるとともに，各地に用水・橋・道路などを造って社会事業に貢献した。また朝廷からの求めで東大寺の大仏の造立にも協力したので，大僧正に任じられた。

基本 問5 正倉院は本来，大切なものを入れる倉を意味するが，一般的には東大寺の宝庫を指す。この倉は断面が三角形や台形の木材を井げたに組み上げた校倉造(選択肢ウ)と呼ばれる建築様式で知られ，聖武天皇の遺品などが収蔵・保管されている。なお，アの書院造は室町時代に始まった建築様式，イの寝殿造は平安時代の貴族の住宅様式，エの数寄屋造りは主に江戸時代以降の茶室や住宅の建築様式である。

基本 問6 壬申の乱(672年)は，天智天皇の死後にその息子である大友皇子を立てた近江朝廷側と吉野にいた弟の大海人皇子とが皇位をめぐって争った内乱のことである。この内乱は2年余り続いたが，地方豪族や東国の兵の動員に成功した大海人皇子側が最終的に勝利して，673年に天武天皇として即位した。

やや難 問7 シャカの死後，年代が経つにしたがって正しい仏教の教えが廃れ，災いが続くとされた末法思想があり，日本では1052年から末法の世に入るという仏教の教えが全国に広がった。そのような中で貴族や庶民の間で，阿弥陀如来にすがって念仏を唱えれば，死後に極楽浄土に生まれ変わることができるとする浄土信仰が広まった。そこで阿弥陀如来に願いをたくして，死後に極楽浄土に生まれ変わることを願い，各地で盛んに阿弥陀如来像が作製された。

問8 X この文は誤っている。荘園への国司の立ち入りを拒否する権利は，不輸の権ではなく不入の権である。不輸の権は，朝廷や国司に税を納めなくてもよい権利である。 Y この文は誤っている。荘園は1582年から豊臣秀吉が全国的に行った太閤検地によって消滅したので，その存続は安土桃山時代までであり，江戸時代初期まで存続したことはない。

問9 前九年合戦(前九年の役，1051～1062年)とは，陸奥国(地図中のエ)の豪族であった安倍氏が国司と対立して反乱を起こしたが，朝廷の命令を受けた源頼義・義家らが東国武士の清原氏の援助によってその反乱を鎮圧した出来事である。なお，地図中のアは藤原純友の乱(939～941年)，イは保元の乱(1156年)や平治の乱(1159年)，ウは平将門の乱(935～940年)が起こった地域である。

基本 問10 御家人とは将軍と主従関係を結んだ武士のことで，将軍から領地や役職を与えられる御恩に対して，将軍に忠誠を誓い，警備や戦で戦う奉公の義務が課されていた。

問11　都を大都に置いて，国号を元と定めたのはチンギス=ハン(位1206～1227年)ではなく，フビライ=ハン(位1260～1294年)である。チンギス=ハンは，モンゴル帝国の初代皇帝である。

問12　Ⅰ　侍所は1180年に設置され，御家人の統率や軍事・警察の仕事を行った鎌倉幕府の機関である。なお，アの公文所は文書類を管理し，諸文書を評議決断する機関(後に政所となった)，イの政所は政治や財政に関する仕事を行う機関，エの問注所は訴訟や裁判の仕事を行ったいずれも鎌倉幕府の機関である。　Ⅱ　東大寺南大門金剛力士像は運慶・快慶らの一門によってつくられたもので，阿形と吽形のものが東大寺南大門の両側に安置されている。なお，アの法隆寺釈迦三尊像は鞍作鳥が制作したとされる法隆寺金堂の本尊，ウの広隆寺弥勒菩薩像は京都市太秦にある広隆寺にある国宝，エの東大寺盧舎那仏坐像は奈良の東大寺の本尊である。

基本　問13　豊臣秀吉(1537～1598年)は1585年に朝廷から関白に任命され，翌年には太政大臣となって豊臣姓を賜った。その後，1590年に小田原の北条氏を滅ぼし，東北地方の大名も従えて全国の統一を成し遂げた。

問14　「ほしか(干鰯)」とは，いわしやにしんを干して乾燥させた後に固めてつくった肥料である。この肥料はいわし漁がさかんであった九十九里浜で多く作られ，綿花の栽培などの農業生産に欠かせない肥料として使用された。

問15　アの島原・天草一揆がおこったのは1637年，イのスペイン船の来航が禁止されたのは1624年，ウの日本人の海外渡航が禁止されたのは1633年，エのポルトガル船の来航が禁止されたのは1639年のことである。したがって，これらの出来事を古いものから順に並べ替えると，イ→ウ→ア→エとなる。

重要　問16　Ⅰ　盧溝橋事件は1937年7月に北京郊外で軍事演習を行っていた現地駐屯の日本軍部隊に対して，中国軍からの発砲があったとして両軍が衝突した事件である。これにより，日中間の軍事衝突から始まり日中戦争となった。　Ⅱ　X　この文は正しい。朝鮮戦争がはじまると，GHQの指令によって警察力の強化の名目で，警察予備隊がつくられた。　Y　この文は正しい。朝鮮戦争は，1950年に朝鮮民主主義人民共和国(北朝鮮)が大韓民国(韓国)に侵攻して始まった戦争である。アメリカ軍を中心とする国連軍が韓国を，中華人民共和国の人民義勇軍が北朝鮮を支援した。この戦争は1953年に休戦協定が結ばれて休戦したが，現在も休戦状態が続いている。

基本　問17　日露戦争は，1904～1905年にかけて日本とロシア帝国間で行われた戦争である。朝鮮半島と満州の利権をめぐる両国の争いが原因で，満州南部や遼東半島を主戦場とし，日本近海でも東郷平八郎の率いる艦隊による日本海海戦が行われた。最終的には，アメリカ合衆国の仲介によってポーツマス条約が結ばれたことで終結した。なお，アの日清戦争は1894～1895年，ウの西南戦争は1877年，エの太平洋戦争は1941～1945年に行われた戦争である。

【3】 (政治―日本国憲法に関する問題)

問1　(1)　日本国憲法第98条1項には「この憲法は，国の最高法規であって，その条規に反する法律，命令，詔勅及び国務に関するその他の行為の全部又は一部は，その効力を有しない。」とある。　(2)　日本国憲法第41条には，「国会は，国権の最高機関であって，国の唯一の立法機関である。」とある。　(3)　日本国憲法第13条には，「すべての国民は，個人として尊重される。生命，自由及び幸福追求に対する国民の権利については，公共の福祉に反しない限り，立法その他の国政の上で，最大の尊重を必要とする。」とある。

問2　Ⅰ　X　この文は誤っている。日本の内閣総理大臣は，国会法や議院規則などに基づいて国会議員の中から国会が指名する。したがって，内閣総理大臣は参議院議員でもよく，必ず衆議院議員でなければならないということはない。　Y　この文は誤っている。現在の日本の内閣総理大臣は国会法や議院規則などに基づいて国会議員の中から国会によって指名され，天皇によって任命される。したがって，国会が内閣総理大臣を任命するわけではない。

基本 問3　違憲立法審査権は，国会や内閣の行いが憲法に適っているか否かの訴えがあった場合に裁判所が審査の上でその判断を下す権限で，憲法の明白な趣旨に反するあらゆる行為を無効であると宣言することである。この権限は家庭裁判所，簡易裁判所，地方裁判所，高等裁判所，最高裁判所のすべての裁判所に認められている。

基本 問4　日本国憲法では，政治のありかたを最終的に決めるのは国民であるという「国民主権」が基本原則になっており，日本国憲法の前文には「ここに主権が国民に存することを宣言し，この憲法を確定する。」とある。

重要 問5　ドント式の方法で各政党の得票数を計算すると，A党は3000，1500，1000，750，B党は1800，900，600，C党は1500，750，500の順になる。定数8の議席を各党に振り分けると，A党は①3000，④1500，⑤1000，⑧750，B党は②1800，⑥900，600，C党は③1500，⑦750，500のようになり，A党は4議席，B党は2議席，C党は2議席となる。したがって，B党が獲得する議席数は2議席となる。

問6　知る権利(情報を知る権利)とは，主権者である国民が正確な情報を得た上で政治に参加できるように，国や地方自治体などが持っている情報の公開を求める権利である。この権利は新しい人権と呼ばれるものの1つで，日本国憲法に明確に規定されていないが，社会の変化に伴って主張されるようになった基本的人権である。

問7　日本国憲法を改正する際には国会の発議の後，国民投票によって過半数(選択肢ウ)の賛成が必要である。その国民投票のことを定めた法律が国民投票法で，2007年に公布され，2010年に施行された。

やや難 問8　【資料1】から「ふるさと納税をしなかった人」は住民税50000円を居住地の自治体(この場合は東京都世田谷区)に納めるが，「ふるさと納税をした人」は自分のふるさとに50000円の納税をし，翌年は居住地の自治体に対する住民税がふるさと納税の負担金2000円を除いた48000円が減額され，その分だけ居住地の自治体の住民税が減収となることがわかる。【資料2】からは，2015年から2021年までの区民税(住民税)はいずれの年も寄付額よりも区民税減収額の方が上回っており，かなりの額の区民税が減収になっていることがわかる。【資料3】からは，区民のために使われる税金の2021年の区民税収入のうち，16分の1にあたる70億円が減収になっていることがわかる。これらのことからふるさと納税を行った人は，その額に応じた住民税が翌年に減収になるので，ふるさと納税を行う人が増えると，そのような人々が住んでいる地域の自治体への住民税も減収になる。そのため住民税が減収になった地域の自治体の住民に対する行政サービスが，税収不足によって十分に行き渡らなく恐れが出てくるという問題がある。

★ワンポイントアドバイス★

地理・歴史・政治の各分野の出題の中で歴史分野からの出題がやや多いが，2～3行の短文の説明問題は各分野に一題ずつあるので，いずれの分野においても自らの言葉で説明できるように練習を怠らないようにしよう。

＜国語解答＞《学校からの正答の発表はありません。》

【一】 問一　① 郵送　② 解除　③ 拡大　④ 熟練　⑤ 在庫　⑥ 貴重
⑦ 帰省　⑧ 捕(まる)　⑨ 臨(む)　⑩ 留(める)　⑪ あんい

⑫　こうたく　⑬　かんげい　⑭　おが(み)　⑮　く(ち)
問二　①　エ　②　カ　問三　①　鼻　②　肩　③　腰

【二】　問一　X　エ　Y　イ　問二　ア　問三　エ　問四　(例)　自分の話を聴いてもらえていない　問五　エ　問六　i　a　聴く姿勢を察知　b　とことん話を聴く　ii　c　(例)　苦しい時間を共有し，逃げない　問七　(例)　相手の話をとことん聴くなかで自分との違いを思い知りながらも，相手をもっと理解しようとその場に居つづけることで，ほんとうのコミュニケーションが生まれる。

【三】　問一　Ⅰ　ウ　Ⅱ　ア　Ⅲ　オ　Ⅳ　イ　Ⅴ　エ　問二　A　エ　B　ア　C　イ　問三　(例)　Ⅰ　客観的な事実を指摘している　Ⅱ　勉強しなくてよい理由として使う　問四　エ　問五　(例)　計算のプリントを真剣にやろうとしない和也を腹立たしく思い，感情的に怒りそうになる自分の気持ちを落ち着かせようとしている。
問六　(例)　努力と向上心が足りないだけで，頭の回転が速く，「やればできる」学力がある。　問七　ウ

○推定配点○

【一】　各2点×20

【二】　問一・問五　各2点×3　問四・問六ii　各8点×2　問六i　各4点×2　問七　10点
他　各5点×2

【三】　問三・問六　各8点×3　問四・問七　各5点×2　問五　10点　他　各2点×8

計150点

＜国語解説＞

【一】　(漢字の読み書き，慣用句，文と文節)

重要　問一　①は郵便で送ること。②は今まであった制限などをなくして，もとの状態にもどすこと。③は広げて大きくすること。④は慣れていて上手なこと。⑤は倉庫などにあること。⑥は価値があること。⑦は故郷に帰ること。⑧の他の訓読みは「と(らえる，らわれる)」。⑨は参加すること。同訓異字の「望む」と区別する。⑩は離れないように固定すること。同訓異字の「止める」「停める」と区別する。⑪はいい加減であること。⑫は物の表面の輝きやつや。⑬は喜んでむかえること。⑭の「拝みたおす」は拝むようにくり返し頼んで，むりやり承知させること。⑮の音読みは「キュウ」。熟語は「不朽」など。

やや難　問二　①はエにかかる連用修飾語。②はカにかかる連用修飾語。

基本　問三　①は鼻で「ふん」と受け答えして冷たくあつかうこと。②はがっかりして肩の力まで抜けた様子。③の「重い腰」はやる気が出るまで時間がかかる気持ちを表す。

【二】　(論説文－要旨・大意・細部の読み取り，接続語，空欄補充，ことばの意味，記述力)

問一　Xは直前の内容を直後で「合唱」にたとえているのでエ，Yは直前の内容に引き続いて起こる内容が続いているのでイがそれぞれ当てはまる。

問二　Zは「ともかく聴いていることが根本で，言われることをずっと聴いている」ことなのでアが適切。「聴く」ことだけを述べていない他の選択肢は不適切。

問三　――線部①の説明として①直後で「ひとには言ってもわからないことがあ」り，「性が合わなくてもいい……むしろ合わなくて当然なのだ」と述べているのでエが適切。①直後の内容をふまえていない他の選択肢は不適切。

問四　「聴くというのも……」で始まる段落で「聴き手の聴く姿勢を察知してはじめてひとは口を

開」き，「そのときはもう，聴いてもらえるだけでいいのであって……妙にわかられたら逆に腹が立つ」と述べていることから，「自分の話を聴いてもらえていない」というような内容があてはまる。

基本　問五　――線部③は，すべての方法や手段を試したものの，効果がなくどうしようもなくなるという意味なのでエが適切。

重要　問六　i　aは〈文章Ⅰ〉の「聴くというのも……」で始まる段落内容から「聴く姿勢を察知(7字)」，bは〈文章Ⅱ〉(中略)直後の段落内容から「とことん話を聴く(8字)」がそれぞれ当てはまる。

ii　cは〈文章Ⅰ〉の「言葉のぶつけ合い……」から続く3段落内容から「苦しい時間を共有し，逃げない(14字)」というような内容が当てはまる。

やや難　問七　〈文章Ⅰ〉の最後の段落で，相手との言葉の交わりのなかで「自分との違いを思い知ることにな」りつつも「相手をもっと理解しようとしてその場に居つづけること」，〈文章Ⅱ〉で相手の話の「聴き方」について述べていることをふまえ，「ほんとうのコミュニケーション」が生まれることを具体的に説明する。

【三】　(小説－心情・情景・段落構成・細部の読み取り，空欄補充，記述力)

問一　Ⅰ～Ⅴの場面を整理すると，「僕」が和也にプリントを渡しながら，ウと言う→和也が鉛筆を放り出して，アと言う→「僕」がオと言う→「僕」の言葉を確認すように和也がイと言う→「僕」が問題のやり方としてエと言い，線を書き足す，という展開になる。

基本　問二　Aは「意外に」という意味でエ，Bは「最初から」という意味でア，Cは「特に際立って」という意味でイがそれぞれ入る。

問三　――線部①直前の和也のせりふと，直後の段落内容から，Ⅰには「客観的な事実を指摘している」Ⅱには「勉強しなくてよい理由として使う」といった内容が当てはまる。

問四　――線部②前で，プリントの計算を「『コツをつかめば……楽しいもんだよ』」と話す「僕」に「『楽しい？計算が？』」と和也が驚いている様子が描かれていることからエが適切。計算を楽しいと感じる「僕」を変わった人と説明していない他の選択肢は不適切。

やや難　問五　――線部③前で，計算のプリントに数式のかわりに絵を描いている和也を「腹立たし」く思いながらも，「小生意気な中学生を相手に」「感情的になってもろくなことはない」と思っていることをふまえ，③のようにして気持ちを落ち着かせようとしている「僕」の心情を具体的に説明する。

問六　「おれは頭が……」で始まる段落で，和也に対して「頭の回転が速い」「『やればできる』」「努力と向上心が足りないだけ」と「僕」は感じていることが描かれているので，これらの内容をふまえて「僕」の和也に対する学力的な評価を説明する。

重要　問七　本文は，和也に勉強を教えている場面から始まり，屁理屈をこねたり計算のプリントに絵を描いたりして，真剣にやろうとしない和也に手こずっている「僕」の様子が「僕」の視点で描かれているのでウが適切。アの「舌打ちしそうになった」の説明は「ほがらかに……」で始まる段落内容と合わない。和也の指導に苦労していることを説明していない他の選択肢も不適切。

★ワンポイントアドバイス★

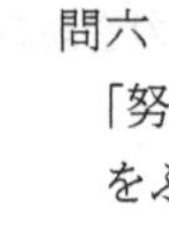

小説では，登場人物それぞれの描写や関係をていねいに読み取っていこう。

データ対応

収録から外れてしまった年度の
問題・解答解説・解答用紙を弊社ホームページで公開しております。
巻頭ページ＜収録内容＞下方のQRコードからアクセス可。

※都合によりホームページでの公開ができない内容については，
次ページ以降に収録しております。

犯《おか》したと言っていると思い込み、混乱している。

問六　――線部④「……今までのようにではなく、生まれ変わった気持ちで打ちます、どうぞお聴き下さいまし、お師匠さま」とあるが、この後、老人の前でお留伊が奏でた音楽はどのようなものであったと考えられるか、説明しなさい。

問三　——線部②「……御簾の方を見ないで、いつも稽古するときと同じ気持ちでおやりなさい、大丈夫、大丈夫きっと勝ちますから」とあるが、仁右衛門のどのような心情が読み取れるか。最も適切なものを次の選択肢ア～エから一つ選び、記号で答えなさい。

ア　教え子の心の焦《あせ》りを読み取り、温かい言葉をかけて不安を取り除き、本番に集中させようとしている。

イ　殿様を恐れ多く思っているため、同じ心境と思われる教え子が緊張により失敗することを恐れている。

ウ　師匠としての立場を自覚し、教え子の自分への信頼を受け止め、精神的な支えになろうとしている。

エ　殿様の視線を意識して、細やかに教え子を気遣《づか》うふりをしつつ、自分の評価を上げようとしている。

問四　——線部③「そして其処に、お宇多の懸命な顔をみつけた。眸のうわずった、すでに血の気を喪った唇を片方へひき歪めている顔を」について、お姉さんがミチ君に感想を聞いている。次の二人の会話文中の（A）は十二字以内、（B）は六十字以内で、それぞれあてはまる言葉を書きなさい。ただし句読点も一字とします。

お姉さん　ミチ君、お留伊がなぜ鼓を打つ手を止めてしまったのか考えてみましょう。

ミチ君　きっかけは演奏中にお宇多の顔を見たことだよね。そのとき、お宇多の表情には「（　　A　　）」という心情が表れていたんだね。

お姉さん　きっとお留伊は優しい娘だったのね。お宇多がかわいそうになって鼓の手を止めたんだわ。

ミチ君　そういうけど……、本当にそうなのかなあ？　ぼくはお留伊がお宇多の顔を見たとき、老人の姿が思い浮かんだという箇所に着目すべきだと思うよ。そのとき、お留伊にとってお宇多の姿は鏡のような役割を果たしたんじゃないかな。（　　B　　）ことに気づいたんだよ。

お姉さん　そうかあ、なるほどね。すごいねミチ君、さすが天才少年だね。

問五　本文中の【　】のお留伊と仁右衛門のやりとりについての説明として最も適切なものを、次の選択肢ア～エから一つ選び、記号で答えなさい。

ア　仁右衛門は予期せぬ出来事に困惑し追及しているが、お留伊は仁右衛門には自分の気持ちを理解してもらえるわけがないと思い、懸命にその場しのぎの嘘《うそ》でごまかそうとしている。

イ　失敗を潔く認めて観念しているお留伊に対し、仁右衛門は断固として否定しながらも、真相がどうであれ結果が覆《くつがえ》ることがない今の状況に気づき、諦《あきら》めが胸に広がり始めている。

ウ　わざと演奏を止めたにも関わらず不慮の事故として済まそうとするお留伊に対し、理由はどうであれ、仁右衛門自身は長年の指導の努力が水の泡になったことに怒りを感じている。

エ　お留伊が自身の鼓に対する根本的な考え方の誤りを「打ち違えた」と言っていることに気づかない仁右衛門は、お留伊が演奏でミスを

「まあお嬢さま！」

松葉屋の少女は、不意に訪ねて来たお留伊を見て驚きの眼を瞠《みは》った。……そして直《す》ぐ、訊《き》かれることは分かっているという風に、

「あのお客さまは亡くなりました」

とあたりまえ過ぎる口調で云った。「……あれから段々と病気が悪くなるばかりで、到頭《とうとう》ゆうべお亡くなりになりました。今日は日が悪いので、お葬《とむら》いは明日だそうでございます」

お留伊は裏の部屋へ通された。［中略］

困難な長い旅が終わって、老人はいまやすらかな、眼覚《めざ》めることのない眠《ねむり》の床に就いているのだ。

――ようなさいました。

お留伊には老人の死顔《しにがお》が、そう云って微笑するように思えた。

――さあ、わたくしにあなたのお手並みを聴かせて下さいまし。

「わたくしお教《おしえ》で眼が明きましたの」

お留伊は囁くように云った。「……それで色々なことが分かりましたわ、今日まで自分がどんなに醜い心を持っていたか、どんなにy思いあがった、*7嗜《たしな》みのない娘であったか、ようやくそれが分かりましたわ、それで急いで帰って来ましたの、おめにかかって褒《ほ》めて頂きたかったものですから」

お留伊の頬《ほお》にはじめて温かいものが滴《したた》った。それから長いあいだ、袂《たもと》で顔を蔽《おお》いながら声を忍ばせて泣いた。……長いあいだ泣いた。

「今日こそ本当に聴いて頂きます」

やがて泪《なみだ》を押し拭《ぬぐ》って、お留伊は*8袱紗《ふくさ》を解きながら囁いた。「④……今までのようにではなく、生まれ変わった気持ちで打ちます、どうぞお聴き下さいまし、お師匠さま」［中略］

「いィやあ――」

こうとして、鼓は、よく澄んだ、荘厳《そうごん》でさえある音色を部屋いっぱいに反響させた。……お留伊は「男舞」の曲を打ちはじめた。

（山本周五郎「鼓くらべ」『松風の門』新潮文庫）

注 *1 清浄な……けがれがなく清らかな。
*2 二の曲輪……城の周りに築いた土塁。
*3 楽殿……音楽や舞踊を上演する建物。
*4 嘉例……めでたい先例。
*5 御簾……すだれ。
*6 太守……国主大名。
*7 嗜み……慎《つつし》み。
*8 袱紗……大切なものを包むための布。

問一 ――線部x「躍起となって」・y「思いあがった」の意味として最も適切なものを、次のそれぞれの選択肢ア～エから一つずつ選び、記号で答えなさい。

x 躍起となって …… ア 苦しまぎれに　イ 必死になって　ウ 目覚めたように　エ いらいらして

y 思いあがった …… ア ひとりよがりな　イ 考え違いをした　ウ うぬぼれた　エ 意地の悪い

問二 ――線部①「その誇らしさと名誉の輝かしさに身が顫えるのであった」とあるが、この後、お留伊の鼓くらべに対する思いがすっかり変化してしまった様子が最も端的に表れている一文を、この――線部の後の本文中から探し、最初の四字を抜き出して答えなさい。

師匠の仁右衛門《じんうえもん》は自分の方でおろおろしながら繰り返して云った。

「②……御簾の方を見ないで、いつも稽古するときと同じ気持ちでおやりなさい、大丈夫、大丈夫きっと勝ちますから」

お留伊は静かに微笑しながらうなずいた。

相手はやはり能登屋《のとや》のお宇多《うた》であった。［ 中略 ］

そして曲がはじまった。お留伊は自信を以《もっ》て打った、鼓はその自信によく応《こた》えて呉《く》れた。使い慣れた道具ではあったが、かつてそのときほど快く鳴り響いたことはなかった。……三ノ地へかかったとき、早くも充分の余裕を持ったお留伊は、ちらと相手の顔を見やった。

お宇多の顔は蒼白《あおざ》め、その唇《くちびる》はひきつるように片方へ歪《ゆが》んでいた。

［ 中略 ］

その時である、お留伊の脳裏にあの旅絵師の姿がうかびあがって来た、殊《こと》に、いつもふところから出したことのない左の腕が！——あの人は観世市之亟さまだった。

お留伊は愕然《がくぜん》として、夢から醒《さ》めたように思った。

老人は、市之亟が鼓くらべに勝ったあとで自分の腕を折り、それも鼓を持つ方の腕を、自ら折って行衛をくらましたと云ったではないか。……いつもふところへ隠している腕が、それだ。——市之亟さまだ、それに違いない。

そう思うあとから、眼のまえに老人の顔があざやかな幻となって描きだされた、それからあの温雅《おんが》な声が、耳許《みみもと》ではっきり斯う囁《ささや》くのを聞いた。……音楽はもっと美しいものでございます。お留伊は振り返った。

③そして其処《そこ》に、お宇多の懸命な顔をみつけた。眸《ひとみ》のうわずった、すでに血の気を喪《うしな》った唇を片方へひき歪めている顔を。

——音楽はもっと美しいものでございます、音楽は人の世で最も美しいものでございます。老人の声が再び耳によみがえって来た。……お留伊の右手がはたと止まった。

お宇多の鼓だけが鳴り続けた。お留伊はその音色と、いがいな出来事に驚いている客たちの動揺を聴きながら、鼓をおろしてじっと眼をつむった。［ 中略 ］

【「どうしたのです」

舞台から下りて控えの座へ戻ると、師匠はすっかり取り乱した様子で詰《なじ》った。「……あんなに旨《うま》く行ったのに、なぜやめたのです」

「打ち違えたのです」

「そんな馬鹿なことはない、いやそんな馬鹿なことは断じてありません、あなたはかつてないほどお上手に打った。わたくしは知っています、あなたは打ち違えたりはしなかった」

「わたくし打ち違えましたの」

お留伊は微笑しながら云った。「……ですからやめましたの、済《す》みませんでした」

「あなたは打ち違えはしなかった、あなたは」

仁右衛門はX躍起《やっき》となって同じことを何十回となく繰り返した。

「……あなたは打ち違えなかった、そんな馬鹿なことはない」と。】

父や母や、集っていた親族や知人たちにも、お留伊はただ自分が失敗したと告げるだけであった。誰が賞を貰《もら》ったかということももう興味がなかった、ただ少しも早く帰って老人に会いたかった。森本へ帰ったのは正月七日の昏《く》れがたであった。疲れてもいたし、粉雪がちらちらと降っていたが、お留伊は誰にも知れぬように裏口から家を出て行った。

十年以上前に行われた鼓くらべの言い伝えについて話し始めた。それは観《かん》世《ぜ》市之亟《いちのじょう》と六郎兵衛《ろくろべえ》という負けず嫌いで激しい気性をもつ二人が技を競い、市之亟が打ち込みの精魂込めた気合いで六郎兵衛の鼓を割り、勝利したという伝説の試合についてであった。

打込む気合だけで、相手の打っている鼓の皮を割ったのである。一座はその神技に驚嘆して、「友割りの鼓」といまに語り伝えている。
「わたくしは福井の者ですが」
　と老人は話を続けた。「……あのときの騒ぎはよく知って居《お》ります、市之亟の評判はたいそうなものでございました。……けれど、それほどの面目《めんぼく》をほどこした市之亟が、それから間もなく何処《どこ》かへ去って、行衛《ゆくえ》知れずになったということを御存じでございますか」
「それも知っています。あまり技が神《しん》に入ってしまったので、神隠しにあったのだと聞いています」
「そうかも知れません、本当にそうかも知れません」
　老人は息を休めてから云《い》った。「……市之亟はある夜自分で、鼓を持つ方の腕を折り、生きている限り鼓は持たぬと誓って、何処《いずこ》ともなく去ったと申します。……わたくしはその話を聞いたときに斯《こ》う思いました。すべて芸術は人の心をたのしませ、清くし、高めるために役立つべきもので、そのために誰かを負かそうとしたり、人を押し退《の》けて自分だけの欲を満足させたりする道具にすべきではない。鼓を打つにも、絵を描くにも、*1清浄《しょうじょう》な温かい心がない限りなんの値打ちもない。……お嬢さま、あなたはすぐれた鼓の打ち手だと存じます、お城の鼓くらべなどにお上がりなさらずとも、そのお手並みは立派なものでございます。おやめなさいまし、人と優劣を争うことなどはおやめなさいまし、音楽はもっと美しいものでございます、人の世で最も美しいものでございます」
　お留伊を迎えに来た少女が、薬湯を喫《の》む刻《とき》だと云って入って来た。……老人は苦しげに身を起こして薬湯を啜《すす》ると、話し疲れたものか暫《しばら》く凝《じっ》と眼をつむっていた。
「では、聴かせて頂きましょうか」
　老人はながい沈黙のあとで云った。「……もう是《これ》が聴き納めになるかも知れません、失礼ですが寝たままで御免《ごめん》を蒙《こうむ》ります」
　金沢城*2二の曲輪《くるわ》に設けられた新しい*3楽殿《がくでん》では、城主前田侯をはじめ重臣たち臨席のもとに、*4嘉例《かれい》の演能を終わって、すでに鼓くらべが数番も進んでいた。
　これには色々な身分の者が加わるので、城主の席には*5御簾《みす》が下ろされている。お留伊は控えの座から、その御簾の奥をすかし見しながら、幾《いく》度《ど》も総身《そうしん》の顫《ふる》えるような感動を覚えた。……然《しか》しそれは気臆《きおく》れがしたのではない。楽殿の舞台でつぎつぎに披露される鼓くらべは、まだどの一つも彼女を惧《おそ》れさせるほどのものがなかった。彼女の勝ちは確実である。そしてあの御簾の前に進んで賞を受けるのだ。遠くから姿を拝んだこともない*6太守《たいしゅ》の手で、一番の賞を受けるときの自分を考えると、①その誇らしさと名誉の輝かしさに身が顫えるのであった。
　やがて、ずいぶん長いときが経ってから、遂《つい》にお留伊の番がやって来た。
「落ち着いてやるのですよ」

問三　――線部②「われわれの幻想にすぎなかったのではないか」とあるが、筆者は「自然界のバランス」についてどのように考えているか。端的にまとめた説明になるように、次の（　）に五十字以内で書きなさい。

自然界のバランスは（　　五十字以内　　）ということ。

問四　――線部③「『共生』」とあるが、この表現にはどのような意味が含まれているか。最も適切なものを次の選択肢ア～エから一つ選び、記号で答えなさい。

ア　生き物たちの生きる知恵への賞賛

イ　自然界の見事な調和への感嘆

ウ　共生とは異なる実態への皮肉

エ　身勝手な振る舞いへの非難

問五　――線部④「できるだけ少ない蜜を提供しつつ、なんとしても昆虫の体に花粉がついて、昆虫がいやでも花粉を運んでしまうような花の構造ができあがっていったのである」とあるが、この様子を最も端的に表現している漢字二字の語をこの――線部より前の本文中から探し、抜き出して答えなさい。

問六　――線部⑤「人間はじつに浅はかに利己的であった」とあるが、どういうことか説明しなさい。ただし、「自然破壊」という言葉を必ず用いること。

問七　次のア～オについて、本文の内容に合うものは○、合わないものは×で答えなさい。

ア　自然と触れ合うために作られた公園などは、人間が表面的な自然を楽しみつつ快適に過ごせることを目的としており、自然の仕組みが除去されているものが多い。

イ　生態系の微妙なバランスの中で生きる各生物種は、調和が崩れそれぞれの生存が脅《おびや》かされる事態に陥《おちい》った場合、互いに連携し、協力し合うことがある。

ウ　人里は自然に恵まれた環境ではあるが、人工的に造られたものであるため結局は擬似自然の枠《わく》を超えるものではなく、そこに自然の論理が入り込むことはできない。

エ　人間以外の動物の多くは自然の中で他者を顧《かえり》みず自分の欲望のままに振る舞うが、一定のラインで本能的に自然への負担を考慮し、行動を慎《つつし》む傾向がある。

オ　自然との共生は、生態系との調和を目指して人間が自身の行動を統制することで可能になるとする考え方に対し、筆者は否定的な見解を持っている。

【三】

次の文章を読んで、後の各問に答えなさい。なお、設問の都合上、本文は省略されているところがある。

裕福な家に生まれ、美しく勝ち気な娘だったお留伊《るい》は、殿様の御前《ごぜん》で鼓《つづみ》の名手が腕を競う「鼓くらべ」の出場者に選ばれ、日々稽古《けいこ》に明け暮れていたが、いつからともなく、見知らぬ老人が庭先にお留伊の鼓を聴きに来るようになった。旅絵師だというその老人は、常に左手をふところに隠している得体の知れない男であったが、お留伊は次第に言葉を交わすようになった。ある日、老人が重い病気にかかったと聞いて見舞いに行ったお留伊に、老人は

昆虫のみごとな共生に、われわれは心を打たれる。けれどこれも、花と昆虫が「お互いうまく生きていきましょう」と言ってやっていることではないらしい。花は昆虫に花粉を運んでもらえばよいのであって、つくるのにコスト[*5]のかかる蜜など提供したくはない。昆虫は昆虫で、自分たちの食物である蜜を花からできるだけたくさん奪えばいいのであって、花粉など運んでやるつもりは毛頭ない。

この両者の「利己」がぶつかりあったとき、花はますます精巧な構造を発達させることになった。④できるだけ少ない蜜を提供しつつ、なんとしても昆虫の体に花粉がついて、昆虫がいやでも花粉を運んでしまうような花の構造ができあがっていったのである。

人間も動物であるから、利己的にふるまうのは当然である。しかし、動物たちは利己的であるがゆえに、損することを極端に嫌う。浅はかに利己的にふるまいすぎてしっぺ返しを食ったときに、やっとそれをやめるのではなく、もっと「先」を読んでいるらしい。どのようにしてそれを予知するのかわからないが、これはどうも損になりそうだと思ったら、もうそれ以上進まないのである。その点では、動物たちのほうが徹底して利己的である。きわめて賢く利己的だと言ってもよかろう。

⑤人間はじつに浅はかに利己的であった。［ｃ］これからは自然が自然の論理でふるまうのを許せるぐらいに「賢く利己的に」ふるまうべきではなかろうか？

（日高敏隆『人間はどういう動物か』ちくま学芸文庫）

注　＊１　エコトーン……ここでは、様々な植物や生物が生息する場所という意味。
＊２　剪定……枝の一部を切ること。
＊３　擬似……本物によく似た、にせもの。
＊４　利己的……自分の利益を中心に考える様子。
＊５　コスト……品物の生産に必要な費用や労力。

問一　［ａ］～［ｃ］に入る言葉として最も適切なものを次の選択肢ア～オから一つずつ選び、記号で答えなさい。ただし、同じ記号を二度以上用いてはならない。

ア　そして　イ　しかし　ウ　ましてや　エ　それとも　オ　では

問二　――線部①「人間の論理にしたがって、自然に変化を加える。しかし、自然は自然なりに、自然の論理にもとづいて押し戻してくる」とあるが、その例として最も適切なものを次の選択肢ア～エから一つ選び、記号で答えなさい。

ア　遊泳禁止区域であるにも関わらず、多くの人が無視して海で泳いでいたところ、潮の流れが急変し、沖に流され多数の遭難者が出る事態となった。

イ　果樹園で害虫を絶滅させるため大量の農薬を使用したところ、果物の内部に人体に有害な物質が残ってしまっていることが発覚し、大きな被害が出た。

ウ　印鑑《いんかん》・薬の原料にするために、象牙《ぞうげ》を求める大国が存在することによって、大規模な密猟が横行し、アフリカゾウが絶滅の危機に直面している。

エ　村人が家畜を襲う狼を駆除《くじょ》した結果、狼によって適度に間引《まび》きされていた鹿が大量に増えて農作物を食い荒らし、人々の生活が困窮する状況になった。

【二】 次の文章を読んで、後の各問に答えなさい。なお、設問の都合上、本文は省略されているところがある。

人里《ひとざと》においては、人間が人間の意図にもとづいて、[a] ①人間の論理にしたがって、自然に変化を加える。しかし、自然は自然なりに、自然の論理にもとづいて押し戻してくる。この押し合いが続く間は、＊1エコトーンとしての人里は維持される。

人里は心なごむ自然であり、人はそこに自然を見、そこから自然の論理を学ぶことができる。自然の論理を知ること——それは今日の人間にとってきわめて大切な意味をもっている。ぼくが「人里をつくろう」と訴えているのもそのためである。

[b]、人里をつくるにはどうしたらよいのか。それは人間の論理の無理押しをしないことである。自然が自然の論理で押し返してくるのを許すことである。

人間はしばしば自然の巻き返しを嫌い、自然の論理を徹底的につぶしてしまおうとする。道は完璧に舗装《ほそう》し、側溝《そっこう》は水を流す目的だけのためにコンクリートで固める。林の木の侵入を食い止めるため芝生にして、それを維持する。そしていかにも自然らしく見えるように植木を植え、その植木はこぎれいに＊2剪定《せんてい》する。

このようにして生じるものは人里ではなく、たんに＊3擬似《ぎじ》人里、人里もどきにすぎない。人里もどきには自然の論理ははたらいていない。わずかながらはたらくとしても、人間は人間の論理にしたがって、自然が生やした草を刈り、虫を退治する。一見、自然のように見えても、そこに自然はない。徹底的に人間の論理で貫かれているからである。今、あちこちでつくられている「自然の森」や「水と緑の公園」は、そのほとんどすべてがこのような人里もどきであると言ってよい。

なぜそれがいけないのか？ それは人間が「自然界のバランス」を崩しているからだ、と考える人がいる。残念ながらそうではない。人間が「自然と共生する」姿勢を忘れているからだと言う人もいる。これも残念ながらあたっていない。

「自然界のバランス」「自然と人間の共生」というようなことはよく言われる。いかにも人を納得させるひびきをもったことばである。けれど、近年の動物行動学あるいは行動生態学の研究を見ていると、どうもそのようなものは②われわれの幻想にすぎなかったのではないかという気がしてくる。

昔の生態学は、自然界のバランス、生態系（エコシステム）の調和、ということを強調した。そして、人間がこのバランスを崩さないようにすれば、自然と共生していけると考えた。しかしこの一〇年、二〇年ほどの間に明らかになってきたとおり、自然界の中では、動物も植物もそれぞれの個体がそれぞれ自分自身の子孫をできるだけたくさん後代に残そうとして、きわめて＊4利己《りこ》的にふるまっているように見える。かつて信じられていた「種族保存のためのシステム」というものもなく、個体がそれぞれ他人を蹴落としてもいいから自分だけは子孫を残そうと、きわめて利己的にふるまっている結果として、種族が維持され、進化も起こるのである。「自然界のバランス」なるものも、そこになにか予定調和的なバランスがあって、自然はそれを目指して動いている、というようなものではけっしてない。［ 中略 ］結果的にバランスが保たれているにすぎないのだ。

自然界に見られる③「共生」についても同じような見方ができる。花と

【国　語】〈五〇分〉　〈満点：一五〇点〉

【注意】１、字数制限のある問題では、句読点やかっこ、その他の記号も一字として数えます。

２、問題文には、設問の都合で、文字・送りがななど、表現を改めたところがあります。

【一】　次の各問に答えなさい。

問一　次の①～⑮の各文の――線部のカタカナを漢字で書き、――線部の漢字の読み方をひらがなで書きなさい。

① 反対者が多いのはイガイだった。

② 生きるキボウを決して捨てるな。

③ 友人の結婚をシュクフクする。

④ 目的をタッセイした。

⑤ この釣り竿はシンシュク自在だ。

⑥ ハクラン会が開催された。

⑦ 休日は体育館をカイホウする。

⑧ 事件はヒゲキ的な結末を迎えた。

⑨ 王者が声援をアびて入場してきた。

⑩ 王の意見に異をトナえた。

⑪ 意志薄弱な男は情けないぞ。

⑫ コロナ禍に便乗した悪徳商法だ。

⑬ それは悪霊の仕業に違いない。

⑭ 海のそばに新居を構える。

⑮ 青年は大きな志を持って生きよ。

問二　次の各文の内容を表した言葉になるように、言葉内の（①）～（⑤）にそれぞれ入る漢字として最も適切なものを、後の選択肢ア～サから一つずつ選び、記号で答えなさい。ただし、同じ記号を二度以上用いてはならない。

○ 織田信長はこれまでの常識の枠《わく》にとらわれず、桶狭間《おけはざま》の戦いや長篠《ながしの》の戦いでは敵方が予想もつかない戦法によって勝利した。

→（①）想天外

○ 貧しい農民の子にすぎなかった豊臣秀吉は、織田信長の家臣になって以来またたく間に出世し、織田家の重臣に名を連ねた。

→（②）角を現す

○ 徳川家康は幼少期は大名の人質として過ごし、成人して後は信長、秀吉に仕え、苦労に耐えてチャンスを待った。

→（③）の上にも三年

○ 多くの戦国武将が自国の利益のために戦争を重ねる中、上杉謙信は強者に脅《おびや》かされる弱者を助けるために戦った。

→（④）を見てせざるは勇無きなり

○ 貴族に仕える武士の立場から身を立てて権力を手中にした後に衰退し滅亡した平氏は、勢いのある者でもいつかは力を失うという人間世界のありようを示している。

→ 栄（⑤）盛衰

ア 石　イ 利　ウ 鬼　エ 功　オ 頭

カ 岩　キ 枯　ク 奇　ケ 華　コ 義　サ 光

ア　良くも悪くも無難な味であり、あまり印象には残らないと思っている。

イ　自分への心遣いには感謝し、味そのものも素直に美味しいと思っている。

ウ　名店の品の味に深く感動し、何度でも食べたいと思っている。

エ　自分の味の好みを熟知してもらっていることを、この上なく嬉しく思っている。

問五　――線部②「学校から帰ってきた子供達がそれぞれ自家製の笹だんごを持ち寄って食べていた」とあるが、この子供達に対する「私」の心情について、四十字以内で説明しなさい。

問六　――線部③「試行錯誤の末、母は完璧な比率で上糝粉のほかに糯米や白玉粉や砂糖を混ぜ合わせて、しっとりとした肌理の細かい生地を作ることに成功した」とあるが、ここに至るまでの母の笹団子作りの説明として最も適切なものを、次の選択肢ア～エから一つ選び、記号で答えなさい。

ア　隣家のお嫁さんに負けないような笹団子を作ろうという意気込みが空回りしてばかりだったが、作り方をもう一度勉強し直して納得のいくものを作ることができるようになった。

イ　戦争で材料が不足していたために手本通りに作れずにいたが、戦争が終わったことで十分な材料の確保が可能になって手本通りのものを作ることができるようになった。

ウ　味や作り方を誰かに教えてもらうことは一切なく悪戦苦闘していたが、材料の活かし方を研究し続けたことでより上質なものを作ることができるようになった。

エ　「私」にしつこくせがまれて作り始めた当初は失敗続きだったが、自身の努力と「私」の献身《けんしん》的な手伝いのおかげでよりよいものを作ることができるようになった。

問七　――線部④「五十年前に隣家のお嫁さんがそっとくれた三個が私にとっては世界一素晴らしい笹団子であった」とあるが、このエピソードを通して「私」はどのように感じているか。説明しなさい。

ともとが各家々で作り伝えられてきたのであるから、味や作り方にこれと決《きま》った手本などない。以前は皮生地には＊3上糝粉《じょうしんこ》しか用いず、それに弾力性と防腐性を加えるためにごぼうの葉と呼ばれる野草の葉を入れてこねていた。が、③試行錯誤の末、母は完璧な比率で上糝粉のほかに糯《もち》米や白玉粉や砂糖を混ぜ合わせて、しっとりとした肌理《きめ》の細かい生地を作ることに成功した。これを使うと皮は十日以上柔らかいままである。

強火であずきを煮ると、薄皮がくるりと剥離《はくり》する。薄皮を捨て、中身だけで漉《こ》し餡を作り、砂糖を入れてじっくりと練る。するとあくのない薄紫色の上品な餡ができる。母は一度砂糖と塩を入れ違えたことがあったそうだ。あわてて餡を水に晒《さら》し、塩気を抜き、砂糖を入れて練り直したところ、絶品とも言える餡ができたという。「老舗の秘伝なんて案外こんな［B］から生《うま》れるのかもしれんね」と後日父は語っていた。しかし勿体《もったい》ないのと、手間がかかり過ぎるのとで塩と砂糖を入れ違えた餡は以後二度と作られたことはない。

当時の私は食べる一方で、作ることにはまったくの無関心。だから手伝いもしなければ、材料の分量やこね合わせ方などを訊いて書きとっておくということをしなかった。毎年時期がくると、一度は私も挑戦を試みるが、度重なる研究の結果母が編み出したあのすべすべした羽二重のような皮生地はどうしても作れない。

今では越後みやげとして上越新幹線の車内でも駅のキオスクでもデパートでも売られていて、欲しければ一年中どこでも笹団子は手に入る。いとこや友人も、新潟や長岡市内の名店のものを送ってくれるから、その美味しさはどこと言って難のつけようがない。

しかし、④五十年前に隣家のお嫁さんがそっとくれた三個が私にとっては世界一素晴らしい笹団子であった。それと、＊4子の欲目と笑われるかもしれないが、母が考案した笹団子ほど美味しい和菓子を私は食べたことがないような気がしている。（半藤末利子『夏目家の福猫』新潮文庫）

注 ＊1 長岡の在……地名の下に「在」をつけて、その土地周辺の「いなか」のことを表す。

＊2 紺絣……紺の生地に、かすったようにところどころ小さな模様を出した織物。

＊3 上糝粉《じょうしんこ》……うるち米を加工した粉。主に製菓材料として用いられる。

＊4 子の欲目……親への愛情から、子が親を過大評価すること。

問一 ［A］に当てはまる四字熟語として最も適切なものを、次の選択肢ア～エから一つ選び、記号で答えなさい。

ア 意味深長　イ 言語道断　ウ 縦横無尽　エ 支離滅裂

問二 ～～～線部で用いられている表現技法として最も適切なものを、次の選択肢ア～エから一つ選び、記号で答えなさい。

ア 隠喩法　イ 擬人法　ウ 対句法　エ 直喩法

問三 ［B］に当てはまることわざとして最も適切なものを、次の選択肢ア～エから一つ選び、記号で答えなさい。

ア 怪我《けが》の功名　イ 河童の川流れ

ウ 下手の横好き　エ 石の上にも三年

問四 ――線部①「吾が家には一月遅れの端午の節句を祝う笹団子とちまきが越後の親戚や友人から送られてくる」とあるが、「私」はそのときどのように思っているか。その説明として最も適切なものを、次の選択肢ア～エから一つ選び、記号で答えなさい。

りが立ち上る。袋の中には餡《あん》入りの俵型をした笹団子とふかしたもち米の三角のちまきが入っていて、上からそっと押すと指の形のへこみができるほど柔らかい。

戦前私達一家が東京に住んでいた頃、毎年六月になると父方の祖母が手作りのちまきを送ってくれた。そうやっておくと日保《ひも》ちがよいとかで、水を張った洗い桶《おけ》の中にちまきが沢山漬けてあった。そこから一個を取り出し笹をむき、三角のもち米のかたまりにきな粉をまぶし「田舎のお祖母《ばあ》ちゃまが作って下さったのよ」と言いながら、一口大に切って母が私の口に入れてくれたのをおぼろ気に憶えている。

私がその存在をしかと見知ったのは昭和十九年に＊1長岡の在《ざい》に疎開してからである。正確にはあと二カ月で終戦を迎えようという翌二十年の六月であった。

越後の六月は雨期ではない、雪の降る直前、霙《みぞれ》まじりの冷雨の降り続く十一月から十二月にかけてが雨期である、といつか父方の叔父《おじ》が言っていた。六月には吾が村の周囲一面を覆い尽《つ》くす真青な若い稲がまぶしい陽光を浴びてきらきらと輝き、その上を初夏の風が無数の緑の襞《ひだ》をおりなしながら [A] に吹き抜けていった。

そんな午後、村の小さな社《やしろ》の森に、②学校から帰ってきた子供達がそれぞれ自家製の笹だんごを持ち寄って食べていた。バナナの皮を剥《む》くお猿のように燥《はしゃ》ぎながら、笹の中の青黒い艶々《つやつや》した団子をうまそうにパクついていた。彼等は、生唾を飲み込みながら空腹に耐えている疎開っ子の私を嗤《わら》って見下すだけで、決してくれようとはしなかった。排他的な土地柄で「他者《よそもの》にやるものは無いのう」と村人達はなかなか米や野菜を母に売ってくれなかったという。饑《ひも》じがっている自分がみじめったらしく見えるのが癪《しゃく》で、絶対に頭を下げてなるものかと、田圃《たんぼ》の中の一本道を歯を食いしばって帰ってくると、赤ん坊を背負って＊2紺絣《こんがすり》のモンペをはいた隣家の若いお嫁さんが小走りに近付いてきて「おばばに言わんでくんなせえ。早う」とこっそりと三個の団子を手渡してくれた。帰宅してからそっと食べた団子の味は憶えていない。砂糖のない時だから餡は塩味だったに違いない。だが温湿布で痛む所をくるむように、みじめな私の気持《きもち》を癒《いや》してくれた彼女の温かさとあの時の彼女の素足の白さを私は今でも忘れていない。

作って、としつこく私にせがまれて、戦争が終《おわ》った翌二十一年、見よう見真似と聞き覚えで母が笹団子作りを開始した。この年も餡は塩味だった。作り終えて一時間も経たないうちにかたくなってしまったり、ぷつんぷつんと切れてしまう弾力性のない皮生地を作ったり、皮から餡がはみ出したり、笹の間から団子が覗《のぞ》いたり、きちっと紐《ひも》が結べなかったりと、母の初期の頃の作品はいかにも不様であった。笹取りは私の役目。裏庭の笹藪をがさごそとかき分けて踏み入ると、足許《あしもと》でにょろっと光るものが動く。蛇だ！　竦《すく》み上がって足が止《とま》る。キャーッと逃げ戻って一時中断する。必要なだけの笹を調達するのも並のことではなかった。

翌々年には赤いざらめが配給になって、漸《よう》く餡が甘くなった。チョコレートが宝物のような時代だったから、甘い餡が食べられるだけで家族中が幸せを感じた。

しかし人間の味覚とは正直なもので、材料が徐々にでも豊富に出廻《まわ》ってくるにつれ、ぐんぐんと贅沢《ぜいたく》になっていく。母はより味のよい団子作り、即《すなわ》ちより上質な皮生地や餡作りに取り組まざるを得なくなった。もこではじめて、読者は著者と Y を並べたことになる。対等者としての特権を行使するのは、それからである。ここで存分に批評の手腕を振るわない読者は、著者を不当に扱ったことになる。著者は、読者を自分の水準まで引き上げることに努めたのだから、当然、②読者にも、対話の相手として、対等に語り返すことを要求できるのである。

（M・J・アドラー／C・V・ドーレン　外山滋比古／槇未知子　訳『本を読む本』講談社学術文庫）

注　＊1　積極的読書……筆者が本文の他の章でその必要性を主張した、受動的にならず意欲を持って読む態度のこと。
＊2　ベーコン……フランシス・ベーコン。イギリスの哲学者、神学者、法学者、政治家、貴族。
＊3　反駁……他の意見に対し、論じ返すこと。
＊4　吟味……詳しく調べ、確かめること。
＊5　ウォルター・スコット……スコットランドの詩人・小説家。
＊6　セルバンテス……近世スペインの作家。

問一　A ～ C に当てはまる語句として最も適切なものを、次の選択肢ア～オから一つずつ選び、記号で答えなさい。なお、同じ記号を二度以上用いてはならない。

ア　つまり　イ　たとえば　ウ　まず　エ　たしかに
オ　また

問二　――線部①「せっかく与えられた機会をいかしているとは言えない」とあるが、「与えられた機会」をいかせないのは、読者が読書をどのように考えてしまう場合か。三十字以内で説明しなさい。

問三　X に当てはまるように、次のア～エを正しく並べ替えなさい。

ア　残念ながら、著者には自分の立場を弁護することができない。
イ　著者は言うだけ言ってしまったのだから、こんどは読者の番である。
ウ　だが、読者が未熟だったり、無作法だと、対話は決してうまくはいかない。
エ　本と対話する読者は、相手が終わるのを待って発言するわけだから、外見上、対話は整然と運んでいるようにみえる。

問四　Y に当てはまる体の部位を漢字一字で答えなさい。

問五　本文中には次の一文が欠落している。この一文を当てはめる箇所として最も適切なものを、本文中の Ⅰ ～ Ⅳ から一つ選び、記号で答えなさい。

> それがなければ、対話は、ただの言い合いにすぎなくなり、有益なコミュニケーションは期待できない。

問六　――線部②「読者にも、対話の相手として、対等に語り返すことを要求できるのである」とあるが、「読者」が「対等に語り返す」という営みはどのようなものか。五十字以内でわかりやすく説明しなさい。

【三】　次の文章を読んで、後の各問に答えなさい。

東京の和菓子やさんの店頭から柏餅《かしわもち》が姿を消す六月になると、①吾《わ》が家には一月遅れの端午《たんご》の節句を祝う笹団子とちまきが越後の親戚や友人から送られてくる。

ダンボールの箱を開け、ビニールの袋の口を切ると、ほのかに笹の香目の前の相手と議論するときでも、互いに礼儀をわきまえてこそ、うまくいくものだ。いわゆる世間的な礼儀のことだけを言っているのではない。本当に大切なのは、対話にも守るべき知的エチケットがあるということだ。［Ⅰ］

読書という特殊な対話においては、同じことがもっとはっきり言える。本が読者に向かって語り、読者は本に語り返す。いま、著者が熟練した話し手であるとしよう。事実、良い本であれば、著者は話し手としての役割を申し分なく果たしていると考えてよい。さて、読者は、どのようにして語り返したらよいのだろうか。自分の役割を果たすには、どうすべきなのか。

著者に語り返すことは、読者に与えられた機会であり、［A］義務でもある。機会であることは、はっきりしている。読者に判断を下すのをやめさせることなど、誰にもできはしない。だが、これが義務でもあるという理由は、本と読者の関係にもっと深く根ざしている。

［Ⅱ］

知識を伝える本の場合、著者の目的は、何かを教えることにある。読者が納得し、あるいは説得されてはじめて、著者の努力が成功を収めたと言える。だが、読者が納得しなくても、著者の意図や努力は尊重すべきである。読者は、よく考えて判断を下すという経験ができたからである。賛成できない場合は、反対の根拠をあげることが、読み手としての最低の務めである。判断を保留する場合でも、これは同じである。

［Ⅲ］

良い本は*[1]積極的読書に値する。だが、内容が理解できただけでは、積極的読書として十分とは言えない。「批評の務めを果たして、［B］判断を下してはじめて、積極的読書は完了する」。意欲的でない読者がつまずくのは、この点である。意欲的でない読者は、内容の分析や解釈を怠《おこた》ることも多いが、それにもまして、判断を怠る。理解する努力を惜しむだけではなく、本を放り出して、書いてあったこともきれいさっぱり忘れてしまう。何の批評的考察も加えず、悪いときめつけることは、形ばかりのほめ言葉よりも、なお悪い。

（中略）

良い本を批判することなど、とても普通の読者の手には負えないと、とかく考えがちである。読者と著者は対等ではない、というわけだ。互角の人間しか、著者を裁《さば》いてはならないと考える。ちなみに、*[2]ベーコンは読者にいましめている。「反論や*[3]反駁《はんばく》のための読書はやめることだ。本をうのみにするのもよくない。話のタネにしようとして読むのも感心しない。大切なのは、*[4]吟味《ぎんみ》し熟考することである」。*[5]ウォルター・スコットは、「いたずらに著者を疑ぐり、軽蔑《けいべつ》するために読書する」人々を、さらに手きびしく非難している。

［C］、ベーコンやスコットにも一理あるが、こうまで本を絶対化し、誤った書物崇拝《すうはい》に陥ってしまっては意味がない。なるほど、読者は著者に教えられるという意味では、生徒であるが、だからといって、先生が生徒の言い分に耳を傾けなくてよい、ということにはならない。「どんな悪い本にも、一つくらい長所があるものだ」と言ったのは、*[6]セルバンテスだが、「どんな良い本にも、必ず欠点がある」と言う方が当を得ている。［Ⅳ］

たしかに、読者に何かを教えるという意味で、読者よりもすぐれている本を批評するには、まず、その内容を理解することが前提である。そ

【国　語】〈五〇分〉　〈満点：一五〇点〉

【注意】　1、字数制限のある問題では、句読点やかっこ、その他の記号も一字として数えます。
2、問題文には、設問の都合で、文字・送りがななど、表現を改めたところがあります。

【一】　次の各問に答えなさい。

問一　次の①～⑮の各文の――線部のカタカナを漢字で書き、――線部の漢字の読み方をひらがなで書きなさい。

①　ネダンが安い。
②　カゲキな発言をする。
③　悪事をカンカすることはできない。
④　正月に神社にサンパイする。
⑤　日米ドウメイを結ぶ。
⑥　知事がシュウニンの挨拶をする。
⑦　首相がアジア諸国をレキホウする。
⑧　指示にシタガって動く。
⑨　五月三日はケンポウ記念日だ。
⑩　スイソウ楽部に入部する。
⑪　突然のことに仰天する。
⑫　規模が大きい。
⑬　芸術作品を創る。
⑭　この空模様なら雨は必至だ。
⑮　小麦などの穀物を輸入に頼る。

問二　次の①～③の各文の～～～線部がかかる言葉をそれぞれ一つずつ抜き出し、記号で答えなさい。

①　ア明るく　静かな　イ部屋で　ウ兄と　エ一緒に　オ熱心に　カ読書を　キする。
②　たぶん　ア大きな　イ花が　ウきれいに　エ咲くだろう。
③　ア注文した　品物が　イ私の　ウ家に　エ届いた。

問三　次のア～エの各文の――線部から、「何もない空間」というときの「ない」と文法的性質が異なるものを二つ選び、記号で答えなさい。

ア　人生は、はかないものだ。
イ　今日は宿題がなく、気楽だ。
ウ　勉強しなければ、テストはできない。
エ　私に勝てるはずがなかろう。

【二】　次の文章を読んで、後の各問に答えなさい。なお、設問の都合上、本文は省略されているところがある。

本を読むということは、一種の対話である。いや、読書は、著者が一方的にしゃべり、読み手には、何一つ口をはさむ余地がないから、対話とは言えない、と思う人もいるかもしれない。だが、それは読み手の務めがよくわかっていないからである。それでは、①せっかく与えられた機会をいかしているとは言えない。

最後の判断を下すのは、実は、読者なのだ。［　X　］「反論は、最後まで話を聞いてからにしてくれたまえ」と言うことは許されない。読者に誤解されても、的はずれな読みかたをされても、著者には抗議することもできない。

B君「そうだなあ。わかりやすい時とか、具体的にイメージできる時とか。自分にもあてはまる時もそうかも。」

A君「なるほど。あ、なつめと辰五郎には共通点があるよ。なつめは両親を亡くし、そこで菓子を通じて市兵衛と出会っているよね。」

先生「そう。そして、『それを聞かされた今、』とあるから……。」

B君「そうか。辰五郎の思いを聞いて、なつめも［　　］という思いを強くしたということなんだね。」

＊2　年季奉公……一定の年数の間、住み込みで働くこと。
＊3　口入屋……仕事を仲介する職業。
＊4　京菓子……茶会や行事の際に出される高級な献上菓子。

問一　～～～線部（1）「とんだ食わせ者で」・（2）「朗らかに笑った」の本文中での意味として最も適切なものを、次の選択肢ア～エからそれぞれ一つ選び、記号で答えなさい。

（1）ア　見た目通りの悪人で
イ　想像もつかないほど穏やかな人で
ウ　意外にも油断できない人物で
エ　なんとも非情な人物で

（2）ア　冷ややかに笑った
イ　明るく晴れやかに笑った
ウ　困った様子で笑った
エ　ゆっくり静かに微笑んだ

問二　――線部①「一軒家の板塀に寄りかかって尻をついていた」とあるが、このときの辰五郎の様子についての説明として最も適切なものを次の選択肢ア～エから一つ選び、記号で答えなさい。

ア　自分が今日一日を生きのびることができる方法をどうしても見つけられず、途方に暮れている様子。
イ　父を苦しい境遇に追いやった男に仕返しをする方法をずっと考え続けることに、疲れきっている様子。
ウ　父の薬を買うお金さえも得られず、もう他に方法がないために観音様に必死に祈っている様子。
エ　どうにかして父に食べさせようとしていたものの、寒さと空腹で動けなくなり、疲れ果てている様子。

問三　――線部②「心と体双方の力を回復してくれた」とあるが、「心の回復」とはどういう心の状態から回復したのか。回復する前の心の状態を示す表現を本文中から十字以内で抜き出しなさい。

問四　――線部③「食べていただく、という心の用い方」とあるが、この「心の用い方」が最もよく現れている市兵衛の言葉を本文中から一つの会話文（「　～　」）で抜き出し、会話文内の最初と最後の三字を答えなさい。

問五　――線部④「あれは、ほんとに観音さまの化身だったんじゃねえか」とあるが、辰五郎が市兵衛のことを「観音さまの化身」だと思ったのはなぜか。わかりやすく説明しなさい。

問六　――線部⑤「辰五郎の目指す菓子の道」とあるが、それはどのようなものか。説明しなさい。

問七　次の会話文は、本文の内容についてのものである。会話文内の□に十五字以内で言葉を入れなさい。

先生「本文の終わりに、『なつめの胸は自分でも思いがけないほど熱くなっていた』ってあるけど、なぜだと思う？」
A君「辰五郎の話を聞いて、市兵衛の優しさに感動したんじゃないかな。」
先生「そうだよね。それと、もう一つあると思うんだけど、どうかな。少し前を見てみようか。なつめは辰五郎の話に大いに納得してうなずいているよね。人の話に大いに納得できるのはどういう時かな？」

そういう言葉遣《づか》いになっていることを知ったのは、辰五郎が市兵衛の弟子になってからのことだ。

市兵衛は座り込んでいた辰五郎を立たせると、そのまま去っていった。

辰五郎はその後ろ姿から目をそらすことができなかった。市兵衛の姿が見えなくなってからも、ずっとその場から動くことができなかった。市兵衛がいた場所、去って行った方角には、ほんのりと温もりが漂っているように感じられた。

辰五郎は市兵衛からもらった照月堂の饅頭を、その日、持ち帰って父の松之助にも食べさせた。

「観音様がくれたんだ」

と言う辰五郎の言葉に、松之助は黙ってうなずいた。

その頃の松之助は、もうものをしっかりと噛んで飲み込むことも難しいほど悪くなっていたのだが、照月堂の饅頭はゆっくりとだが、丸ごと一つ自力で食べ終えた。

「ああ、ありがてえ……」

饅頭を授《さず》けてくれた観音さまに感謝のつもりだったのだろう、松之助は床《とこ》の中で手を合わせていた。その目じりからは、涙が一筋伝っていった。

それから二日の後、松之助は亡くなった。

饅頭を食べた後は、もう何も食べ物を受け付けなかったので、松之助が最後に食べたのが照月堂の饅頭だったことになる。

――立派な蕎麦打ち職人になれ。

それが口癖だった父に、自分の打った蕎麦を食べさせてやれなかったことが、辰五郎の心残りになった。だが、父が亡くなった今となっては、蕎麦打ちの職人を目指そうという気持ちにもなれない。

独りぼっちになった辰五郎が駒込千駄木坂下町に出向いたのは、あの市兵衛と名乗った男が本当にこの世に存在するのか、疑う気持ちからである。

（④あれは、ほんとに観音さまの化身だったんじゃねえか）

時が経てば経つほど、現実のこととは思えぬようになっていた。その一方で、あの饅頭の味わいはしっかりと舌が記憶しており、それが夢だったとは思えない。

とにかく、事の真偽を確かめたくて、辰五郎は駒込へ行った。

千駄木坂の下に、照月堂という菓子舗は確かにあった――。

辰五郎の話が終わった時、茶屋の女中に二杯目を注いでもらったお茶も空になっていた。

「それで、辰五郎さんは菓子職人になったのですね」

「ああ。俺には菓子といやあ、あの時、ご隠居さんからもらった饅頭なんだ。あの時の饅頭みてえな菓子を、お客さんに食ってもらいてえ」

辰五郎の言葉に、なつめは大いに納得してうなずいていた。

「よく分かります。上等の＊4京菓子を作れる技を持っていながら、どうしてそれに背を向けるのだろうと、少し不思議に思っていたのですが……」

辰五郎には⑤辰五郎の目指す菓子の道がある。それを聞かされた今、なつめの胸は自分でも思いがけないほど熱くなっていた。

（篠綾子『望月のうさぎ　江戸菓子舗照月堂』ハルキ文庫）

注　＊1　心の臓……心臓のこと。

も利けなかったので黙っていると、男は勝手に竹筒を取り出して、辰五郎の口に宛《あて》がってくれた。

辰五郎は口の中に入ってくる水を、少し噎《む》せながら飲んだ。少し生ぬるく感じたのは、辰五郎の体が冷え切っていたせいかもしれない。

礼を言うこともできなかったが、ひとまず辰五郎が落ち着くと、男は懐《ふところ》から紐《ひも》でくくられた紙包みを取り出した。

紐をほどいて包みを取ると、白くて丸いものが現れた。男はそれを一つつまむと、

「これを食ってみてくれ」

そう言って、一口大にちぎったものを辰五郎の口の中に押し込んだ。それは、中に甘い漉《こ》し餡《あん》の入った饅頭《まんじゅう》であった。辰五郎の舌に、これまで知らなかった味わいがふんわりと広がっていった。

菓子屋で売っている甘い菓子を食べたことはなかったが、水菓子（果物）や飴《あめ》くらいは食べたことがある。だが、これほど繊細な甘みにはこれまで縁がなかった。

餡は口の中でねっとりととろけ、喉の奥を通っていった。水で喉をしめしていたせいで、つかえることもなかった。

一口目を腹に収めると、すきっ腹の虫が驚いたのか、音を立てて鳴いた。

「急いで飲み込むなよ。ゆっくりと食うんだ」

言われるまでもなかった。いくら腹がすいているとはいえ、こんなにうまいものを一気に食べてしまうなど、もったいなくてできなかった。辰五郎は飴を舐《な》めるように口の中で饅頭を味わった。

ゆっくりと大事に食べたつもりだったが、辰五郎は勧められるまま、三つの饅頭をぺろりと平らげてしまった。

甘くておいしいものは②心と体双方の力を回復してくれた。

「ごちそうさまでした、旦那《だんな》さん」

腹いっぱいになったわけではなかったし、饅頭もまだ残っていたが、それ以上、貪《むさぼ》り食うわけにはいかない。そう思って手を引っ込めた辰五郎に、

「礼を言うのは、こちらだよ」

と、男は言った。

「これは、うちの店の饅頭なんだ。お前さんがあんまりうまそうに食ってくれるので、見ているこちらも仕合《しあわ》せな気分になったよ」

そう言われて、辰五郎は菓子の感想を述べていなかったことに気づいた。

「ほ、本当においしかったです。こんなにうまいもんを食ったのは、俺、初めてです。ああ、もっといいこと言いたいんだけど、俺、うまく言えなくて」

もどかしさに苛《いら》立ちながら言うと、男は(2)朗らかに笑った。

「何も言わなくていいんだよ。どう思ったかは、ちゃんと顔に出るもんだからね」

男は残っていた饅頭を包み直すと、それを辰五郎の膝の上に置いた。

「私は駒込千駄木坂下町《こまごめせんだぎさかしたちょう》にある照月堂の市兵衛という。よければ訪ねてきてくれ。また、今みたいな顔を見せてくれるとありがたい」

市兵衛と名乗った菓子屋は、ただの一度も、菓子をやるとか食べさせてあげるとは言わなかった。③食べていただく、という心の用い方が、

てはは考えつかない問題解決の手がかりが隠されている可能性があるからである。

エ　日本よりも世界で起こっていることにまず目を向けることで政治に対する興味が湧き、これから何度も行われる選挙で棄権をせずに投票をすることができる。

【三】　次の文章を読んで、後の各問に答えなさい。

> 京の武家の娘であるなつめは両親を火事で亡くし、江戸に引き取られた。家族で食べていた菓子の味を江戸で探すうちに江戸の菓子舗《かしほ》照月堂の市兵衛（ご隠居さん）と出会う。なつめは、今は息子に店を譲《ゆず》っている市兵衛や、照月堂の人々、そして照月堂の菓子と触れ合う中で、家族で食べていた思い出の味を自分で再現したいと思うようになり、まだ菓子職人としてではないが、そこで働かせてもらえることになった。次の場面は店の職人の辰五郎が、照月堂の職人になった経緯をなつめに話す場面である。

「俺がご隠居さんに初めて会ったのは、もう十五年前のことだ。親父が病に倒れたのはその一年前でね」

と、辰五郎は静かに切り出した。

辰五郎の父松之助が*1心の臓の病により、蕎麦《そば》打ちができなくなったのは、辰五郎が十歳の冬であった。

松之助はいずれ辰五郎に店を継がせるつもりで、それまでの間、店を人に預けることにしたのだという。だが、その男が(1)とんだ食わせ者で、結局、店を乗っ取られた上、辰五郎も追い出されたのであった。

病人の父を世話しながら、辰五郎は本郷の長屋で暮らし始めたが、店を手放さねばならなくなって得たわずかな金は、医者の診察代と薬代でどんどん消えていった。

父の世話がある以上、*2年季奉公に出るわけにもいかない。*3口入屋《くちいれや》に通い、日雇いの仕事を世話してもらった。だが、蕎麦打ち以外、身につけた技もない少年にできる仕事はそれほど多くない。

（とにかく、お父つぁんがよくなってもらうまではこらえるんだ）

だが、松之助が倒れてから一年後の冬、ついに金は尽きた。

寒さが身に沁《し》みるその日、辰五郎は下ばかり見ながら歩いていた。仕事にありつけず、銭《ぜに》の一枚でも落ちていないか、胸を占めるのはあさましい気持ち。

必死だった。何も持って帰らなければ、父は何も食べられない。だが、辰五郎自身、ここ数日まともに食べてはいなかった。

そのせいだろう、辰五郎は気づかぬうちに、①一軒家の板塀《いたべい》に寄りかかって尻をついていた。どれくらいそうしていたのか、気がつくと、地面に人影が映っている。

「どうしたんだい？」

男にしては柔らかい感じの声であった。

辰五郎は顔を上げようとしたが、腹が減りすぎていたせいか、寒さに凍《こご》えていたせいか、首が動かない。その様子を見た男はその場にしゃがみ込み、辰五郎の顎《あご》に手をかけ、上を向かせた。

目の中に、父より少し年長と見える羽織《はおり》姿の男が入ってきた。同時に、ふわりと甘いにおいがした。

「喉《のど》、渇《かわ》いてねえか」

男は辰五郎に訊《き》いた。渇いてるか渇いてないか分からなかったが、口としないさま。

問一　――線部①「家に帰れば、何もしない夫」とあるが、この「夫」はなぜ「何もしない」のか。それを説明したものとして最も適切なものを次のア～エから一つ選び、記号で答えなさい。

ア　夫が、家事は女性の仕事であるという日本の社会で常識とされてきた考え方にとらわれているから。

イ　夫は、男性が外で働くのと同じ分だけ女性は家事で補うべきだという合理的な考えを持っているから。

ウ　妻が、女性が家事をすべきだという考え方が国際的に時代遅れだということに気づいていないから。

エ　夫は、日本の伝統的な考え方のもとに育ってきたために家事の経験がなく、家事は何もできないから。

問二　――線部②「〝生きづらさ〟はそこで増殖し悪化していく」とあるが、このようになるのはなぜか。それを説明した次の文の（　）に当てはまるように、適切な言葉を三十字以上四十字以内で答え、文を完成させなさい。

今感じている〝生きづらさ〟の原因は、（　　　　）から。

問三　――線部③「私的で親密な関係性という『囚われ』に気づき、それをいったんカッコに入れる」とあるが、「いったんカッコに入れる」とはどうすることか。それを説明した次の文の（　）に当てはまる漢字二字の熟語を、本文中で用いられている言葉以外で答え、文を完成させなさい。

自分たちの生活を、一度（　　　　）的に見ること。

問四　――線部④「妻が夫を〝かわいそうな男性〟として見えてくる」とあるが、どういう点において「かわいそう」なのか。それを示した部分を「～という点。」につながる形で本文中から四十五字以内で適切に抜き出し、最初と最後の五字を答えなさい。

問五　X に適切な言葉を本文中から漢字三字で抜き出して答えなさい。

問六　――線部⑤「私は、彼が主張する壁の建設こそ、私たちが『政治的であろう』とすることを端的に邪魔する、まさに「壁」だと思う」とあるが、なぜこのように言えるのか。わかりやすく説明しなさい。ただし、次の点に注意すること。

注意点1……筆者の述べる「政治的であること」とはどういうことかを説明すること。

注意点2……「壁の建設」が何を意味するものなのかを説明すること。

問七　次のア～エについて、本文の内容を説明したものとして適切なものには○、適切でないものには×で答えなさい。

ア　社会とは個人の集まりであるので、社会全体の問題を解決していくためにはまず個人がそれぞれに起こっている問題を解決しなければならない。

イ　「政治的である」ことは、自分と同じように社会のさまざまな問題によって苦しんでいるまだ見知らぬ他者も、その苦しみから解放してあげたいと思うことである。

ウ　他者の「リアル」に関心を持つのは、私的な関係の世界の中にいことなのかなどを考え、「見たことのない、会ったことのない他者」が同じ時間を生きていることへの想像力を鍛え他者理解のセンスを磨《みが》くことは、けっこう面白い営みではないでしょうか。

　言い換えれば、それは自分の日常の「外」で生きている人々の「リアル」への関心の喚起《かんき》であり豊かな想像力を養うことなのです。そして、自分が普段出会わない人々の「リアル」への関心と想像力を磨きながら、彼らと自分がどのように生きていけばいいかを考え始めることこそ、「個人的なこと」に息づいている「政治性」と私が向き合えるようになる瞬間なのです。

　そのうえで、普段よく出会っている人たちと生きている日常がいったいどのような世界なのかを、私たちは、今一度ふりかえって考え直してみる営みが必要でしょう。たとえば先にあげた夫婦のケースで言えば、④妻が夫を〝かわいそうな男性〟として見えてくるのがこの瞬間なのかもしれません。（中　略）

　ところで、こうした他者が生きている「リアル」への関心や想像力を磨き高めるのは何のためでしょうか。これからも何度も行われる選挙で棄権《きけん》しないで投票するためでしょうか。もちろんそのことも含まれると思います。しかし、もっと重要な目的があると私は思っています。

　端的に言えば、その目的とは、私たち自身が親密な人々との関係のなかで幸せに生きていけることであり、同時に私たちが知らない多くの他者と共に幸せに生きていけることなのです。（中　略）

　仮に見知らぬ他者の「幸せ」をなんとか実現したいと思っても、私個人では、どんなにがんばってみても、できるはずのないことがいっぱいあると思います。そのとき、私は、到底無理だからとあきらめて自分自身の「幸せ」だけを考えればいいのでしょうか。

　いやそうではなく、私個人の行動だけではできなくても、世の中にある他の方法をいろいろと考え、他者が生きている世界と繋《つな》がることで、見知らぬ他者の「幸せ」を実現するための手がかりや道筋を見つけ出すことができるのではないでしょうか。

「政治的であること」。それは私という人間が常に他者を理解したいと思い、他者への［X］をより豊かにして、他者の「幸せ」への関心や興味を閉ざさないことなのです。

　本書を書いている今、ちょうどアメリカでは次の大統領を選ぶ手続きが進んでいます。選挙の結果、次期大統領に選ばれた人物は、アメリカが世界で最強だと訴え強いアメリカを取り戻そうとしています。別に最強だと信じ、最強になりたければどうぞと私は思いますが、最強になるための仕方が、どうしようもなく問題です。彼はアメリカの大衆にまずは自分たちの「幸せ」だけを考えろと声高に叫び、異質な他者を排除しようとします。たとえば隣国からの不法な移民流入を防ぐために、隣国との国境に巨大な壁を築き、その費用を隣国に払わせると言うのです。

　他者を排除し、自分たちだけの「幸せ」を求めることこそが民主主義だという人物の主張がアメリカで多くの共鳴を得ていること自体、驚きですが、⑤私は、彼が主張する壁の建設こそ、私たちが「政治的であろう」とすることを端的に邪魔する、まさに「壁」だと思うのです。

（好井裕明『「今、ここ」から考える社会学』ちくまプリマー新書）

注　＊1　スローガン……団体や運動の主義や主張を簡潔に言い表した言葉。
　　＊2　信奉……ある主義や宗教などを最上のものと信じてあがめること。
　　＊3　因習的……古いしきたりにとらわれ、新しい考え方を取り入れよう

置づけていくとき、このスローガンは基本といえるでしょう。

　なぜ個人的なことが政治的なのでしょうか。見方を少し変えてみます。被差別の状況にある人々にとって、差別は具体的にどこで起きるのでしょうか。確かに差別や抑圧の原因は、社会全体の構造や国家体制、また人々が一般的に持ってしまっている意識やある知識への＊2信奉《しんぽう》など、個人の私的な世界を超えたところで息づいているのかもしれません。しかし現実に差別が起こり、抑圧を感じ、どうしようもない〝生きづらさ〟を感じるのは、その人にとって具体的で、個人的であり私的な空間においてなのです。

　俺は外で働いているのだから、家事や子育て、教育、親の面倒など家のことはすべてお前の責任だと、①家に帰れば、何もしない夫がいるとします。妻はそれが自分の役割とばかりに、〝家のこと〟を懸命にこなしていくとしても、さまざまな問題が生じ、妻一人では対応も解決もできないことが多いのです。そのとき「俺は関係ない、お前が悪いのだ」と夫が妻を非難し責め立てるのは、食卓であったり居間であったり寝室であったり、まさに私的で個人的な空間においてであり、夫婦という極めて親密で個人的な関係性のなかにおいてなのです。

　でももうみなさんもおわかりのように、家族や家庭の問題は、妻である女性一人ですべて解決できるようなものではないのです。それを俺はお前の夫だから、私はあなたの妻だからと個人的で親密な関係性の世界に閉じこもり考え続けようとする限り、②〝生きづらさ〟はそこで増殖《ぞうしょく》し悪化していくのです。

　そうではなく、もし彼らが問題に直面し、それをどう解決していけばいいかを考えるうえで、夫婦関係や家族関係、親の介護そのものを見直し、たとえば「男はソト、女はウチ」という伝統的で＊3因習《いんしゅう》的な性別役割を信奉していた自分の姿に気づくとすれば、どうでしょうか。まさに問題そのものの原因が、自分たちの日常、個人的で私的な関係性にあったことがわかり、それを徐々にでも変革していこうとするかもしれません。そのとき、彼らはすでに目の前にいるあなたと私という私的で親密な関係での了解を超えて、相手を理解しようとしているのです。

「自分を愛してくれているけれども子どもや親、私のことをわかってくれていないあなた」という了解から「〝男は外で働き、家族を養って一人前の男なんだ、だからとにかく働け〟という因習的な男性役割に過剰《かじょう》に囚《とら》われた、その意味で男性の〝生きづらさ〟を抱え込んでしまっている世の中の多くの男性の一人として、かわいそうなあなた」という了解へと変わっているのです。

　つまり私たちは、③私的で親密な関係性という「囚われ」に気づき、それをいったんカッコに入れることで初めて、個人的な世界に息づいているさまざまな「政治性」に批判的なまなざしを向けることができるようになるのです。

　では、どのようにすれば親密性の「囚われ」に気づけるのでしょうか。（中　略）

　まず私たちの関心やアンテナを自分が生きている日常や親密な関係の人々の世界だけに閉じ込めることなく、世界を超えて広げることが必須となります。

　考えてみればすぐわかるように、私たちが普段生きているとき、具体的に出会う人々よりも出会わない人の数の方が圧倒的に多いのです。とすれば出会わない人々と自分が「今、ここ」で生きているとはどういう

【国　語】〈五〇分〉〈満点：一五〇点〉

【注意】字数制限のある問題では、句読点やかっこ、その他の記号も一字として数えます。

【一】次の各問に答えなさい。

問一　次の①～⑮の各文の――線部のカタカナを漢字で書き、――線部の漢字の読み方をひらがなで書きなさい。

① 学校のゾウショを点検する。
② キソクに従って行動する。
③ 機械をソウサして組み立てる。
④ 重要な情報をキロクする。
⑤ ジュウタク街に店をかまえる。
⑥ 一心フランに走った。
⑦ 父はケイシ庁に勤めている。
⑧ 人の命はトウトいものだ。
⑨ 紙が燃えてハイになった。
⑩ 問題はブンカツして考えよう。
⑪ 淡い色の服が好みだ。
⑫ 大枚をはたいて車を買う。
⑬ それは師の教えに背く行為だ。
⑭ 唐突な質問に困惑する。
⑮ 道が縦横無尽に広がる。

問二　次の①～⑤の会話文の内容を表す慣用句に用いられる言葉の組み合わせを、後の語群Ａ・Ｂからそれぞれ一つずつ選び、記号で答えなさい。ただし、同じ記号を二度以上用いてはならない。

① 「ちょっと待て。敵は君の行動を調査して準備しているはずだ。今行くのは危険だぞ。」
② 「私はインド映画が好きなんだけど、なかなか理解してくれる人がいないんだ。え？　君も好きなのか。」
③ 「少し前にテレビで放映されてから店に来る人が急増してね。今とても忙しくて大変なんだよ。」
④ 「彼は最近めきめきと実力を伸ばしているね。本当にめざましい活躍ぶりでみんながほめているよ。」
⑤ 「商品がまだできあがっていないのに、君はもう売る方法を考えているのかい？」

語群Ａ　ア　狸《たぬき》　イ　馬　ウ　虫　エ　鰻《うなぎ》
　　　　オ　猿　カ　猫
語群Ｂ　あ　登る　い　取る　う　合う　え　借りる
　　　　お　飛ぶ　か　乗る

【二】次の文章を読んで、後の各問に答えなさい。なお、設問の都合上、本文は省略されているところがある。

「個人的なことは、政治的である」というあまりにも有名な＊1スローガンがあります。たとえば、被《こうむ》っている様々な差別や抑圧に対して、自分たちの意識を覚醒《かくせい》し変革するとともに、社会を変えていこうとする黒人解放運動、女性解放運動、障害者解放運動、性的少数者の解放運動がこのスローガンのもとでこれまで展開されてきています。社会における彼らの立場はそれぞれ異なっているのですが、自らを運動の主体として位

ウ　自分のやり方では、都会の子供やその保護者にはうまく通用しないことに悩んでいるため。

エ　勉強のことだけしか考えていない都会の子供たちに、ほかのことを教えようと四苦八苦しているため。

問八　――線部７「彼女の険《けわ》しい道はこれからまだまだ続きそうであった」と筆者が言うのはなぜか。その理由を説明しなさい。

＊4　目に星入れてるうち……若い頃の、恋をして目をきらきらさせている様子をたとえた表現。

問一　〰〰線部X「もらうやいなや」の意味を、次の選択肢ア～エから一つ選び、記号で答えなさい。

ア　もらわぬうちに
イ　もらってないのに
ウ　もらったところ
エ　もらうとすぐに

問二　〰〰線部Y「楽観的」の対義語を漢字三字で答えなさい。

問三　本文中の［a］・［b］・［c］・［d］に入る最も適切な語句を、次の選択肢ア～カからそれぞれ一つずつ選び、記号で答えなさい。ただし、同じ記号を二度以上用いてはならない。

ア　オロオロ　　イ　コロッ
ウ　ふわっ　　エ　ふらふら
オ　ガン　　カ　ハラハラ

問四　本文の前半から読み取ることのできる――線部1「小学校の校長」と――線部2「彼女」の人物像はどのようなものか。その説明として最も適切なものを、次の選択肢ア～エから一つ選び、記号で答えなさい。

ア　「小学校の校長」は体調が悪くても職場へ行く努力をする真面目な人物で、「彼女」はお腹の具合が悪くなりやすいことを除けばどこでも生活できる元気な人物である。
イ　「小学校の校長」は一度ほれこむと相手をとことん信頼し面倒を見る人物で、「彼女」は素直に環境を受け入れそれを心から楽しむことのできる人物である。
ウ　「小学校の校長」は周りの迷惑を顧みずにやりたいことをやる人物で、「彼女」は困っている人を放っておけず自分の都合が悪くても相手のために行動する人物である。
エ　「小学校の校長」はつらそうな人を放っておけない優しい人物で、「彼女」は後先を考えずに物事を判断するが決めたことに対しては懸命に頑張る実直な人物である。

問五　――線部3「彼女はこれから大丈夫かな」と――線部4「手ばなしでは喜べなかった」で表されている筆者の心配の内容は異なっている。それぞれ何を心配しているのかを答えなさい。解答欄の形に従って答えること。

問六　――線部5「平気、平気」とあるが彼女はどのような意味で「平気」と言っているのか。次の文の空欄を埋める形で三十字以内で答えなさい。

> （　三十字以内　）を教えているから大丈夫だ、という意味で彼女は「平気」と言っている。

問七　――線部6「だんだん元気がなくなってきた」とあるが、その理由の説明として最も適切なものを、次の選択肢ア～エから一つ選び、記号で答えなさい。

ア　子供たちが自分についてきてくれないことで、自分の教員としての力量不足を実感しているため。
イ　都内の小学校での指導のやり方になじむことができず、島に戻ろうかどうかと迷っているため。

に、

「あんた、本当にちゃんと教えてるんだろうね」

などといってしまう。彼女は、

「5平気、平気。私、絵の描きかたなんか全然教えてないから。最近は毎日毎日木をくりぬいて舟を作ってるんだよ」

といい、その舟を海にもっていって浮かべるのが今一番楽しみにしていることなのだともいった。あんなに楽しいんじゃもう東京には帰ってこないだろうな、という気もしていた。

彼女が島に渡ってから五年目、教員の配置転換の辞令が下った。都内の小学校に戻ってくることになったのだ。

「そろそろあきてきたから、いいころだとは思ってたんだよね」

彼女は豪快にいった。あのせんだ君の件はどうするのかときいても、

「ああ、そういうこともあったね」

と全然気にしてないようすだった。私たちは五年ぶりに里帰りする彼女を出迎えにいった。久々に顔をあわせた私たちはお互いに何もいわずに指さして、

「ギャハハハ」

と笑った。

桜田淳子といった容貌はやはり多少おとろえてはいたものの、テカテカオデコは健在で元気そのものといったかんじだった。

最初都内の小学校に赴任して張りきっていた彼女だったが、6だんだん元気がなくなってきた。

「私、悩んでんのよね」

彼女は深くタメ息をついた。彼女の話によると、担当の小学三年生の生徒が全然彼女についてきてくれないというのである。島にいたときと同じように、

「さあー、授業するぞー」

と喝《かつ》をいれてもみんな上目《うわめ》づかいになって、〝しーん〟としている。放課後、

「きょう、みんなでサッカーやろうぜ」

といっても、

「ボクたち塾があるから」

と小声でいってすぐ帰ってしまうというのである。あるとき彼女も頭にきて、

「そんな塾、休んじまえ」

といったら、翌日すぐ母親の集団がドドーッと学校にやってきて、教師としてあるまじき発言、と彼女のことをつるし上げたというのである。

「私、ものすごく野蛮人みたいにいわれるのよ」

いつもと違って元気がない。

「あんたが悩むなんてあの時以来だね」

そういって私はクククと笑った。

「ホント、＊4目に星入れてるうちは楽だったわよ。あーあ」

7彼女の険《けわ》しい道はこれからまだまだ続きそうであった。

（群ようこ「豪快一路で花開け」作品社）

注　＊1　正露丸《せいろがん》……お腹の調子を整える薬。

＊2　詩吟《しぎん》……漢詩や和歌を特徴的な節回しで歌う芸能。

＊3　抽象画……見たものをそのまま描く「写生」とは違って、そのもののイメージを絵画にしたもの。

と少し高校時代の彼女に戻ったようだった。彼女は誰も知っている人がいない、ある島へいった。島に着いてももちろん行くあてはなく、バス停で一人ボンヤリしていると、そこへ［ａ］と初老の男性がやってきた。何気なく顔をみると額には脂汗、手はふるえ、見るまに彼女の足元にうずくまってしまったのだった。

「どうかしたんですか」

と彼女がたずねると、初老の男性はうめきながら、

「朝から腹の調子が悪くて悪くて」

と訴えた。それをきいて彼女は旅行カバンの中からすかさず、旅行する時にはいつも携帯している＊1正露丸《せいろがん》のビンをとり出して彼に進呈《しんてい》した。痛みを訴えるやいなや治療薬が目の前に差し出されたタイミングに彼は大感激し、彼女がどこにも泊まるあてがないと聞くや、

「それでは我が家に泊まってください」

と彼女をひっぱっていった。その男性はその島にある1小学校の校長だった。彼女が国立大学の初等教育科を卒業し教員採用試験に合格したが、赴任先がまだ決まらず、行くあてがないというと、

「私の学校に来ればよろしい」

ときっぱりという。思わず2彼女は、

「はい、そうします。よろしくお願いします」

と本土でせんだみつおが待っているのを［ｂ］と忘れて、校長先生にお願いしてしまった。気の毒なのは彼女との生活を夢みていた彼である。自分の目の前から愛《いと》しいアヤコがいなくなってしまい、哀れなくらい［ｃ］していた。私たちは、

「そのうち帰ってくるから平気よ」

とY楽観的だったが、彼のほうは逃げられてはならじと必死になっていた。片やアヤコのほうは心からその島になじんでしまった。朝は漁師さんと一緒に網をひき、昼は小学校の校庭で子供たちと遊び、夜は校長先生の道楽の＊2詩吟《しぎん》につきあわされるという毎日を送っていた。色白だった顔は島にきてから間もないのに、陽に焼け、元気な地元のお姉さんになっていった。やっと彼女から居場所を知らせるハガキがついたとき、せんだみつおは仰天した。こんなことがあっていいのだろうかと涙にくれながら島に向かったが、愛しいアヤコちゃんは、

「もうここに住むことに決めた」

と［ｄ］としていいはるのである。三日間連続で説得したが彼女は首を横に振るばかりで彼は交渉が決裂した傷心を抱いて東京に戻ってきたのだった。その話をきいて私たちは、

「それが成り行きだよね。なるようにしかならないよ」

といったが、正直いって3彼女はこれから大丈夫かなと思っていた。しかし彼女は生まれもっての運がいいらしく、しばらくして、そこの小学校に欠員ができ、めでたく教師となった。担当は図工だった。私たちは、よかったよかったと4手ばなしでは喜べなかった。彼女が大学時代に主に勉強していたのは国語である。しかしこれから教えるのは美術である。彼女の芸術的才能を昔から知っている私たちは、

「あーあ、これであの島の芸術教育は終わりだ」

と話した。静物の写生をしても＊3抽象画といわれ、粘土をこねて壺《つぼ》を作っても教師からは、

「なんだ馬糞《ばふん》か、こりゃあ」

としかいわれなかったのである。島から電話がかかってくるたんび

問七　次の［文章2］は「多数決」とは異なる方法を記したものである。
これについて後の問題ⅰ・ⅱに答えなさい。

［文章2］

赤道直下の太平洋に浮かぶ島国ナウルは、ハワイとオーストラリアのあいだに位置している。面積わずか二一平方キロメートル、人口はおよそ一万人である。　―中略―

ナウルには＊2一院制の国会があり、二〇歳以上の国民が有権者で、三年に一度の選挙により議員を選んでいるが、そこでの選挙方式が非常に興味深い。日本のように1人の有権者が1名の候補者だけに投票する単記式の多数決ではないのだ。

ナウルの選挙方式は次のようなものだ。いま定数2名の選挙区に5名の候補者が現れたとしよう。すると各有権者はその5名への順位を紙に書いて投票する。そして「1位に1点、2位に1/2点、3位に1/3点、4位に1/4点、5位に1/5点」の配点で、候補者は点を獲得する。その点の和が候補者の獲得ポイントとなり、上位2名が当選する。計算にはコンピュータを用いるが、ただの足し算であり、結果を出すのに時間はかからない。

この選挙方式は一九七一年からナウルで使われているもので、考案者で当時の法務大臣デスモンド・ダウダールの＊3名を冠《かん》し、ダウダールルールと呼ばれている。ダウダールルールと多数決はかなり異なるが、多数決は「1位に1点、2位以下はすべて0点」と配点する方式だと考えれば比較しやすいだろう。つまり両者の何が異なるかというと、配点の仕方なわけだ。有権者は、多数決だと2位以下へ一切の加点ができないが、ダウダールルールだとそれができる。また有権者が順位を決めやすいであろう上位では点差が大きくつく一方で、五十歩百歩で決めにくい下位では点差が小さくなる。こう考えるとダウダールルールの配点はうまくできている。

（坂井豊貴『多数決を疑う』岩波新書）

注　＊2　一院制の国会……日本の参議院と衆議院のように二つの院ではなく、一つだけの院で構成されている国会のこと。
＊3　名を冠し……名前をもらって

問題ⅰ）「多数決」と「ダウダールルール」との違いを、それぞれの特徴をふまえて説明しなさい。

問題ⅱ）右の違いによって発生するこの方法の利点は何か。［文章1］の内容をふまえて答えなさい。

【三】　次の文章を読んで、後の各問に答えなさい。

筆者と彼女（アヤコ）は高校時代からの友人で、彼女は桜田淳子（二人が高校生の時のアイドル）に似た美人であった。彼女は大学に進学し、そこでせんだみつお（当時のコメディアン）に似た男性と恋仲になる（その彼を、筆者は「せんだくん」「せんだみつお」と呼んでいた）。その彼から結婚を申し込まれた彼女は、教師になりたいという自分の希望と彼との結婚との板ばさみで悩んでいた。

卒業証書をXもらうやいなや彼女が電話をかけてきて、これから一人で旅行にいってくるという。

「もう気分転換しなきゃ体が腐っちゃう」

の政党と大きく異なる考え方をもっていて、政党YとZは似ているとします。このとき、政党Xを支持する人が40％、政党Yと政党Zを支持する人がそれぞれ30％ずつだったとします。

この場合、政党Xが最も多くの票を集めて当選すると予想できますが、政党Yや政党Zを支持する人は、意見の大きく異なる政党Xにだけは投票したくないと思っているでしょう。こんなときは、政党Y、政党Zは小異を捨て、統一候補を立てるのが有利で、実際、このようなことは選挙でよく行われているので、誰も不思議には思いません。

ところが、自分たちで「いちばんやりたいもの＝合唱」「いちばん嫌いなもの＝合唱」という結果が出ると、とたんに不思議な気持ちに陥《おちい》るのだから、それこそ不思議な話です。

（杉原厚吉『スウガクって、なんの役に立ちますか？』誠文堂新光社）

注　＊1　採択をとる……ここでは、多数決を行うということ。

問一　本文中の [a] ・ [b] ・ [c] ・ [d] ・ [e] に入る最も適切な語句を、次の選択肢ア～カからそれぞれ一つずつ選び、記号で答えなさい。ただし、同じ記号を二度以上用いてはならない。

ア　そこで　　イ　だから　　ウ　それは
エ　たとえば　オ　では　　　カ　ところが

問二　〰〰線部X「一般に」が修飾している部分はどこか。次の〰〰線部ア～オから一つ選び、記号で答えなさい。

> X一般に、多数決はいちばんア公平な方法で、「イ異なる意見をウまとめる最良のエ方法だ」とオ信じられています。

問三　――線部1「多数決」の説明がされている次の文の空欄に入る最も適切な部分を、本文中から二十字以内で抜き出して答えなさい。

> 多数決とは複数の候補の中で（　　　二十字以内　　　）することである。

問四　――線部2「必ずしもそうではない」と同じことを言っている部分を、本文中から二十字以内で抜き出して答えなさい。

問五　[Y] に入る内容として最も適切なものを次の選択肢ア～エから一つ選び、記号で答えなさい。

ア　誰もが「合唱」を行うことに戸惑っていることになります
イ　どちらも「合唱」がいちばん多くの票を集めたことになります
ウ　部長は「合唱」を部の社員たちにやらせたかったということになります
エ　実は全員が「合唱」を嫌っていたということになります

問六　――線部3「政党Y、政党Zは小異を捨て、統一候補を立てる」とあるが、それは何のためか。その理由の説明として最も適切なものを次の選択肢ア～エから一つ選び、記号で答えなさい。

ア　政党Xを支持したくないと思っている人たちの票を分散させずに当選を果たし、自分たちの意見を国会で活かすため。
イ　支持を集められなかったことを反省し、政策をきちんと練り直して支持する人を増やし当選を果たすため。
ウ　自分たちを支持する人々の期待を裏切ってまでも政党Xに対抗し、国会での政治参加という悲願を達成するため。
エ　当選を自分たちが果たすことができなくなったとしても、大きく異なる考え方である政党Xの当選を防ぐため。

の3つが候補にあがったといいます。

[d]、この3つのどれにするかで多数決をとったところ「合唱」が一番多かったのですが、「オンチなので、歌うのだけはイヤです！」と必死で反対する声も多く、「[e]、3つの候補の中で一番やめておきたいものは何か？」と多数決をとったところ、驚いたことに最も嫌われたのが合唱だったのです……。

これは決して珍しいことではなく、実際によく起こることです。こんな場合、どう対応すればいいでしょうか。

もちろん、この部署の人たちが部長に対してふざけているわけではありません。X一般に、多数決はいちばん公平な方法で、「異なる意見をまとめる最良の方法だ」と信じられています。ただ、本当のところ、2必ずしもそうではないというだけのことです。この理由を説明してみましょう。

いま、A～Gまでの7人がいて、それぞれ合唱、マジック、寸劇のどれかを選ぶものとし、やりたいものの順位が表1の各行の「1、2、3」のように表されているとしましょう。たとえばAさんは、合唱に最も賛成で、次がマジック、最後が寸劇であり、Dさんは、マジックに最も賛成で、次が寸劇、最後が合唱という意味です。

表1

	合唱	マジック	寸劇
A	1	2	3
B	1	3	2
C	1	2	3
D	3	1	2
E	3	1	2
F	3	2	1
G	3	2	1

この状況で、A～Gまでの7人は、3つのうちから「各自がいちばん」としているものに投票します。そうすると、A、B、Cの3人が合唱を選び（1と表示）、D、Eの2人がマジックを選び、F、Gの2人が寸劇を選びます。よって、合唱が1位となります。

一方、3つのうち、「どれに最も反対か」で投票したとすると、このときは「各自が3番」のものを答えます。つまりD、E、F、Gの4人が合唱に反対し、A、Cの2人が寸劇に反対し、Bの1人がマジックに反対します。

というわけで、全員が自分の意見にしたがってまじめに参加しているのに、賛成の最多得票、反対の最多得票で見ると、[Y]。

こういうケースでは、部長さんは最初から「何をやりたい？　どれにする？」といった決め方ではなく、3つの候補のどれを選ぶかを十分に話し合い、意見を聞いて納得したうえで決めるようにもっていくべきなのです。こうした話し合いで「では、マジックにしよう」など決まればいいのですが、どうしても話し合いでは合意できなかった場合にのみ、最後の手段として多数決に持ち込めば、その段階ではどれに決まっても皆が納得するでしょう。

そのときには多数決が絶対的によい方法とは限らないことを理解したうえで、「結果に対しては文句を言わない」とみんなに約束してもらってから＊1採択をとるのがよい手順です。そして、採択は、「最もよい」と思うものについてだけにしておき、「最も嫌だ」と思うものについてはとってはいけません。

国会議員を小選挙区で選ぶ場合も、状況はこれに似ています。定員1名のところに政党X、Y、Zからそれぞれ1名が立候補し、政党Xは他

【国　語】〈五〇分〉　〈満点：一五〇点〉

【注意】字数制限のある問題では、句読点やかっこ、その他の記号も一字として数えます。

【一】　次の各問に答えなさい。

問一　次の①～⑮の各文の――線部のカタカナを漢字で書き、――線部の漢字の読み方をひらがなで書きなさい。

① 日直ニッシに何を書こうか。
② 蝶のヨウチュウを飼育する。
③ なんてドクソウ的な考えだ。
④ この問題の解決はカンタンだ。
⑤ 今日はハイカツ量をはかろう。
⑥ 友達のエンソウ会が楽しみだ。
⑦ それはシンコクな悩みだね。
⑧ 林業がサカんな地域。
⑨ 日をノべて実施しよう。
⑩ 美しく夕れ下がった藤の花。
⑪ 宿題は私の机上に置いて下さい。
⑫ 徒党を組んで悪さをする。
⑬ 君は度胸がいいね。
⑭ 仏壇を拝む。
⑮ エースの抜けた穴を補え。

問二　組み合わされた次のA～Cの四字熟語の□に共通して入る漢字をそれぞれ一字で答えなさい。

A「□気投合」と「当□即妙」
B「馬耳□風」と「□奔西走」
C「一挙両□」と「自業自□」

問三　二つの語句の意味が同じ（近い）ものを次の選択肢ア～オから二つ選び、それぞれ記号で答えなさい。

ア「のれんに腕押し」と「立て板に水」
イ「奇想天外」と「寝耳に水」
ウ「紺屋《こうや》の白袴《しろばかま》」と「医者の不養生」
エ「尻馬に乗る」と「付和雷同」
オ「爪に火を灯す」と「蛍雪《けいせつ》の功《こう》」

【二】「多数決」について述べられた次の［文章1］を読んで、後の各問に答えなさい。

［文章1］

民主主義の原理の1つは、「多数の意見に従うこと」です。このため、グループの中で意見が分かれると、「[1]多数決」が多くの場合に採用されています。

[a]、ときどき、とても不思議なことが起こります。[b]「いちばん好きな食べ物、いちばん嫌いな食べ物」「いちばん入れたい政党、いちばん入れたくない政党」などの両極端のパターンでそれが起きることです。[c]、次のような事例です。

いま、X社で創業30周年の行事の準備をしています。各部署ごとにステージで催《もよお》しものを出すことに決まったので、ある部長さんは「何をしたいか？」とメンバーに相談したところ、「①合唱、②マジック、③寸劇」

解答用紙集

○月×日　△曜日　天気（合格日和）

◆ご利用のみなさまへ

＊解答用紙の公表を行っていない学校につきましては、弊社の責任において、解答用紙を制作いたしました。

＊編集上の理由により一部縮小掲載した解答用紙がございます。

＊編集上の理由により一部実物と異なる形式の解答用紙がございます。

人間の最も偉大な力とは、その一番の弱点を克服したところから生まれてくるものである。　――カール・ヒルティ――

東京学参株式会社

逗子開成中学校（1次）　2024年度

◇算数◇

※ 130％に拡大していただくと，解答欄は実物大になります。

1	(1)		(2)		(3)	

2	(1)		(2)		(3)	
	(4)		(5)			
	(6)					

3	(1)		(2)		(3)	

4	(1)		(2)	
	(3)			

5	(1)		(2)	
	(3)			

逗子開成中学校（1次）　2024年度

◇理科◇

※ 156％に拡大していただくと，解答欄は実物大になります。

【1】

(1) ア	(1) イ	(1)ウ
(1) エ	(2)	(3)
(4)	(5)	(6)
(7) 土砂がたまると		

(4)

【2】

(1)①	(1)②	
(2)	(3)	
(4) かん臓 → 　　→ 頭の細胞		
(5)① I	(5)① II	(5)②
(5)③		

【3】

(1)	(2)A	(2)B
(2)C	(2)D	(3)
(4)①	(4)② cm^3	
(4)③ 塩酸Y（　　）を水酸化ナトリウム水よう液Z（　　） cm^3		

【4】

(1)① m/秒	(1)② 秒	(2) 倍
(3) m	(4) g	(5) 段

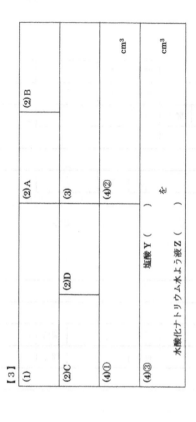

逗子開成中学校（1次）　2024年度

◇社会◇

※ 147％に拡大していただくと，解答欄は実物大になります。

【1】

問1	1		2		問2	Ⅰ		Ⅱ	
問3		問4		問5		問6	Ⅰ	Ⅱ	
問7	資料1		資料2		資料3		問8		
問9	a								
	b								
問10		問11	Ⅰ	年　月　日	Ⅱ				

【2】

問1		問2							
問3	天皇名	天皇							
	目的								
問4		問5		問6					
問7	→　→　→	問8		問9		問10			
問11		問12	名称		位置		問13		
問14	Ⅰ								
	Ⅱ								
問15									

【3】

問1		問2	Ⅰ		Ⅱ		
問3		問4		問5			
問6	Ⅰ	問題点					
		解決策					
	Ⅱ	問題点					
		解決策					

◇国語◇

逗子開成中学校(1次)　２０２４年度

※１３９%に拡大していただくと，解答欄は実物大になります。

【一】

問一

①	②	③	④	⑤
⑥	⑦	⑧	⑨	⑩めるな
⑪	⑫	⑬やか	⑭し	⑮り

問二

①	②	③	④	⑤
i　ii	i　ii	i　ii	i　ii	i　ii

【二】

問一　i　ii

問二

問三

問四

問五

問六

問七

【三】

問一　a　b

問二

問三

問四

問五

問六

問七

逗子開成中学校（2次）　2024年度

◇算数◇

※ 130％に拡大していただくと，解答欄は実物大になります。

1	(1)		(2)		(3)	

2	(1)		(2)		(3)	
	(4)		(5)		(6)	

3	(1)		(2)		(3)	

4	(1)	X	Y	(2)	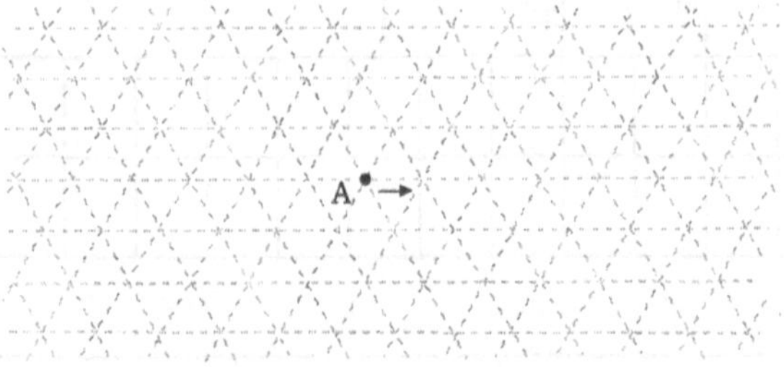
	(3)				

5	(1)		(2)	
	(3)			

逗子開成中学校(2次)　　2024年度

◇理科◇

※ 159%に拡大していただくと，解答欄は実物大になります。

【1】

(1)	(2)
(3)　→　→　→　→	(4)
(5) 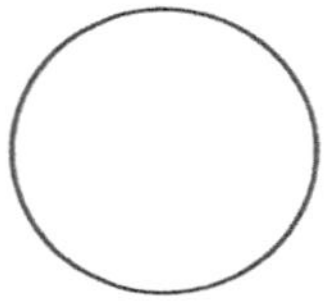	(6) ① 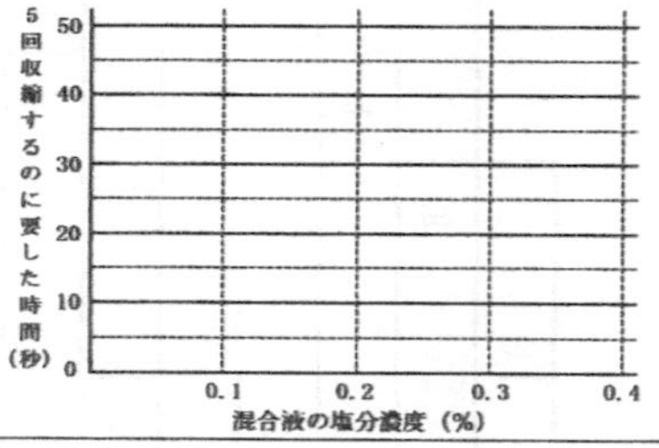
(6)②	

【2】

(1)	(2)
(3)	
(4)①　g/cm³	(4)②　g

【3】

(1)	(2)
(3)	(4)　m
(5)	
(6)　km	

【4】

(1)①	(2)③ 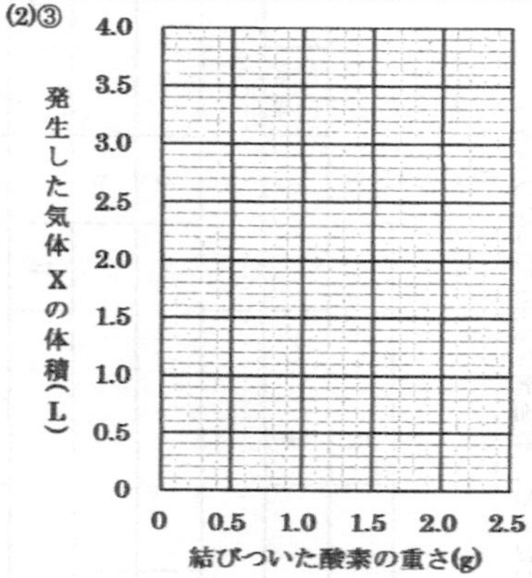
(1)②	
(2)①	
(2)②　g	
(2)④　L	
(2)⑤　g	

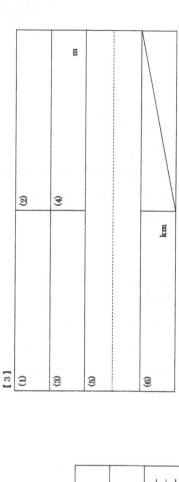

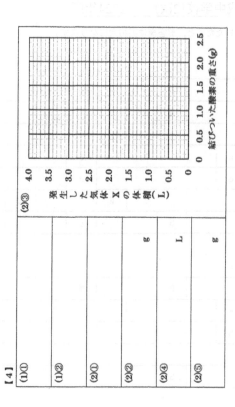

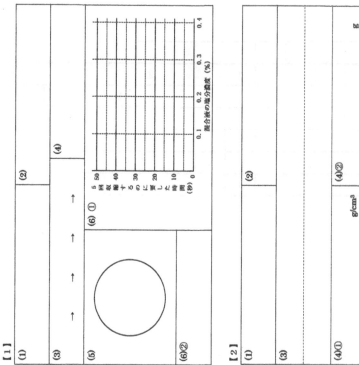

逗子開成中学校（2次）　2024年度

◇社会◇

※ 149%に拡大していただくと，解答欄は実物大になります。

【1】

問 1	Ⅰ		Ⅱ				
問 2	Ⅰ		Ⅱ	記号		正しい語句	

問 3	Ⅰ							
	Ⅱ	a		b				
		c		d		e		

問 4	Ⅰ			Ⅱ		Ⅲ	
問 5	a		b		c		

【2】

問 1	Ⅰ		Ⅱ		Ⅲ	a		b								
	Ⅳ	a														
		b														

問 2					
問 3	a		b		
問 4	Ⅰ				
	Ⅱ				

【3】

問 1	Ⅰ		Ⅱ					
問 2	Ⅰ				Ⅱ		Ⅲ	
問 3	Ⅰ		Ⅱ					
問 4								
問 5	Ⅰ		Ⅱ					
問 6	a		b					
	c		d					

◇国語◇

逗子開成中学校（２次）　２０２４年度

※１４１％に拡大していただくと、解答欄は実物大になります。

【一】

問一
①　②　③　④　⑤
⑥　⑦　⑧ る　⑨ う　⑩ く
⑪　⑫　⑬　⑭ である　⑮ れた

問二
①　②　③　④　⑤

【二】

問一 A　B　問二　問三 →→→→

問四

問五

問六

問七

【三】

問一 A　B　C　問二　問三

問四 I　II

問五

問六

問七 i　ii　iii

逗子開成中学校（1次）　2023年度　　◇算数◇

※ 130％に拡大していただくと，解答欄は実物大になります。

1	(1)		(2)		(3)	

2	(1)		(2)		(3)	
	(4)		(5)		(6)	

3	(1)		(2)		(3)	

4	(1)		(2)		(3)	

5	(1)		(2)	
	(3)			

逗子開成中学校(1次)　2023年度

◇理科◇

※ 156％に拡大していただくと，解答欄は実物大になります。

【1】

(1) ①	(1) ②
(2) ①	(2) ③　西側　東側
(2) ②	

【2】

(1)	(2)
(3)	(4)
(5)	
(6)	

【3】

(1)	
(2)	
(3)　%	(5)
(4) ①　g	
(4) ②　g	

(5)

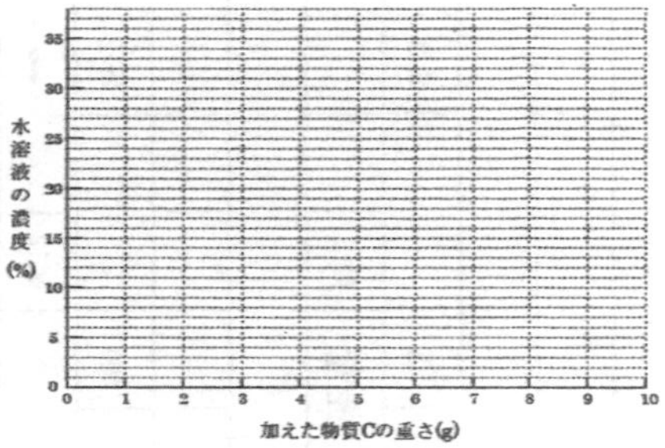

【4】

(1)　毎秒　m	(2)　m	
(3) (ア)	(3) (イ)	(3) (ウ)
(4)	(5)　毎秒　m	(6)　m

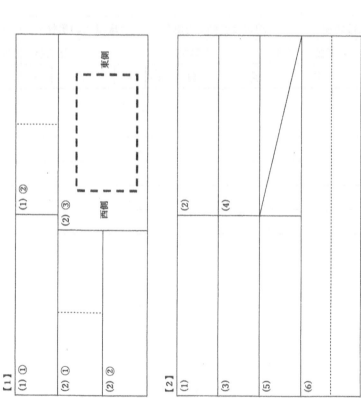

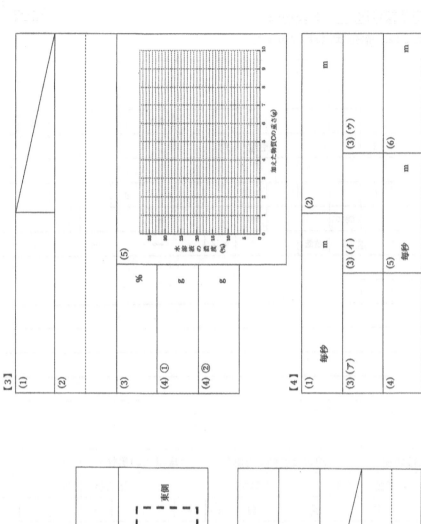

逗子開成中学校(1次)　2023年度

◇社会◇

※ 147％に拡大していただくと，解答欄は実物大になります。

問1	1		2		3						
	4										
問2	Ⅰ	a		b		Ⅱ		問3	Ⅰ		Ⅱ
問4	Ⅰ		Ⅱ	発電	問5						
問6											
問7		問8	Ⅰ				Ⅱ				
問9		問10		問11		問12					
問13	遺跡名	遺跡	位置		問14	→　→　→					
問15											
問16	Ⅰ										
	Ⅱ										
問17											
問18		問19		問20	→　→　→						
問21											
問22	Ⅰ	「直接国税(　　)円以上を納める満(　　)歳以上の男性」	Ⅱ								
問23	運動	問24		問25	書記長	問26					
問27	Ⅰ	年　月　日	Ⅱ	a		b					
	Ⅲ										
問28											
問29											

◇国語◇

逗子開成中学校（１次）　２０２３年度

※　１３９％に拡大していただくと、解答欄は実物大になります。

【一】

問一　①　②　③　④　⑤
⑥　⑦　⑧　⑨　れる　⑩　く
⑪　⑫　⑬　⑭　い　⑮

問二　a　b　c　問三　Ⅰ　Ⅱ

【二】

問一　a　b　c　問二　i　ii

問三

問四　問五

問六　Ⅰ　Ⅱ

【三】

問一

問二

問三　問四　X　Y　Z　最初　～　最後

問五　1　2

問六

逗子開成中学校（2次）　2023年度　　◇算数◇

※ 130％に拡大していただくと，解答欄は実物大になります。

1	(1)		(2)		(3)	

2	(1)		(2)		(3)	
	(4)	が　　m 差を付けて勝つ	(5)		(6)	

3	(1)		(2)		(3)	

4	(1)		(2)		(3)	

5	(1)		(2)	
	(3)			

逗子開成中学校(2次)　2023年度

◇理科◇

※ 159%に拡大していただくと，解答欄は実物大になります。

【1】

(1)	(2)
(3)	(4)
(5) ①	(5) ② 年

【2】

(1) ①	(1) ②
(1) ③	(1) ④
(2)	
(3) ① 秒後	(3) ② 秒後

【3】

(1) ① A	(1) ① B	(1) ① C	(1) ① D
(1) ① E	(1) ① F	(1) ②	
(2) ① g	(2) ②		
(2) ③ %			

(2) ②

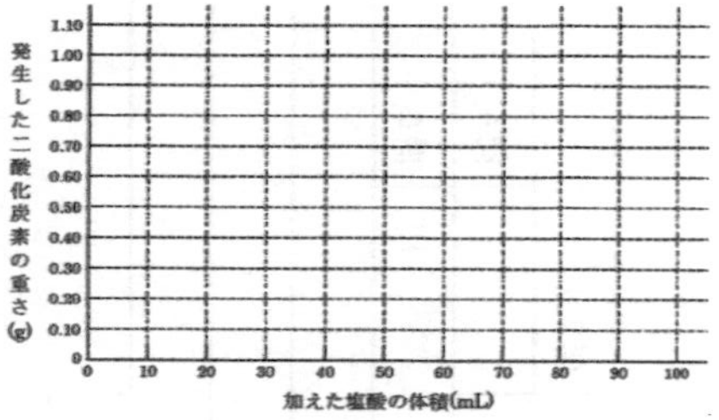

【4】

(1) 倍	(2) ア	(2) ウ
(3) イ (,)	(3) エ (,)	
(4) cm	(5) 倍	(6) 秒

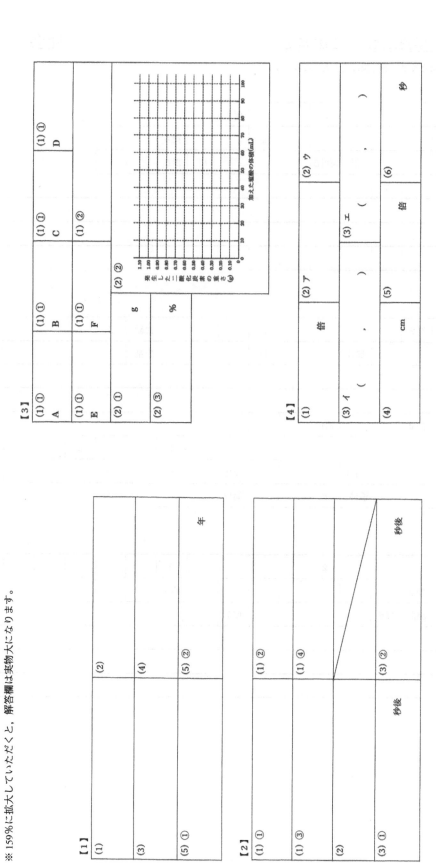

逗子開成中学校（2次）　2023年度 ◇社会◇

※ 149％に拡大していただくと，解答欄は実物大になります。

【1】

問1	Ⅰ		Ⅱ		問2					
問3	Ⅰ						Ⅱ		問4	
問5	河川A	川	河川B	川	問6					
問7	X		Y							
問8										
問9										

【2】

問1		問2		問3	Ⅰ	世紀	Ⅱ		
問4		問5		問6	の乱				
問7									
問8		問9		問10					
問11	記号		正しく直したもの		問12	Ⅰ		Ⅱ	
問13		問14				問15	→	→	→
問16	Ⅰ	事件	Ⅱ		問17				

【3】

問1	1		2		3				
問2		問3					問4		
問5	議席	問6		問7					
問8									

◇国語◇

逗子開成中学校(2次)　2023年度

※141%に拡大していただくと、解答欄は実物大になります。

【一】

問一 ① ② ③ ④ ⑤ ⑥ ⑦ ⑧まる ⑨む ⑩める ⑪ ⑫ ⑬ ⑭み ⑮ち

問二 ① ②

問三 ① ② ③

【二】

問一 X Y

問二

問三

問四

問五

問六 a b c

問七

【三】

問一 Ⅰ Ⅱ Ⅲ Ⅳ Ⅴ

問二 A B C

問三 Ⅰ Ⅱ

問四

問五

問六

問七

MEMO

大切なことはメモしておこうネ！

MEMO

大切なことはメモしておこうネ！

〈ダウンロードコンテンツについて〉

本問題集のダウンロードコンテンツ、弊社ホームページで配信しております。現在ご利用いただけるのは「2025年度受験用」に対応したもので、**2025年3月末日**までダウンロード可能です。弊社ホームページにアクセスの上、ご利用ください。

※配信期間が終了いたしますと、ご利用いただけませんのでご了承ください。

中学別入試過去問題シリーズ

逗子開成中学校　2025年度

ISBN978-4-8141-3204-1

[発行所] 東京学参株式会社

〒153-0043　東京都目黒区東山2-6-4

書籍の内容についてのお問い合わせは右のQRコードから　⇒

※書籍の内容についてのお電話でのお問い合わせ、本書の内容を超えたご質問には対応できませんのでご了承ください。

2024年6月28日　初版